발 빠르게 자격증을 취득한다!

DIAT
스프레드시트

KB209304

엑셀 2021

실전
모의고사
10회분
수록!

최신
기출문제
10회분
수록!

최적화된
자동 채점
프로그램
제공!

memo

◇
◇

이 책의 구성

문제 미리보기

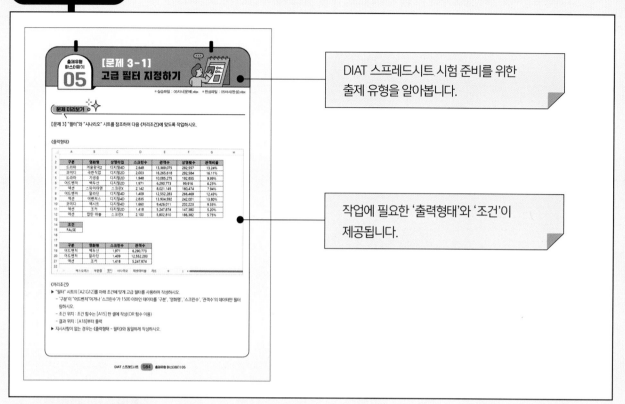

DIAT 스프레드시트 시험 준비를 위한
출제 유형을 알아봅니다.

작업에 필요한 '출력형태'와 '조건'이
제공됩니다.

작업과정 미리보기

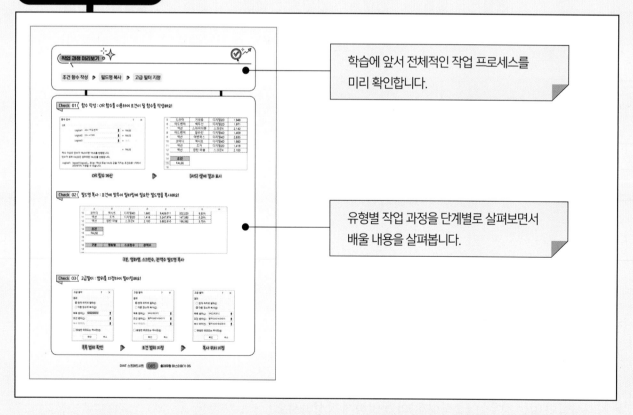

학습에 앞서 전체적인 작업 프로세스를
미리 확인합니다.

유형별 작업 과정을 단계별로 살펴보면서
배울 내용을 살펴봅니다.

【문제 5】 "차트" 시트를 참조하여 다음《처리조건》에 맞도록 작업하시오.(30점)

《출력형태》

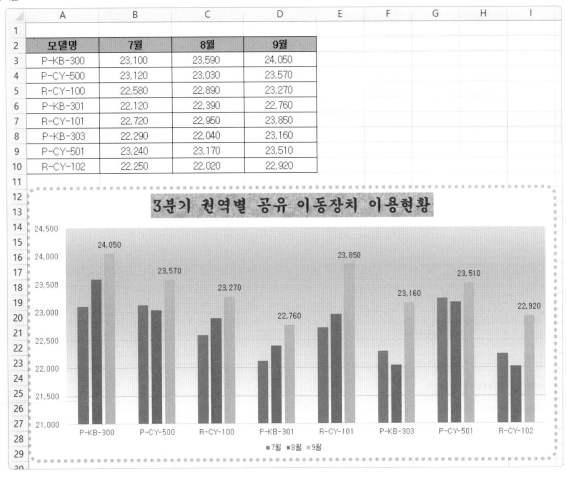

모델명	7월	8월	9월
P-KB-300	23,100	23,590	24,050
P-CY-500	23,120	23,030	23,570
R-CY-100	22,580	22,890	23,270
P-KB-301	22,120	22,390	22,760
R-CY-101	22,720	22,950	23,850
P-KB-303	22,290	22,040	23,160
P-CY-501	23,240	23,170	23,510
R-CY-102	22,250	22,020	22,920

《처리조건》

▶ "차트" 시트에 주어진 표를 이용하여 '묶은 세로 막대형' 차트를 작성하시오.

- 데이터 범위 : 현재 시트 [A2:D10]의 데이터를 이용하여 작성하고, 행/열 전환은 '열'로 지정
- 차트 위치 : 현재 시트에 [A12:I29] 크기에 정확하게 맞추시오.
- 차트 제목("3분기 권역별 공유 이동장치 이용현황")
- 차트 스타일 : 색 변경(색상형-다양한 색상표 4, 스타일 1)
- 범례 위치 : 아래쪽
- 차트 영역 서식 : 글꼴(돋움, 8pt), 테두리 색(실선, 색 : 주황), 테두리 스타일(너비 : 3.75pt, 겹선 종류 : 단순형, 대시 종류 : 둥근 점선, 둥근 모서리)
- 차트 제목 서식 : 글꼴(궁서체, 18pt, 굵게), 채우기(그림 또는 질감 채우기, 질감 : 분홍 박엽지)
- 그림 영역 서식 : 채우기(그라데이션 채우기, 그라데이션 미리 설정 : 밝은 그라데이션-강조 6, 종류 : 선형, 방향 : 선형 위쪽)
- 데이터 레이블 추가 : '9월' 계열에 "값" 표시

▶ 지시사항이 없는 경우는《출력형태》와 동일하게 작성하시오.

출제 유형 따라하기

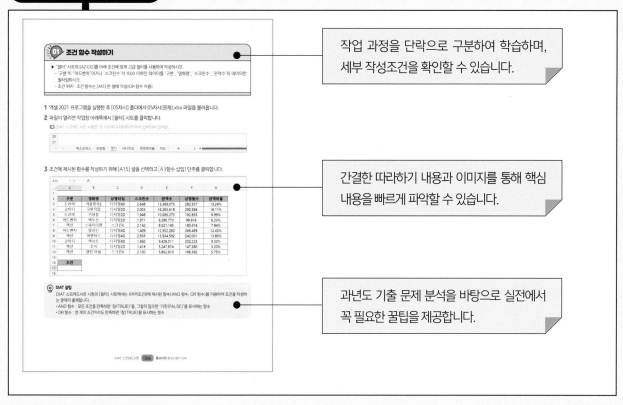

작업 과정을 단락으로 구분하여 학습하며,
세부 작성조건을 확인할 수 있습니다.

간결한 따라하기 내용과 이미지를 통해 핵심
내용을 빠르게 파악할 수 있습니다.

과년도 기출 문제 분석을 바탕으로 실전에서
꼭 필요한 꿀팁을 제공합니다.

유형정리 연습문제

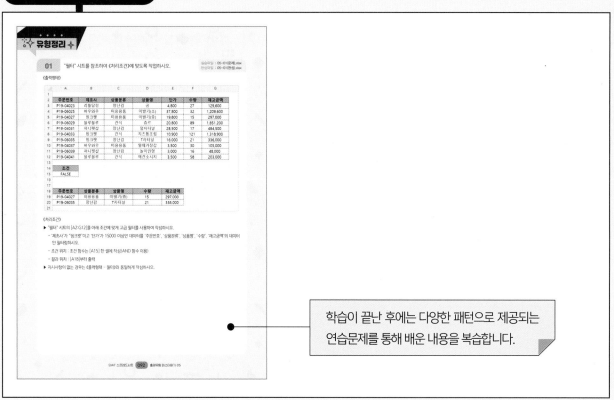

학습이 끝난 후에는 다양한 패턴으로 제공되는
연습문제를 통해 배운 내용을 복습합니다.

【문제 4】 "피벗테이블" 시트를 참조하여 다음《처리조건》에 맞도록 작업하시오.(30점)

《출력형태》

	A	B	C 권역 ▼	D	E	F
	종류 ▼	값	남부권	수도권	중부권	
대여자전거		최대 : 8월	***	22,950	22,890	
		최대 : 9월	***	23,850	23,270	
전기자전거		최대 : 8월	23,170	23,030	***	
		최대 : 9월	23,510	23,570	***	
전체 최대 : 8월			23,170	23,030	22,890	
전체 최대 : 9월			23,510	23,850	23,270	

《처리조건》

▶ "피벗테이블" 시트의 [A2:F12]를 이용하여 새로운 시트에《출력형태》와 같이 피벗테이블을 작성 후 시트명을 "피벗테이블 정답"으로 수정하시오.

▶ 종류(행)와 권역(열)을 기준으로 하여 출력형태와 같이 구하시오.

 – '8월', '9월'의 최대를 구하시오.

 – 피벗 테이블 옵션을 이용하여 레이블이 있는 셀 병합 및 가운데 맞춤하고 빈 셀을 "***"로 표시한 후, 행의 총합계를 감추기 하시오.

 – 피벗 테이블 디자인에서 보고서 레이아웃은 '테이블 형식으로 표시', 피벗 테이블 스타일은 '중간 – 연한 녹색, 피벗 스타일 보통 14'로 표시하시오.

 – 종류(행)는 "대여자전거", "전기자전거"만 출력되도록 표시하시오.

 – [C5:E10] 데이터는 셀 서식의 표시형식–숫자를 이용하여 1000단위 구분 기호를 표시하고, 오른쪽 맞춤하시오.

▶ 종류의 순서는《출력형태》와 다를 수 있음

▶ 지시사항이 없는 경우는《출력형태》와 동일하게 작성하시오.

실전모의고사 & 최신기출문제

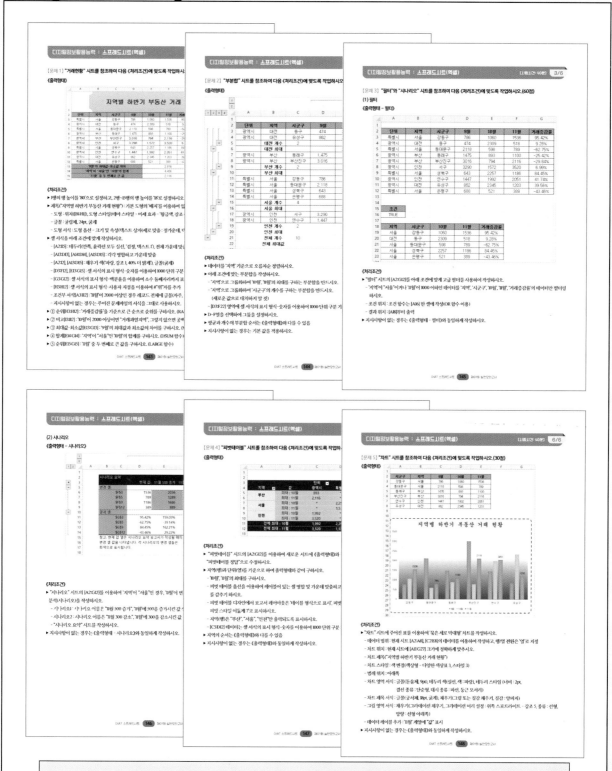

출제된 과년도 문제 패턴을 분석하여 만든 실전모의고사 10회분과 최근 출제된 기출문제 10회분을 제공합니다. 제한 시간 40분 안에 빠르고 정확하게 답안을 작성해 보세요.

(2) 시나리오

《출력형태 – 시나리오》

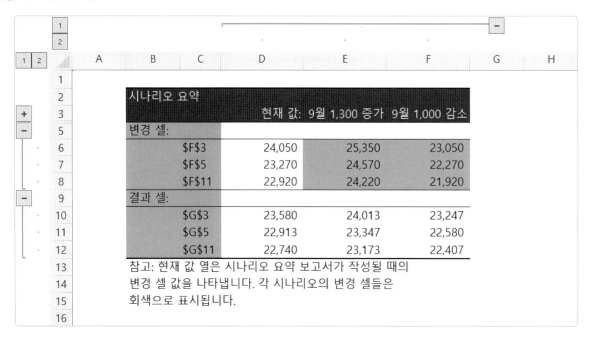

	현재 값	9월 1,300 증가	9월 1,000 감소
시나리오 요약			
변경 셀:			
$F$3	24,050	25,350	23,050
$F$5	23,270	24,570	22,270
$F$11	22,920	24,220	21,920
결과 셀:			
$G$3	23,580	24,013	23,247
$G$5	22,913	23,347	22,580
$G$11	22,740	23,173	22,407

참고: 현재 값 열은 시나리오 요약 보고서가 작성될 때의
변경 셀 값을 나타냅니다. 각 시나리오의 변경 셀들은
회색으로 표시됩니다.

《처리조건》

▶ "시나리오" 시트의 [A2:G12]를 이용하여 '권역'이 "중부권"인 경우, '9월'이 변동할 때 '평균'이 변동하는 가상분석
(시나리오)을 작성하시오.

  – 시나리오1 : 시나리오 이름은 "9월 1,300 증가", '9월'에 1300을 증가시킨 값 설정.

  – 시나리오2 : 시나리오 이름은 "9월 1,000 감소", '9월'에 1000을 감소시킨 값 설정.

  – "시나리오 요약" 시트를 작성하시오.

▶ 지시사항이 없는 경우는 《출력형태 – 시나리오》와 동일하게 작성하시오.

필수 단축키 & 작업 프로세스 활용

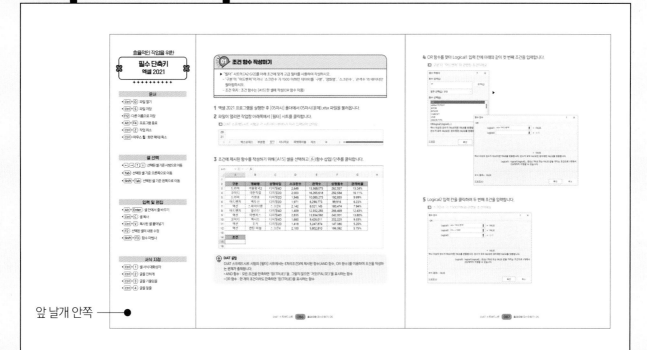

앞 날개 안쪽

뒷 날개 안쪽

책의 양쪽 날개를 펼쳤을 때 표시되는 <필수 단축키>와 <작업 프로세스> 부록을 활용해 작업 시간을 단축시켜 보세요!(상철 도서는 뜯어서 사용할 수 있는 형태의 부록으로 제공됩니다.)

【문제 3】 "필터"와 "시나리오" 시트를 참조하여 다음《처리조건》에 맞도록 작업하시오.(60점)

(1) 필터

《출력형태 – 필터》

	A	B	C	D	E	F	G
1							
2	모델명	종류	권역	7월	8월	9월	평균
3	P-KB-300	전동킥보드	중부권	23,100	23,590	24,050	23,580
4	P-CY-500	전기자전거	수도권	23,120	23,030	23,570	23,240
5	R-CY-100	대여자전거	중부권	22,580	22,890	23,270	22,913
6	P-KB-301	전동킥보드	남부권	22,120	22,390	22,760	22,423
7	R-CY-101	대여자전거	수도권	22,720	22,950	23,850	23,173
8	P-KB-303	전동킥보드	수도권	22,290	22,040	23,160	22,497
9	P-CY-501	전기자전거	남부권	23,240	23,170	23,510	23,307
10	R-CY-102	대여자전거	수도권	22,250	22,020	22,920	22,397
11	P-KB-305	전동킥보드	중부권	22,530	22,770	22,920	22,740
12	P-CY-503	전기자전거	수도권	22,370	22,620	22,780	22,590
13							
14	조건						
15	FALSE						
16							
17							
18	모델명	종류	8월	9월	평균		
19	P-CY-500	전기자전거	23,030	23,570	23,240		
20	R-CY-101	대여자전거	22,950	23,850	23,173		
21	P-CY-503	전기자전거	22,620	22,780	22,590		
22							

《처리조건》

▶ "필터" 시트의 [A2:G12]를 아래 조건에 맞게 고급필터를 사용하여 작성하시오.

　- '권역'이 "수도권"이고 '평균'이 22500 이상인 데이터를 '모델명', '종류', '8월', '9월', '평균'의 데이터만 필터링 하시오.

　- 조건 위치 : 조건 함수는 [A15] 한 셀에 작성(AND 함수 이용)

　- 결과 위치 : [A18]부터 출력

▶ 지시사항이 없는 경우는《출력형태 – 필터》와 동일하게 작성하시오.

이 책의 목차

들어가기 전

PART 01
출제유형 마스터하기

【문제 2】 "부분합" 시트를 참조하여 다음《처리조건》에 맞도록 작업하시오.(30점)

《출력형태》

모델명	종류	권역	7월	8월	9월	평균
R-CY-100	대여자전거	중부권	22,580	22,890	23,270	22,913
R-CY-101	대여자전거	수도권	22,720	22,950	23,850	23,173
R-CY-102	대여자전거	수도권	22,250	22,020	22,920	22,397
	대여자전거 최대			22,950	23,850	
	대여자전거 평균		22,517	22,620		
P-CY-500	전기자전거	수도권	23,120	23,030	23,570	23,240
P-CY-501	전기자전거	남부권	23,240	23,170	23,510	23,307
P-CY-503	전기자전거	수도권	22,370	22,620	22,780	22,590
	전기자전거 최대			23,170	23,570	
	전기자전거 평균		22,910	22,940		
P-KB-300	전동킥보드	중부권	23,100	23,590	24,050	23,580
P-KB-301	전동킥보드	남부권	22,120	22,390	22,760	22,423
P-KB-303	전동킥보드	수도권	22,290	22,040	23,160	22,497
P-KB-305	전동킥보드	중부권	22,530	22,770	22,920	22,740
	전동킥보드 최대			23,590	24,050	
	전동킥보드 평균		22,510	22,698		
	전체 최대값			23,590	24,050	
	전체 평균		22,632	22,747		

《처리조건》

▶ 데이터를 '종류' 기준으로 오름차순 정렬하시오.

▶ 아래 조건에 맞는 부분합을 작성하시오.
  - '종류'로 그룹화하여 '7월', '8월'의 평균을 구하는 부분합을 만드시오.
  - '종류'로 그룹화하여 '8월', '9월'의 최대를 구하는 부분합을 만드시오.
    (새로운 값으로 대치하지 말 것)
  - [D3:G20] 영역에 셀 서식의 표시형식-숫자를 이용하여 1000단위 구분 기호를 표시하시오.

▶ D~G열을 선택하여 그룹을 설정하시오.

▶ 평균과 최대의 부분합 순서는《출력형태》와 다를 수 있음

▶ 지시사항이 없는 경우는 기본 값을 적용하시오.

PART 02
실전모의고사

PART 03
최신기출문제

【문제 1】 "이용현황" 시트를 참조하여 다음 《처리조건》에 맞도록 작업하시오.(50점)

《출력형태》

모델명	종류	권역	7월	8월	9월	평균	순위	비고
\multicolumn{9}{c}{3분기 권역별 공유 이동장치 이용현황}
P-KB-300	전동킥보드	중부권	23,100	23,590	24,050	23,580	1위	많은 이용
P-CY-500	전기자전거	수도권	23,120	23,030	23,570	23,240	3위	많은 이용
R-CY-100	대여자전거	중부권	22,580	22,890	23,270	22,913	5위	많은 이용
P-KB-301	전동킥보드	남부권	22,120	22,390	22,760	22,423	10위	
R-CY-101	대여자전거	수도권	22,720	22,950	23,850	23,173	2위	많은 이용
P-KB-303	전동킥보드	수도권	22,290	22,040	23,160	22,497	6위	
P-CY-501	전기자전거	남부권	23,240	23,170	23,510	23,307	4위	많은 이용
R-CY-102	대여자전거	수도권	22,250	22,020	22,920	22,397	7위	
P-KB-305	전동킥보드	중부권	22,530	22,770	22,920	22,740	7위	
P-CY-503	전기자전거	수도권	22,370	22,620	22,780	22,590	9위	
\multicolumn{4}{c}{'9월'의 최대값-최소값 차이}				1,290건		
\multicolumn{4}{c}{'종류'가 "전동킥보드"인 '9월'의 합계}				92,890건		
\multicolumn{4}{c}{'8월' 중 세 번째로 큰 값}				23030		

《처리조건》

▶ 1행의 행 높이를 '80'으로 설정하고, 2행~15행의 행 높이를 '18'로 설정하시오.

▶ 제목("3분기 권역별 공유 이동장치 이용현황") : 기본 도형의 '액자'를 이용하여 입력하시오.

  - 도형 : 위치([B1:H1]), 도형 스타일(테마 스타일-'강한 효과-황금색, 강조 4')

  - 글꼴 : 굴림체, 26pt, 굵게

  - 도형 서식 : 도형 옵션 - 크기 및 속성(텍스트 상자(세로 맞춤 : 정가운데, 텍스트 방향 : 가로))

▶ 셀 서식을 아래 조건에 맞게 작성하시오.

  - [A2:I15] : 테두리(안쪽, 윤곽선 모두 실선, '검정, 텍스트 1'), 전체 가운데 맞춤

  - [A13:D13], [A14:D14], [A15:D15] : 각각 병합하고 가운데 맞춤

  - [A2:I2], [A13:D15] : 채우기 색('녹색, 강조 6, 40% 더 밝게'), 글꼴(굵게)

  - [H3:H12] : 셀 서식의 표시형식-사용자 지정을 이용하여 0"위"자를 추가

  - [D3:G12] : 셀 서식의 표시형식-숫자를 이용하여 1000단위 구분 기호 표시

  - [E13:G14] : 셀 서식의 표시형식-사용자 지정을 이용하여 #,##0"건"자를 추가

  - 조건부 서식[A3:I12] : '종류'가 "전동킥보드"인 경우 레코드 전체에 글꼴(진한 파랑, 굵게) 적용

  - 지시사항이 없는 경우는 주어진 문제파일의 서식을 그대로 사용하시오.

▶ ① 순위[H3:H12] : '9월'을 기준으로 하여 큰 순으로 순위를 구하시오. (RANK.EQ 함수)

▶ ② 비고[I3:I12] : '평균'이 22800 이상이면 "많은 이용", 그렇지 않으면 공백으로 구하시오. (IF 함수)

▶ ③ 최대값-최소값[E13:G13] : '9월'의 최대값과 최소값의 차이를 구하시오. (MAX, MIN 함수)

▶ ④ 합계[E14:G14] : '종류'가 "전동킥보드"인 '9월'의 합계를 구하시오. (DSUM 함수)

▶ ⑤ 순위[E15:G15] : '8월' 중 세 번째로 큰 값을 구하시오. (LARGE 함수)

DIAT 시험 정보

시험 과목

검정과목	사용 프로그램	검정방법	문항수	시험시간	배점	합격기준
프리젠테이션	MS 파워포인트	작업식	4문항	40분	200점	- 초급 : 80 ~ 119점 - 중급 : 120 ~ 159점 - 고급 : 160 ~ 200점
스프레드시트	MS 엑셀		5문항			
워드프로세서	한컴오피스 한글		2문항			
멀티미디어제작	포토샵/곰믹스		3문항			
인터넷정보검색	인터넷		8문항		100점	- 초급 : 40 ~ 59점 - 중급 : 60 ~ 79점 - 고급 : 80 ~ 100점
정보통신상식	CBT 프로그램	객관식	40문항			

스프레드시트 출제 기준

문항	점수		출제 내용
문제 1	50점	행 높이	1행 및 나머지 행 높이 조절
		제목 작성	도형 삽입 및 스타일 지정
		셀 서식	테두리, 셀 병합, 채우기 색, 표시 형식 지정
		조건부 서식	조건에 부합하는 행에 글꼴 서식 지정
		수식 작성	함수 계산(총 5개)
문제 2 (부분합)	30점	정렬	오름차순 또는 내림차순 정렬
		부분합	부분합 작성
		그룹	열 그룹 지정
		표시 형식	특정 셀에 표시 형식 지정
문제 3-1(필터)	60점	필터	조건(AND / OR) 작성 후 필터링
문제 3-2(시나리오)		시나리오	증가, 감소 시나리오 작업 후 요약 시트 작성
문제 4 (피벗테이블)	30점	피벗테이블 작성	필드 목록 지정
		피벗테이블 편집	피벗테이블의 옵션과 디자인 지정
		데이터 필터링	필요한 데이터만 표시(행/열)
		표시 형식	특정 셀에 표시 형식 지정
문제 5 (차트)	30점	차트 작성	차트 추가 & 크기 및 위치 조절
		요소 편집	차트 제목, 차트 스타일, 범례 위치 지정
		차트 서식	차트 영역, 차트 제목, 그림 영역 변경
		값 표시	데이터 레이블 추가

제10회 최신기출문제

▷ 시험과목 : 스프레드시트(엑셀)
▷ 시험일자 : 20XX. XX. XX.(X)
▷ 응시자 기재사항 및 감독위원 확인

수 검 번 호	DIS - XXXX -	감독위원 확인
성 명		

응시자 유의사항

1. 응시자는 신분증을 지참하여야 시험에 응시할 수 있으며, 시험이 종료될 때까지 신분증을 제시하지 못할 경우 해당 시험은 0점 처리됩니다.

2. 시스템(PC 작동 여부, 네트워크 상태 등)의 이상 여부를 반드시 확인하여야 하며, 시스템 이상이 있을시 감독위원에게 조치를 받으셔야 합니다.

3. 시험 중 부주의 또는 고의로 시스템을 파손한 경우는 응시자 부담으로 합니다.

4. 답안 전송 프로그램을 통해 다운로드 받은 파일을 이용하여 답안 파일을 작성하시기 바랍니다.

5. 작성한 답안 파일은 답안 전송 프로그램을 통하여 전송됩니다. 감독위원의 지시에 따라 주시기 바랍니다.

6. 다음 사항의 경우 실격(0점) 혹은 부정행위 처리됩니다.
   ❶ 답안 파일을 저장하지 않았거나, 저장한 파일이 손상되었을 경우
   ❷ 답안 파일을 지정된 폴더(바탕화면 – "KAIT" 폴더)에 저장하지 않았을 경우
      ※ 답안 전송 프로그램 로그인 시 바탕화면에 자동 생성됨
   ❸ 답안 파일을 다른 보조기억장치(USB) 혹은 네트워크(메신저, 게시판 등)로 전송할 경우
   ❹ 휴대용 전화기 등 통신기기를 사용할 경우

7. 시트는 반드시 순서대로 작성해야 하며, 순서가 다를 경우 "0"점 처리 됩니다.

8. 시험지에 제시된 글꼴이 응시 프로그램에 없는 경우, 반드시 감독위원에게 해당 내용을 통보한 뒤 조치를 받아야 합니다.

9. 시험의 완료는 작성이 완료된 답안을 저장하고, 답안 전송이 완료된 상태를 확인한 것으로 합니다. 답안 전송 확인 후 문제지는 감독위원에게 제출한 후 퇴실하여야 합니다.

10. 답안 전송이 완료된 경우에는 수정 또는 정정이 불가능합니다.

11. 시험 시행 후 합격자 발표는 홈페이지(www.ihd.or.kr)에서 확인하시기를 바랍니다.
    ※ 합격자 발표 : 20XX. XX. XX.(X)

스프레드시트 시험지 미리보기

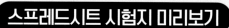

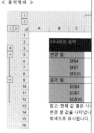

【문제 5】 "차트" 시트를 참조하여 다음《처리조건》에 맞도록 작업하시오.(30점)

《출력형태》

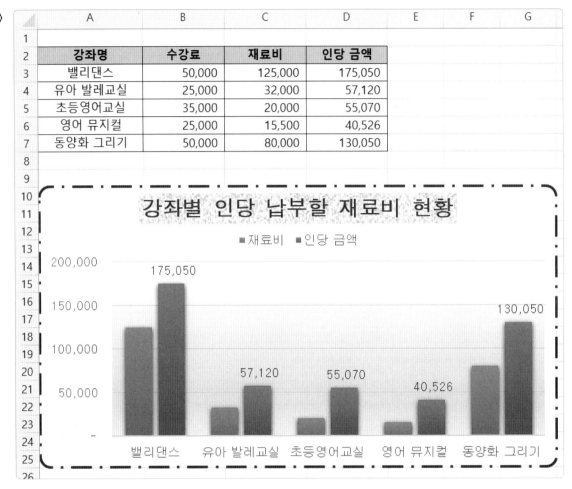

	강좌명	수강료	재료비	인당 금액
	밸리댄스	50,000	125,000	175,050
	유아 발레교실	25,000	32,000	57,120
	초등영어교실	35,000	20,000	55,070
	영어 뮤지컬	25,000	15,500	40,526
	동양화 그리기	50,000	80,000	130,050

《처리조건》

▶ "차트" 시트에 주어진 표를 이용하여 '묶은 세로 막대형' 차트를 작성하시오.

- 데이터 범위 : 현재 시트 [A2:A7], [C2:D7]의 데이터를 이용하여 작성하고, 행/열 전환은 '열'로 지정

- 차트 위치 : 현재 시트에 [A10:G25] 크기에 정확하게 맞추시오.

- 차트 제목("강좌별 인당 납부할 재료비 현황")

- 차트 스타일 : 색 변경(색상형-다양한 색상표 4, 스타일 14)

- 범례 위치 : 위쪽

- 차트 영역 서식 : 글꼴(굴림, 12pt), 테두리 색(실선, 색 : 자주), 테두리 스타일(너비 : 2.5pt, 겹선 종류 : 단순형,
대시 종류 : 긴 파선-점선, 둥근 모서리)

- 차트 제목 서식 : 글꼴(돋움체, 20pt, 굵게), 채우기(그림 또는 질감 채우기, 질감 : 신문 용지)

- 그림 영역 서식 : 채우기(그라데이션 채우기, 그라데이션 미리 설정 : 밝은 그라데이션 – 강조 4, 종류 : 선형
방향 : 선형 아래쪽)

- 데이터 레이블 추가 : '인당 금액' 계열에 "값" 표시

▶ 지시사항이 없는 경우는《출력형태》와 동일하게 작성하시오.

01 www.ihd.or.kr 회원가입

02 시험 접수

05 시험 진행

04 시험 당일, 고사장 도착

#수험표
#신분증
#필기도구

03 꾸준한 연습

06 약 1달 후 합격자 발표

07 자격증 발급 신청

【문제 4】 "피벗테이블" 시트를 참조하여 다음《처리조건》에 맞도록 작업하시오.(30점)

《출력형태》

	구분	값	강좌명 ⌐ 건강밥상 만들기	밸리댄스	유아 발레교실	풍선아트
	성인	평균 : 수강료	50,000	50,000	***	***
		평균 : 재료비	250,000	125,000	***	***
	유아	평균 : 수강료	***	***	25,000	***
		평균 : 재료비	***	***	32,000	***
	초등	평균 : 수강료	***	***	***	35,000
		평균 : 재료비	***	***	***	73,000
	전체 평균 : 수강료		50,000	50,000	25,000	35,000
	전체 평균 : 재료비		250,000	125,000	32,000	73,000

《처리조건》

▶ "피벗테이블" 시트의 [A2:G12]를 이용하여 새로운 시트에《출력형태》와 같이 피벗테이블을 작성 후 시트명을 "피벗테이블 정답"으로 수정하시오.

▶ 구분(행)과 강좌명(열)을 기준으로 하여 출력형태와 같이 구하시오.

 - '수강료', '재료비'의 평균을 구하시오.

 - 피벗 테이블 옵션을 이용하여 레이블이 있는 셀 병합 및 가운데 맞춤하고 빈 셀을 "***"로 표시한 후, 행의 총합계 를 감추기 하시오.

 - 피벗 테이블 디자인에서 보고서 레이아웃은 '테이블 형식으로 표시', 피벗 테이블 스타일은 '밝게 – 연한 주황, 피벗 스타일 밝게 17'로 표시하시오.

 - 강좌명(열)은 "건강밥상 만들기", "밸리댄스", "유아 발레교실", "풍선아트"만 출력되도록 표시하시오.

 - [C5:F12] 데이터는 셀 서식의 표시형식-숫자를 이용하여 1000단위 구분 기호를 표시하고, 가운데 맞춤하시오.

▶ 구분의 순서는《출력형태》와 다를 수 있음

▶ 지시사항이 없는 경우는《출력형태》와 동일하게 작성하시오.

STEP 01
채점프로그램 다운로드

❶ 마린북스 홈페이지(www.mrbooks.kr)의 [자료실]에서 채점프로그램을 다운로드합니다.

❷ 압축 파일을 풀고 프로그램을 설치합니다.

STEP 02
실전모의고사 또는 최신기출문제 작성

❶ PART 01에서 연습한 내용을 바탕으로 답안 파일을 작성해 보세요. 제한된 시간은 40분입니다.

❷ 작성이 완료된 답안 파일은 바탕화면 또는 찾기 쉬운 폴더에 저장합니다.

❸ 답안 채점을 위해 엑셀2021 프로그램을 종료합니다.

STEP 03
채점프로그램 활용

❶ 채점 프로그램을 실행한 후 교재 종류와 시험 회차를 선택합니다.

❷ <파일열기> 단추를 선택해 작성된 답안 파일을 불러온 다음 <채점시작하기>를 클릭합니다.

❸ 채점이 완료되면 결과를 확인합니다. [상세채점분석]을 클릭하면 자세한 채점 결과를 확인할 수 있습니다.

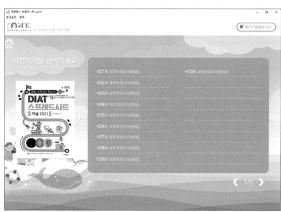

(2) 시나리오

《출력형태 - 시나리오》

	현재 값:	재료비 5,000 증가	재료비 2,500 감소
시나리오 요약			
변경 셀:			
$F$3	125,000	130,000	122,500
$F$7	80,000	85,000	77,500
$F$8	250,000	255,000	247,500
$F$9	50,000	55,000	47,500
결과 셀:			
$G$3	175,050	180,050	172,550
$G$7	130,050	135,050	127,550
$G$8	300,070	305,070	297,570
$G$9	100,025	105,025	97,525

참고: 현재 값 열은 시나리오 요약 보고서가 작성될 때의
변경 셀 값을 나타냅니다. 각 시나리오의 변경 셀들은
회색으로 표시됩니다.

《처리조건》

▶ "시나리오" 시트의 [A2:G12]를 이용하여 '구분'이 "성인"인 경우, '재료비'가 변동할 때 '인당 금액'이 변동하는 가상분석(시나리오)을 작성하시오.

　- 시나리오1 : 시나리오 이름은 "재료비 5,000 증가", '재료비'에 5000을 증가시킨 값 설정.

　- 시나리오2 : 시나리오 이름은 "재료비 2,500 감소", '재료비'에 2500을 감소시킨 값 설정.

　- "시나리오 요약" 시트를 작성하시오.

▶ 지시사항이 없는 경우는 《출력형태》와 동일하게 작성하시오.

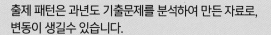

출제 패턴 분석

[문제 1] 첫 번째 시트 작업

연간 극장 박스오피스

구분	영화명	상영타입	스크린수	관객수	상영횟수	관객비율	순위	비고
드라마	겨울왕국2	디지털4D	2,648	13,369,075	282,557	13.24%	3위	천만관객
코미디	극한직업	디지털2D	2,003	16,265,618	292,584	16.11%	1위	천만관객
드라마	기생충	디지털2D	1,948	10,085,275	192,855	9.99%	5위	천만관객
어드벤처	백두산	디지털2D	1,971	6,290,773	99,916	6.23%	8위	
액션	스파이더맨	스크린X	2,142	8,021,145	180,474	7.94%	7위	
어드벤처	알라딘	디지털4D	1,409	12,552,283	266,469	12.43%	4위	천만관객
액션	어벤져스	디지털4D	2,835	13,934,592	242,001	13.80%	2위	천만관객
코미디	엑시트	디지털4D	1,660	9,426,011	202,223	9.33%	6위	
액션	조커	디지털2D	1,418	5,247,874	147,380	5.20%	10위	
액션	캡틴 마블	스크린X	2,100	5,802,810	186,382	5.75%	9위	
'스크린수'의 최대값-최소값 차이				1,426				
'구분'이 "드라마"인 '관객수'의 합계				23,454,350				
'상영횟수' 중 다섯 번째로 작은 값				192,855				

문제 구분	세부 항목	출제 패턴
행 높이	1행	● 행 높이를 '80'으로 설정하는 것이 고정적으로 출제됨
	2행~15행	● 행 높이를 '18'로 설정하는 것이 고정적으로 출제됨
제목	도형 위치	● [B1:H1] 범위에 도형을 배치하도록 출제됨
	도형 스타일	● '미세효과, 보통효과, 강한효과'가 자주 출제됨 ● '색 채우기'는 가끔씩 출제됨
	글꼴	● 글꼴은 '굴림체, 궁서체, 돋움체'가 자주 출제됨 ● 글꼴 속성은 '굵게, 기울임꼴, 밑줄' 또는 '굵게-기울임꼴'이 묶어서 출제됨
	도형 서식	● 세로 맞춤은 '정가운데', 텍스트 방향은 '가로'가 고정적으로 출제됨
셀 서식	테두리 및 맞춤	● 테두리 '안쪽 및 윤곽선' 모두 '실선'과 '검정, 텍스트1'이 고정적으로 출제됨 ● 특정 셀 범위에 대한 '가운데 맞춤'이 고정적으로 출제됨
	셀 병합	● [A13:D13], [A14:D14], [A15:D15] 범위에 대한 셀 병합이 고정적으로 출제됨
	셀에 색 채우기	● [A2:I2], [A13:D15] 셀 범위에 대한 색 채우기가 고정적으로 출제됨 ● 색 채우기는 '황금색, 강조 4', '주황, 강조 2', '녹색, 강조 6', '파랑, 강조 1', '파랑, 강조 5'가 자주 출제됨
	표시형식	● 1000 단위 구분 기호, @문자("명"), #문자("위"), 0문자("%"), '#,##0문자("원")', '#,###문자("천원")'이 자주 출제됨
조건부 서식	조건	● '~이상', '~이하'가 자주 출제됨 ● '~가 ~인' 경우는 가끔씩 출제됨(예 : "분류"가 "영업"인 경우)
	글꼴	● 글꼴 색은 '빨강, 진한 빨강, 파랑, 진한 파랑, 자주'가 자주 출제됨 ● 스타일은 '굵게, 굵은 기울임꼴'이 자주 출제됨
함수	5개 문항	● 'RANK.EQ', 'IF', 'MAX+MIN' 함수는 고정적으로 출제됨 ● 'LARGE/SMALL'과 'DSUM/DAVERAGE' 함수는 번갈아가며 출제됨 ● DMIN 함수는 최근에 한 번 출제됨

【문제 3】 "필터"와 "시나리오" 시트를 참조하여 다음《처리조건》에 맞도록 작업하시오.(60점)

(1) 필터

《출력형태 – 필터》

	A	B	C	D	E	F	G
1							
2	구분	강좌명	강사명	모집인원	수강료	재료비	인당 금액
3	성인	밸리댄스	김하늘	50	50,000	125,000	175,050
4	유아	유아 발레교실	김동욱	120	25,000	32,000	57,120
5	초등	초등영어교실	박기범	70	35,000	20,000	55,070
6	유아	영어 뮤지컬	강신실	26	25,000	15,500	40,526
7	성인	동양화 그리기	노중곤	50	50,000	80,000	130,050
8	성인	건강밥상 만들기	조현아	70	50,000	250,000	300,070
9	성인	요가교실	양일동	25	50,000	50,000	100,025
10	유아	건강체조 교실	김태균	30	25,000	10,000	35,030
11	초등	풍선아트	곽선옥	63	35,000	73,000	108,063
12	초등	재미있는 한국사	변예슬	100	35,000	18,000	53,100
13							
14	조건						
15	TRUE						
16							
17							
18	강좌명	모집인원	수강료	재료비	인당 금액		
19	밸리댄스	50	50,000	125,000	175,050		
20	유아 발레교실	120	25,000	32,000	57,120		
21	영어 뮤지컬	26	25,000	15,500	40,526		
22	건강밥상 만들기	70	50,000	250,000	300,070		
23	건강체조 교실	30	25,000	10,000	35,030		
24							

《처리조건》

▶ "필터" 시트의 [A2:G12]를 아래 조건에 맞게 고급필터를 사용하여 작성하시오.

 - '구분'이 "유아"이거나 '재료비'가 100000 이상인 데이터를 '강좌명', '모집인원', '수강료', '재료비', '인당 금액'의
   데이터만 필터링 하시오.

 - 조건 위치 : 조건 함수는 [A15] 한 셀에 작성(OR 함수 이용)

 - 결과 위치 : [A18]부터 출력

▶ 지시사항이 없는 경우는《출력형태》와 동일하게 작성하시오.

[문제 2] 부분합

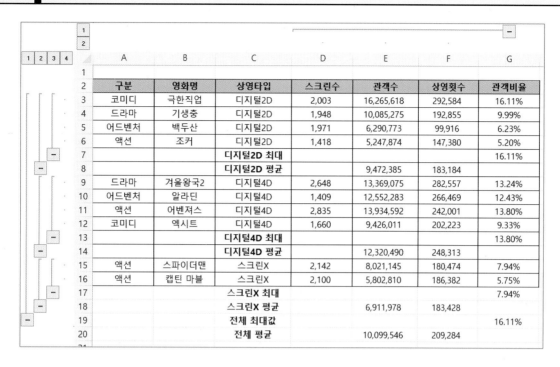

	구분	영화명	상영타입	스크린수	관객수	상영횟수	관객비율
3	코미디	극한직업	디지털2D	2,003	16,265,618	292,584	16.11%
4	드라마	기생충	디지털2D	1,948	10,085,275	192,855	9.99%
5	어드벤처	백두산	디지털2D	1,971	6,290,773	99,916	6.23%
6	액션	조커	디지털2D	1,418	5,247,874	147,380	5.20%
7			디지털2D 최대				16.11%
8			디지털2D 평균		9,472,385	183,184	
9	드라마	겨울왕국2	디지털4D	2,648	13,369,075	282,557	13.24%
10	어드벤처	알라딘	디지털4D	1,409	12,552,283	266,469	12.43%
11	액션	어벤져스	디지털4D	2,835	13,934,592	242,001	13.80%
12	코미디	엑시트	디지털4D	1,660	9,426,011	202,223	9.33%
13			디지털4D 최대				13.80%
14			디지털4D 평균		12,320,490	248,313	
15	액션	스파이더맨	스크린X	2,142	8,021,145	180,474	7.94%
16	액션	캡틴 마블	스크린X	2,100	5,802,810	186,382	5.75%
17			스크린X 최대				7.94%
18			스크린X 평균		6,911,978	183,428	
19			전체 최대값				16.11%
20			전체 평균		10,099,546	209,284	

문제 구분	세부 항목	출제 패턴
데이터 정렬	정렬	● '오름차순'과 '내림차순'이 번갈아가며 출제됨 ● 평균적으로 '오름차순'이 많이 출제됨
부분합	함수	● '평균, 최대, 최소'가 자주 출제됨 ● '합계, 개수'는 가끔씩 출제됨
	표시 형식	● 특정 범위를 '1000 단위 구분 기호'로 지정하는 것이 고정적으로 출제됨
	그룹 설정	● 특정 열을 그룹으로 지정하는 것이 고정적으로 출제됨

【문제 2】 "부분합" 시트를 참조하여 다음《처리조건》에 맞도록 작업하시오.(30점)

《출력형태》

구분	강좌명	강사명	모집인원	수강료	재료비	인당 금액
초등	초등영어교실	박기범	70	35,000	20,000	55,070
초등	풍선아트	곽선옥	63	35,000	73,000	108,063
초등	재미있는 한국사	변예슬	100	35,000	18,000	53,100
초등 최대				35,000	73,000	108,063
초등 평균				35,000	37,000	
유아	유아 발레교실	김동욱	120	25,000	32,000	57,120
유아	영어 뮤지컬	강신실	26	25,000	15,500	40,526
유아	건강체조 교실	김태균	30	25,000	10,000	35,030
유아 최대				25,000	32,000	57,120
유아 평균				25,000	19,167	
성인	밸리댄스	김하늘	50	50,000	125,000	175,050
성인	동양화 그리기	노중곤	50	50,000	80,000	130,050
성인	건강밥상 만들기	조현아	70	50,000	250,000	300,070
성인	요가교실	양일동	25	50,000	50,000	100,025
성인 최대				50,000	250,000	300,070
성인 평균				50,000	126,250	
전체 최대값				50,000	250,000	300,070
전체 평균				38,000	67,350	

《처리조건》

▶ 데이터를 '구분' 기준으로 내림차순 정렬하시오.

▶ 아래 조건에 맞는 부분합을 작성하시오.
  - '구분'으로 그룹화하여 '수강료', '재료비'의 평균을 구하는 부분합을 만드시오.
  - '구분'으로 그룹화하여 '수강료', '재료비', '인당 금액'의 최대를 구하는 부분합을 만드시오.
    (새로운 값으로 대치하지 말 것)
  - [E3:G20] 영역에 셀 서식의 표시형식-숫자를 이용하여 1000단위 구분 기호를 표시하시오.

▶ E~F열을 선택하여 그룹을 설정하시오.

▶ 평균과 최대의 부분합 순서는《출력형태》와 다를 수 있음

▶ 지시사항이 없는 경우는 기본 값을 적용하시오.

출제 패턴 분석

[문제 3]-(1) 필터

	A	B	C	D	E	F	G
1							
2	**구분**	**영화명**	**상영타입**	**스크린수**	**관객수**	**상영횟수**	**관객비율**
3	드라마	겨울왕국2	디지털4D	2,648	13,369,075	282,557	13.24%
4	코미디	극한직업	디지털2D	2,003	16,265,618	292,584	16.11%
5	드라마	기생충	디지털2D	1,948	10,085,275	192,855	9.99%
6	어드벤처	백두산	디지털2D	1,971	6,290,773	99,916	6.23%
7	액션	스파이더맨	스크린X	2,142	8,021,145	180,474	7.94%
8	어드벤처	알라딘	디지털4D	1,409	12,552,283	266,469	12.43%
9	액션	어벤져스	디지털4D	2,835	13,934,592	242,001	13.80%
10	코미디	엑시트	디지털4D	1,660	9,426,011	202,223	9.33%
11	액션	조커	디지털2D	1,418	5,247,874	147,380	5.20%
12	액션	캡틴 마블	스크린X	2,100	5,802,810	186,382	5.75%
13							
14	**조건**						
15	FALSE						
16							
17							
18	**구분**	**영화명**	**스크린수**	**관객수**			
19	어드벤처	백두산	1,971	6,290,773			
20	어드벤처	알라딘	1,409	12,552,283			
21	액션	조커	1,418	5,247,874			

문제 구분	세부 항목	출제 패턴
조건	함수 계산	• 'OR'과 'AND' 조건이 번갈아가며 출제됨 • 평균적으로 'OR' 조건이 많이 출제됨
	OR 세부 조건	• '~이거나 ~이상'이 자주 출제됨(예 : 지역이 "부산"이거나 점수가 "50" 이상) • '~이거나 ~이하'는 가끔씩 출제됨(예 : 지역이 "서울"이거나 점수가 "30" 이하)
	AND 세부 조건	• '~이고 ~이상'이 자주 출제됨(예 : 지역이 "부산"이고 점수가 "50" 이상) • '~이고 ~이하'는 가끔씩 출제됨(예 : 지역이 "서울"이고 점수가 "30" 이하)
조건 및 결과 위치	조건 위치	• [A15] 셀이 고정적으로 출제됨
	결과 위치	• [A18] 셀을 기준으로 특정 데이터만 추출하는 것이 고정적으로 출제됨

【문제 1】 "수강현황" 시트를 참조하여 다음《처리조건》에 맞도록 작업하시오.(50점)

《출력형태》

구분	강좌명	강사명	모집인원	수강료	재료비	인당 금액	순위	비고
			문화센터 강좌별 수강 현황					
성인	밸리댄스	김하늘	50명	50,000	125,000	175,050원	2	
유아	유아 발레교실	김동욱	120명	25,000	32,000	57,120원	6	인기 강좌
초등	초등영어교실	박기범	70명	35,000	20,000	55,070원	7	인기 강좌
유아	영어 뮤지컬	강신실	26명	25,000	15,500	40,526원	9	
성인	동양화 그리기	노중곤	50명	50,000	80,000	130,050원	3	
성인	건강밥상 만들기	조현아	70명	50,000	250,000	300,070원	1	인기 강좌
성인	요가교실	양일동	25명	50,000	50,000	100,025원	5	
유아	건강체조 교실	김태균	30명	25,000	10,000	35,030원	10	
초등	풍선아트	곽선옥	63명	35,000	73,000	108,063원	4	
초등	재미있는 한국사	변예슬	100명	35,000	18,000	53,100원	8	인기 강좌
'재료비' 중 두 번째로 큰 값					125,000			
'구분'이 "성인"인 '재료비'의 평균					126,250			
'재료비'의 최대값-최소값 차이					240,000원			

《처리조건》

▶ 제목("문화센터 강좌별 수강 현황") : 순서도의 '순서도: 준비'를 이용하여 입력하시오.

- 도형 : 위치([B1:H1]), 도형 스타일(테마 스타일-'미세 효과 - 주황, 강조 2')

- 글꼴 : 굴림, 27pt, 굵게

- 도형 서식 : 도형 옵션 - 크기 및 속성(텍스트 상자(세로 맞춤 : 정가운데, 텍스트 방향 : 가로))

▶ 셀 서식을 아래 조건에 맞게 작성하시오.

- [A2:I15] : 테두리(안쪽, 윤곽선 모두 실선, '검정, 텍스트 1'), 전체 가운데 맞춤

- [A13:D13], [A14:D14], [A15:D15] : 각각 병합하고 가운데 맞춤

- [A2:I2], [A13:D15] : 채우기 색('주황, 강조 2, 60% 더 밝게'), 글꼴(굵게)

- [D3:D12] : 셀 서식의 표시형식-사용자 지정을 이용하여 #"명"자를 추가

- [E3:F12], [E13:G14] : 셀 서식의 표시형식-숫자를 이용하여 1000단위 구분 기호 표시

- [G3:G12], [E15:G15] : 셀 서식의 표시형식-사용자 지정을 이용하여 #,##0"원"자를 추가

- 조건부 서식[A3:I12] : '모집인원'이 100 이상인 경우 레코드 전체에 글꼴(빨강, 기울임꼴) 적용

- 지시사항이 없는 경우는 주어진 문제파일의 서식을 그대로 사용하시오.

▶ ① 순위[H3:H12] : '인당 금액'을 기준으로 큰 순으로 순위를 구하시오. (RANK.EQ 함수)

▶ ② 비고[I3:I12] : '모집인원'이 65 이상이면 "인기 강좌", 그렇지 않으면 공백으로 구하시오. (IF 함수)

▶ ③ 순위[E13:G13] : '재료비' 중 두 번째로 큰 값을 구하시오. (LARGE 함수)

▶ ④ 평균[E14:G14] : '구분'이 "성인"인 '재료비'의 평균을 구하시오. (DAVERAGE 함수)

▶ ⑤ 최대값-최소값[E15:G15] : '재료비'의 최대값과 최소값의 차이를 구하시오. (MAX, MIN 함수)

[문제 3]-(2) 시나리오

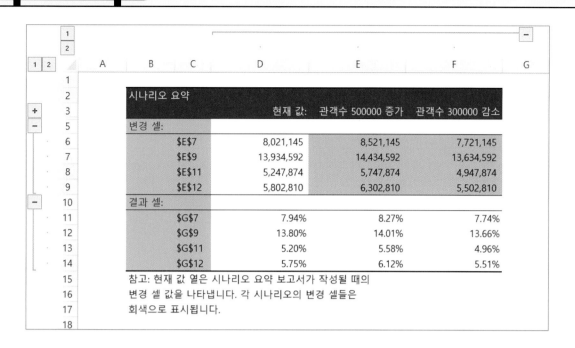

문제 구분	세부 항목	출제 패턴
시나리오	시나리오1	● 증가에 따른 '시나리오 이름'을 입력한 후 특정 값만큼 셀의 값을 증가시키는 것이 고정적으로 출제됨
	시나리오2	● 감소에 따른 '시나리오 이름'을 입력한 후 특정 값만큼 셀의 값을 감소시키는 것이 고정적으로 출제됨
	시나리오 요약	● 결과 셀을 기준으로 '시나리오 요약' 시트를 작성하는 것이 고정적으로 출제됨

제09회 최신기출문제

▷ 시험과목 : 스프레드시트(엑셀)
▷ 시험일자 : 20XX. XX. XX.(X)
▷ 응시자 기재사항 및 감독위원 확인

수 검 번 호	DIS - XXXX -	감독위원 확인
성 명		

응시자 유의사항

1. 응시자는 신분증을 지참하여야 시험에 응시할 수 있으며, 시험이 종료될 때까지 신분증을 제시하지 못할 경우 해당 시험은 0점 처리됩니다.

2. 시스템(PC 작동 여부, 네트워크 상태 등)의 이상 여부를 반드시 확인하여야 하며, 시스템 이상이 있을시 감독위원에게 조치를 받으셔야 합니다.

3. 시험 중 부주의 또는 고의로 시스템을 파손한 경우는 응시자 부담으로 합니다.

4. 답안 전송 프로그램을 통해 다운로드 받은 파일을 이용하여 답안 파일을 작성하시기 바랍니다.

5. 작성한 답안 파일은 답안 전송 프로그램을 통하여 전송됩니다. 감독위원의 지시에 따라 주시기 바랍니다.

6. 다음 사항의 경우 실격(0점) 혹은 부정행위 처리됩니다.
   ❶ 답안 파일을 저장하지 않았거나, 저장한 파일이 손상되었을 경우
   ❷ 답안 파일을 지정된 폴더(바탕화면 – "KAIT" 폴더)에 저장하지 않았을 경우
      ※ 답안 전송 프로그램 로그인 시 바탕화면에 자동 생성됨
   ❸ 답안 파일을 다른 보조기억장치(USB) 혹은 네트워크(메신저, 게시판 등)로 전송할 경우
   ❹ 휴대용 전화기 등 통신기기를 사용할 경우

7. 시트는 반드시 순서대로 작성해야 하며, 순서가 다를 경우 "0"점 처리 됩니다.

8. 시험지에 제시된 글꼴이 응시 프로그램에 없는 경우, 반드시 감독위원에게 해당 내용을 통보한 뒤 조치를 받아야 합니다.

9. 시험의 완료는 작성이 완료된 답안을 저장하고, 답안 전송이 완료된 상태를 확인한 것으로 합니다. 답안 전송 확인 후 문제지는 감독위원에게 제출한 후 퇴실하여야 합니다.

10. 답안 전송이 완료된 경우에는 수정 또는 정정이 불가능합니다.

11. 시험 시행 후 합격자 발표는 홈페이지(www.ihd.or.kr)에서 확인하시기를 바랍니다.
    ※ 합격자 발표 : 20XX. XX. XX.(X)

Korea Association for ICT Promotion
한국정보통신진흥협회 KAIT

[문제 4] 피벗테이블

	A	B	C	D	E
1					
2					
3			상영타입 ▾		
4	구분 ⬇	값	디지털2D	디지털4D	스크린X
5	액션	평균 : 스크린수	1,418	2,835	2,121
6		평균 : 관객수	5,247,874	13,934,592	6,911,978
7	어드벤처	평균 : 스크린수	1,971	1,409	***
8		평균 : 관객수	6,290,773	12,552,283	***
9	코미디	평균 : 스크린수	2,003	1,660	***
10		평균 : 관객수	16,265,618	9,426,011	***
11	전체 평균 : 스크린수		1,797	1,968	2,121
12	전체 평균 : 관객수		9,268,088	11,970,962	6,911,978
13					

문제 구분	세부 항목	출제 패턴
피벗테이블 작성	값 필드 (계산 유형)	● '평균, 최대, 최소'가 자주 출제됨 ● '합계'는 가끔식 출제됨
	옵션	● '레이블이 있는 셀 병합 및 가운데 맞춤', '빈 셀(*, **, ***) 표시', '행 총합계 감추기'는 고정적으로 출제됨 ● '행 총합계 감추기'는 가끔씩 '열 총합계 감추기'로 변경되어 출제됨
피벗테이블 디자인	보고서 레이아웃	● '테이블 형식으로 표시'가 고정적으로 출제됨
	피벗테이블 스타일	● '중간'과 '어둡게'에 속한 스타일이 자주 출제됨 ● '밝게'에 속한 스타일은 가끔씩 출제됨 ● '중간' 스타일 : '피벗 스타일 보통 7, 피벗 스타일 보통 9, 피벗 스타일 보통 10, 피벗 스타일 보통 14'가 자주 출제됨 ● '어둡게' 스타일 : '피벗 스타일 어둡게 3, 피벗 스타일 어둡게 6, 피벗 스타일 어둡게 7'이 자주 출제됨
피벗테이블 편집	필터	● '행'과 '열'을 기준으로 번갈아가며 출제됨 ● 평균적으로 '행'을 필터링하는 작업이 많이 출제됨
	표시 형식	● 특정 범위를 '1000 단위 구분 기호'로 지정하는 것이 고정적으로 출제됨

【문제 5】 "차트" 시트를 참조하여 다음《처리조건》에 맞도록 작업하시오.(30점)

《출력형태》

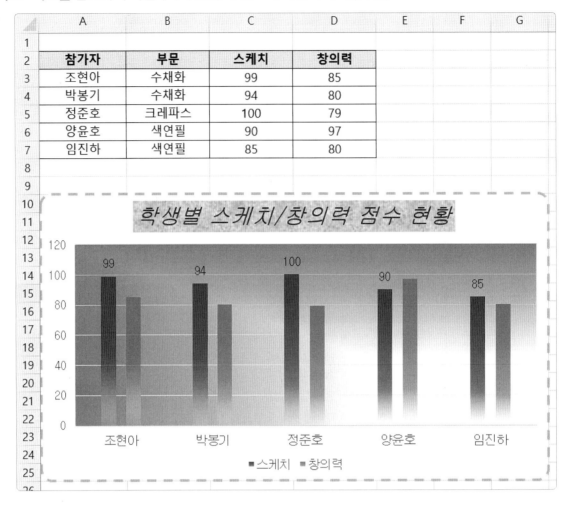

	참가자	부문	스케치	창의력
	조현아	수채화	99	85
	박봉기	수채화	94	80
	정준호	크레파스	100	79
	양윤호	색연필	90	97
	임진하	색연필	85	80

《처리조건》

▶ "차트" 시트에 주어진 표를 이용하여 '묶은 가로 막대형' 차트를 작성하시오.

- 데이터 범위 : 현재 시트 [A2:A7], [C2:D7]의 데이터를 이용하여 작성하고, 행/열 전환은 '열'로 지정

- 차트 위치 : 현재 시트에 [A10:G25] 크기에 정확하게 맞추시오.

- 차트 제목("학생별 스케치/창의력 점수 현황")

- 차트 스타일 : 색 변경(색상형-다양한 색상표 1, 스타일 9)

- 범례 위치 : 아래쪽

- 차트 영역 서식 : 글꼴(굴림체, 11pt), 테두리 색(실선, 색 : 주황), 테두리 스타일(너비 : 2.25pt, 겹선 종류 : 단순형, 대시 종류 : 파선, 둥근 모서리)

- 차트 제목 서식 : 글꼴(굴림, 20pt, 기울임꼴), 채우기(그림 또는 질감 채우기, 질감 : 꽃다발)

- 그림 영역 서식 : 채우기(그라데이션 채우기, 그라데이션 미리 설정 : 위쪽 스포트라이트 강조 3, 종류 : 사각형, 방향 : 오른쪽 아래 모서리에서)

- 데이터 레이블 추가 : '스케치' 계열에 "값" 표시

▶ 지시사항이 없는 경우는《출력형태》와 동일하게 작성하시오.

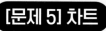

[문제 5] 차트

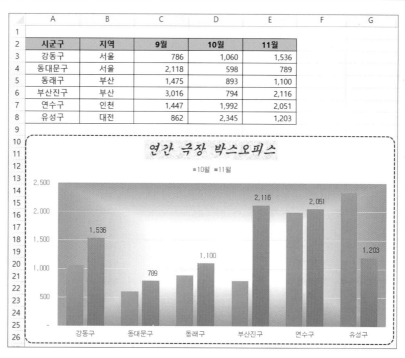

문제 구분	세부 항목	출제 패턴
차트 작성	종류	● '묶은 세로 막대형'이 자주 출제되며, '묶은 가로 막대형'은 가끔씩 출제됨
	크기 및 위치	● 다양한 크기 및 위치로 출제됨
	색상형 및 스타일	● 색상형은 '다양한 색상표 3'과 '다양한 색상표 4'가 자주 출제됨 ● 단색형은 가끔씩 출제됨
	범례 위치	● '아래쪽'이 자주 출제되며, '위쪽, 오른쪽, 왼쪽'은 가끔씩 출제됨
	데이터 레이블	● '바깥쪽 끝에'가 고정적으로 출제됨
차트 영역 서식	글꼴	● '돋움체'와 '굴림체'가 자주 출제됨
	테두리 색	● '파랑, 진한 파랑, 빨강, 진한 빨강, 주황, 녹색, 자주'가 자주 출제됨
	테두리 너비	● '2pt, 2.25pt 2.5pt'가 자주 출제되며, '1.5pt, 2.75pt 3pt'는 가끔식 출제됨
	겹선 종류	● '단순형'이 고정적으로 출제됨
	대시 종류	● '사각 점선-둥근 모서리', '둥근 점선-둥근 모서리', '파선-둥근 모서리'가 자주 출제됨 ● '긴 파선-둥근 모서리', '파선-점선-둥근 모서리', '사각 점선', '긴 파선'은 가끔씩 출제됨
차트 제목 서식	글꼴	● '궁서체'가 자주 출제되며, '돋움체'와 '굴림'은 가끔씩 출제됨 ● 글꼴 속성은 '굵게'가 자주 출제되며, '기울임꼴'과 '밑줄'이 가끔씩 출제됨
	질감 채우기	● '분홍 박엽지, 파랑 박엽지, 꽃다발, 신문 용지, 양피지'가 자주 출제됨 ● '작은 물방울, 재생지, 캔버스, 편지지'는 가끔씩 출제됨
그림 영역 서식	그라데이션 채우기	● 밝은 그라데이션 : '밝은 그라데이션-강조 1', '밝은 그라데이션-강조 4', '밝은 그라데이션-강조 6'이 자주 출제됨 ● 위쪽 스포트라이트 : '위쪽 스포트라이트 강조 2', '위쪽 스포트라이트 강조 3', '위쪽 스포트라이트 강조 5'가 자주 출제됨
	종류 및 방향	● 밝은 그라데이션 : '선형-선형 아래쪽', '방사형-오른쪽 위 모서리에서', '방사형-가운데에서'가 자주 출제됨 ● 위쪽 스포트라이트 : '사각형-가운데에서', '방사형-가운데에서'가 자주 출제됨

【문제 4】 "피벗테이블" 시트를 참조하여 다음《처리조건》에 맞도록 작업하시오.(30점)

《출력형태》

	A	B	C	D	E	F
2						
3			지역 ▼			
4	부문 ▼	값	마산	서울	창원	
5		합계 : 스케치	85	***	90	
6	색연필	합계 : 창의력	80	***	97	
7		합계 : 심사점수	940	***	870	
8		합계 : 스케치	***	174	89	
9	수채화	합계 : 창의력	***	155	93	
10		합계 : 심사점수	***	1,750	910	
11		합계 : 스케치	85	***	***	
12	크레파스	합계 : 창의력	80	***	***	
13		합계 : 심사점수	820	***	***	
14	전체 합계 : 스케치		170	174	179	
15	전체 합계 : 창의력		160	155	190	
16	전체 합계 : 심사점수		1,760	1,750	1,780	
17						

《처리조건》

▶ "피벗테이블" 시트의 [A2:G12]를 이용하여 새로운 시트에《출력형태》와 같이 피벗테이블을 작성 후 시트명을 "피벗테이블 정답"으로 수정하시오.

▶ 부문(행)과 지역(열)을 기준으로 하여 출력형태와 같이 구하시오.

　- '스케치', '창의력', '심사점수'의 합계를 구하시오.

　- 피벗 테이블 옵션을 이용하여 레이블이 있는 셀 병합 및 가운데 맞춤하고 빈 셀을 "***"로 표시한 후, 행의 총합계를 감추기 하시오.

　- 피벗 테이블 디자인에서 보고서 레이아웃은 '테이블 형식으로 표시', 피벗 테이블 스타일은 '중간 - 연한 주황, 피벗 스타일 보통 10'으로 표시하시오.

　- 지역(열)은 "마산", "서울", "창원"만 출력되도록 표시하시오.

　- [C5:E16] 데이터는 셀 서식의 표시형식-숫자를 이용하여 1000단위 구분 기호를 표시하고, 가운데 맞춤하시오.

▶ 부문의 순서는《출력형태》와 다를 수 있음

▶ 지시사항이 없는 경우는《출력형태》와 동일하게 작성하시오.

PART 01

출제유형
마스터하기

 DIAT 스프레드시트 시험의 최신 출제 유형을 연습하여
발빠르게 자격증을 취득해 보세요!

(2) 시나리오

《출력형태 - 시나리오》

	시나리오 요약			
		현재 값:	심사점수 10점 증가	심사점수 5점 감소
변경 셀:				
	$F$5	1,000	1,010	995
	$F$9	860	870	855
	$F$11	820	830	815
결과 셀:				
	$G$5	1,179	1,189	1,174
	$G$9	1,039	1,049	1,034
	$G$11	985	995	980

참고: 현재 값 열은 시나리오 요약 보고서가 작성될 때의
변경 셀 값을 나타냅니다. 각 시나리오의 변경 셀들은
회색으로 표시됩니다.

《처리조건》

▶ "시나리오" 시트의 [A2:G12]를 이용하여 '부문'이 "크레파스"인 경우, '심사점수'가 변동할 때 '최종점수'가 변동하는 가상분석(시나리오)을 작성하시오.

 - 시나리오1 : 시나리오 이름은 "심사점수 10점 증가", '심사점수'에 10을 증가시킨 값 설정.

 - 시나리오2 : 시나리오 이름은 "심사점수 5점 감소", '심사점수'에 5를 감소시킨 값 설정.

 - "시나리오 요약" 시트를 작성하시오.

▶ 지시사항이 없는 경우는 《출력형태 - 시나리오》와 동일하게 작성하시오.

DIAT

【문제 3】 "필터"와 "시나리오" 시트를 참조하여 다음《처리조건》에 맞도록 작업하시오.(60점)

(1) 필터

《출력형태 – 필터》

	A	B	C	D	E	F	G
1							
2	부문	지역	참가자	스케치	창의력	심사점수	최종점수
3	수채화	남해	조현아	99	85	800	984
4	수채화	서울	박봉기	94	80	920	1,094
5	크레파스	부산	정준호	100	79	1,000	1,179
6	색연필	창원	양윤호	90	97	870	1,057
7	색연필	마산	임진하	85	80	940	1,105
8	수채화	서울	박종홍	80	75	830	985
9	크레파스	남해	박승범	92	87	860	1,039
10	색연필	부산	김도윤	87	84	900	1,071
11	크레파스	마산	김주희	85	80	820	985
12	수채화	창원	오수정	89	93	910	1,092
13							
14	조건						
15	TRUE						
16							
17							
18	부문	스케치	창의력	심사점수	최종점수		
19	수채화	99	85	800	984		
20	수채화	80	75	830	985		
21	크레파스	92	87	860	1,039		
22	크레파스	85	80	820	985		

《처리조건》

▶ "필터" 시트의 [A2:G12]를 아래 조건에 맞게 고급필터를 사용하여 작성하시오.
 - '지역'이 "남해"이거나 '최종점수'가 1000 이하인 데이터를 '부문', '스케치', '창의력', '심사점수', '최종점수'의 데이터만 필터링 하시오.
 - 조건 위치 : 조건 함수는 [A15] 한 셀에 작성(OR 함수 이용)
 - 결과 위치 : [A18]부터 출력
▶ 지시사항이 없는 경우는《출력형태 – 필터》와 동일하게 작성하시오.

[문제 1]
행 높이 변경 및 제목 작성

★ 실습파일 : 01차시(문제).xlsx   ★ 완성파일 : 01차시(완성).xlsx

【문제 1】 "박스오피스" 시트를 참조하여 다음《처리조건》에 맞도록 작업하시오.

《출력형태》

	A	B	C	D	E	F	G	H	I
1				연간 극장 박스오피스					
2	구분	영화명	상영타입	스크린수	관객수	상영횟수	관객비율	순위	비고
3	드라마	겨울왕국2	디지털4D	2648	13369075	282557	0.132373035	①	②
4	코미디	극한직업	디지털2D	2003	16265618	292584	0.161052969	①	②
5	드라마	기생충	디지털2D	1948	10085275	192855	0.099858701	①	②
6	어드벤처	백두산	디지털2D	1971	6290773	99916	0.062287684	①	②
7	액션	스파이더맨	스크린X	2142	8021145	180474	0.07942085	①	②
8	어드벤처	알라딘	디지털4D	1409	12552283	266469	0.124285621	①	②
9	액션	어벤져스	디지털4D	2835	13934592	242001	0.137972465	①	②
10	코미디	엑시트	디지털4D	1660	9426011	202223	0.093331041	①	②
11	액션	조커	디지털2D	1418	5247874	147380	0.051961486	①	②
12	액션	캡틴 마블	스크린X	2100	5802810	186382	0.057456149	①	②
13	'스크린수'의 최대값-최소값 차이			③					
14	'구분'이 "드라마"인 '관객수'의 합계			④					
15	'상영횟수' 중 다섯 번째로 작은 값			⑤					
16									

< > 박스오피스 부분합 필터 시나리오 피벗테이블 차트 +

《처리조건》

▶ 1행의 행 높이를 '80'으로 설정하고, 2행~15행의 행 높이를 '18'로 설정하시오.

▶ 제목("연간 극장 박스오피스") : 기본 도형의 '사각형: 빗면'을 이용하여 입력하시오.
  – 도형 : 위치([B1:H1]), 도형 스타일(테마 스타일 – 보통 효과 – '파랑, 강조 1')
  – 글꼴 : 궁서체, 28pt, 기울임꼴
  – 도형 서식 : 도형 옵션 – 크기 및 속성(텍스트 상자(세로 맞춤 : 정가운데, 텍스트 방향 : 가로))

【문제 2】 "부분합" 시트를 참조하여 다음《처리조건》에 맞도록 작업하시오.(30점)

《출력형태》

부문	지역	참가자	스케치	창의력	심사점수	최종점수
크레파스	부산	정준호	100	79	1,000	1,179
크레파스	남해	박승범	92	87	860	1,039
크레파스	마산	김주희	85	80	820	985
크레파스 최대					1,000	1,179
크레파스 평균			92	82		
수채화	남해	조현아	99	85	800	984
수채화	서울	박봉기	94	80	920	1,094
수채화	서울	박종홍	80	75	830	985
수채화	창원	오수정	89	93	910	1,092
수채화 최대					920	1,094
수채화 평균			91	83		
색연필	창원	양윤호	90	97	870	1,057
색연필	마산	임진하	85	80	940	1,105
색연필	부산	김도윤	87	84	900	1,071
색연필 최대					940	1,105
색연필 평균			87	87		
전체 최대값					1,000	1,179
전체 평균			90	84		

《처리조건》

▶ 데이터를 '부문' 기준으로 내림차순 정렬하시오.

▶ 아래 조건에 맞는 부분합을 작성하시오.

 – '부문'으로 그룹화하여 '스케치', '창의력'의 평균을 구하는 부분합을 만드시오.

 – '부문'으로 그룹화하여 '심사점수', '최종점수'의 최대를 구하는 부분합을 만드시오.

  (새로운 값으로 대치하지 말 것)

 – [D3:G20] 영역에 셀 서식의 표시형식–숫자를 이용하여 1000단위 구분 기호를 표시하시오.

▶ D~F열을 선택하여 그룹을 설정하시오.

▶ 평균과 최대의 부분합 순서는《출력형태》와 다를 수 있음

▶ 지시사항이 없는 경우는 기본 값을 적용하시오.

행 높이 설정 ▷ 도형 삽입 ▷ 도형 스타일 지정 ▷ 도형에 내용 입력 ▷ 글꼴 서식 변경

Check 01 행 높이 설정 : 제시된 조건에 따라 행 높이를 변경해요!

1행의 높이 변경 전(16.5)

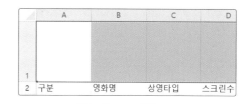

1행의 높이 변경 후(80)

2~15행의 높이 변경 전(16.5)

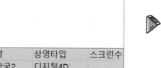

2~15행의 높이 변경 후(18)

Check 02 제목 도형 : 도형을 이용해 시트의 제목을 입력해요!

▽ 도형 추가 & 스타일 적용

▽ 제목 내용 입력

글꼴 서식 변경 & 가운데 정렬

【문제 1】 "수상자현황" 시트를 참조하여 다음《처리조건》에 맞도록 작업하시오.(50점)

《출력형태》

부문	지역	참가자	스케치	창의력	심사점수	최종점수	순위	비고
수채화	남해	조현아	99	85	800	984	10위	
수채화	서울	박봉기	94	80	920	1,094	3위	
크레파스	부산	정준호	100	79	1000	1,179	1위	수상자
색연필	창원	양윤호	90	97	870	1,057	6위	
색연필	마산	임진하	85	80	940	1,105	2위	수상자
수채화	서울	박종홍	80	75	830	985	8위	
크레파스	남해	박승범	92	87	860	1,039	7위	
색연필	부산	김도윤	87	84	900	1,071	5위	
크레파스	마산	김주희	85	80	820	985	8위	
수채화	창원	오수정	89	93	910	1,092	4위	
'심사점수' 중 세 번째로 작은 값				830점				
'부문'이 "수채화"인 '창의력'의 합계				333점				
'심사점수'의 최대값-최소값 차이				200점				

제목: 전국학생미술대회 수상자 현황

《처리조건》

▶ 1행의 행 높이를 '80'으로 설정하고, 2행~15행의 행 높이를 '18'로 설정하시오.

▶ 제목("전국학생미술대회 수상자 현황") : 기본 도형의 '팔각형'을 이용하여 입력하시오.

　- 도형 : 위치([B1:H1]), 도형 스타일(테마 스타일-'미세 효과 - 황금색, 강조 4')

　- 글꼴 : 궁서체, 25pt, 굵게

　- 도형 서식 : 도형 옵션 - 크기 및 속성(텍스트 상자(세로 맞춤 : 정가운데, 텍스트 방향 : 가로))

▶ 셀 서식을 아래 조건에 맞게 작성하시오.

　- [A2:I15] : 테두리(안쪽, 윤곽선 모두 실선, '검정, 텍스트 1'), 전체 가운데 맞춤

　- [A13:D13], [A14:D14], [A15:D15] : 각각 병합하고 가운데 맞춤

　- [A2:I2], [A13:D15] : 채우기 색('황금색, 강조 4, 60% 더 밝게'), 글꼴(굵게)

　- [G3:G12] : 셀 서식의 표시형식-숫자를 이용하여 1000단위 구분 기호 표시

　- [H3:H12] : 셀 서식의 표시형식-사용자 지정을 이용하여 #"위"자를 추가

　- [E13:G15] : 셀 서식의 표시형식-사용자 지정을 이용하여 #,##0"점"자를 추가

　- 조건부 서식[A3:I12] : '부문'이 "색연필"인 경우 레코드 전체에 글꼴(진한 빨강, 굵은 기울임꼴) 적용

　- 지시사항이 없는 경우는 주어진 문제파일의 서식을 그대로 사용하시오.

▶ ① 순위[H3:H12] : '최종점수'를 기준으로 큰 순으로 순위를 구하시오. (RANK.EQ 함수)

▶ ② 비고[I3:I12] : '최종점수'가 1100 이상이면 "수상자", 그렇지 않으면 공백으로 구하시오. (IF 함수)

▶ ③ 순위[E13:G13] : '심사점수' 중 세 번째로 작은 값을 구하시오. (SMALL 함수)

▶ ④ 합계[E14:G14] : '부문'이 "수채화"인 '창의력'의 합계를 구하시오. (DSUM 함수)

▶ ⑤ 최대값-최소값[E15:G15] : '심사점수'의 최대값과 최소값의 차이를 구하시오. (MAX, MIN 함수)

STEP 01 행 높이 설정하기

▶ 1행의 행 높이를 '80'으로 설정하고, 2행~15행의 행 높이를 '18'로 설정하시오.

1 엑셀 2021 프로그램을 실행한 후 **[열기]-[찾아보기]**를 클릭합니다.

2 **[01차시]** 폴더에서 **01차시(문제).xlsx** 파일을 찾아 선택합니다.

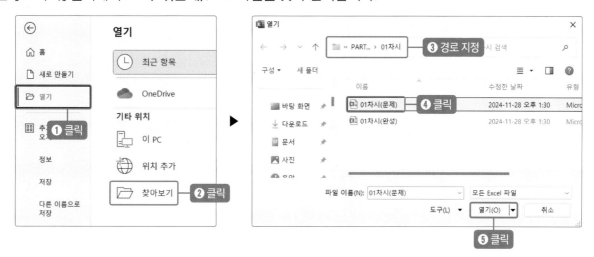

3 파일이 열리면 작업창 아래쪽 **[박스오피스]** 시트를 클릭합니다.

➕ DIAT 스프레드시트 시험은 각 시트마다 데이터가 미리 입력되어 있어요.

4 1행의 머리글 위에서 마우스 오른쪽 버튼을 눌러 **[행 높이]**를 클릭한 후 **'80'**을 입력합니다.

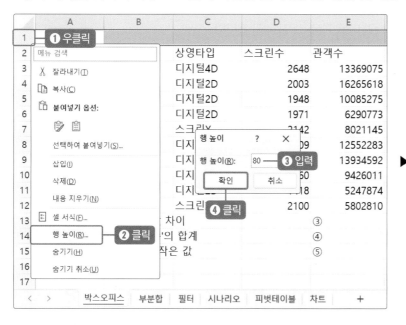

제08회 최신기출문제

▹ 시험과목 : 스프레드시트(엑셀)
▹ 시험일자 : 20XX. XX. XX.(X)
▹ 응시자 기재사항 및 감독위원 확인

수 검 번 호	DIS - XXXX -	감독위원 확인
성 명		

응시자 유의사항

1. 응시자는 신분증을 지참하여야 시험에 응시할 수 있으며, 시험이 종료될 때까지 신분증을 제시하지 못할 경우 해당 시험은 0점 처리됩니다.

2. 시스템(PC 작동 여부, 네트워크 상태 등)의 이상 여부를 반드시 확인하여야 하며, 시스템 이상이 있을시 감독위원에게 조치를 받으셔야 합니다.

3. 시험 중 부주의 또는 고의로 시스템을 파손한 경우는 응시자 부담으로 합니다.

4. 답안 전송 프로그램을 통해 다운로드 받은 파일을 이용하여 답안 파일을 작성하시기 바랍니다.

5. 작성한 답안 파일은 답안 전송 프로그램을 통하여 전송됩니다. 감독위원의 지시에 따라 주시기 바랍니다.

6. 다음 사항의 경우 실격(0점) 혹은 부정행위 처리됩니다.
   ❶ 답안 파일을 저장하지 않았거나, 저장한 파일이 손상되었을 경우
   ❷ 답안 파일을 지정된 폴더(바탕화면 – "KAIT" 폴더)에 저장하지 않았을 경우
      ※ 답안 전송 프로그램 로그인 시 바탕화면에 자동 생성됨
   ❸ 답안 파일을 다른 보조기억장치(USB) 혹은 네트워크(메신저, 게시판 등)로 전송할 경우
   ❹ 휴대용 전화기 등 통신기기를 사용할 경우

7. 시트는 반드시 순서대로 작성해야 하며, 순서가 다를 경우 "0"점 처리 됩니다.

8. 시험지에 제시된 글꼴이 응시 프로그램에 없는 경우, 반드시 감독위원에게 해당 내용을 통보한 뒤 조치를 받아야 합니다.

9. 시험의 완료는 작성이 완료된 답안을 저장하고, 답안 전송이 완료된 상태를 확인한 것으로 합니다. 답안 전송 확인 후 문제지는 감독위원에게 제출한 후 퇴실하여야 합니다.

10. 답안 전송이 완료된 경우에는 수정 또는 정정이 불가능합니다.

11. 시험 시행 후 합격자 발표는 홈페이지(www.ihd.or.kr)에서 확인하시기를 바랍니다.
    ※ 합격자 발표 : 20XX. XX. XX.(X)

Korea Association for ICT Promotion
한국정보통신진흥협회 KAIT

5 2행~15행의 행 머리글을 선택하여 [행 높이]를 '18'로 변경해줍니다.

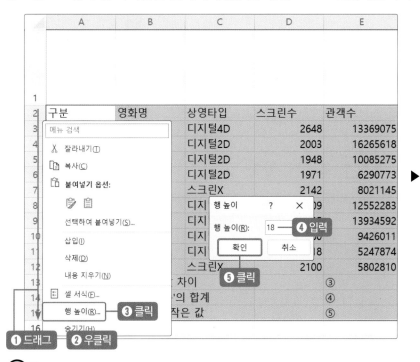 

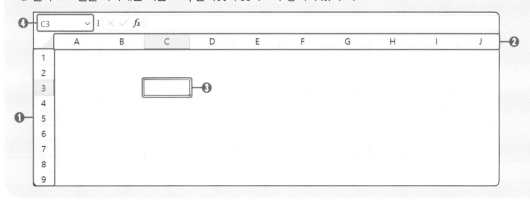

엑셀 기본 익히기

❶ 행 : 가로로 나열된 셀 들을 의미하며, 숫자로 표시됩니다.
❷ 열 : 세로로 나열된 셀 들을 의미하며, 알파벳으로 표시됩니다.
❸ 셀 : 행과 열이 만나는 곳으로, 데이터를 입력하는 부분이에요.
❹ 셀 주소 : 셀을 나타내는 이름으로, 알파벳과 숫자로 구성되어 있어요.

【문제 5】 "차트" 시트를 참조하여 다음 《처리조건》에 맞도록 작업하시오.(30점)

《출력형태》

	A	B	C	D	E	F	G
2	납부상태	강좌명	7월	8월	9월	소계	
3	카드결제	캘리그라피	1,590,000	1,060,000	870,000	3,520,000	
4	현금	수채펜드로잉	1,670,000	740,000	1,460,000	3,870,000	
5	계좌이체	컴퓨터자격증	930,000	1,420,000	960,000	3,310,000	
6	계좌이체	홈파티요리	1,630,000	1,320,000	910,000	3,860,000	
7	카드결제	요가기초	1,170,000	930,000	1,290,000	3,390,000	

《처리조건》

▶ "차트" 시트에 주어진 표를 이용하여 '묶은 세로 막대형' 차트를 작성하시오.

- 데이터 범위 : 현재 시트 [B2:B7], [D2:E7]의 데이터를 이용하여 작성하고, 행/열 전환은 '열'로 지정
- 차트 위치 : 현재 시트에 [A10:G25] 크기에 정확하게 맞추시오.
- 차트 제목("3분기 교육비 현황")
- 차트 스타일 : 색 변경(색상형 – 다양한 색상표 3, 스타일 6)
- 범례 위치 : 왼쪽
- 차트 영역 서식 : 글꼴(굴림체, 10pt), 테두리 색(실선, 색 : 파랑), 테두리 스타일(너비 : 2pt, 겹선 종류 : 단순형, 대시 종류 : 긴 파선)
- 차트 제목 서식 : 글꼴(궁서체, 16pt, 밑줄), 채우기(그림 또는 질감 채우기, 질감 : 양피지)
- 그림 영역 서식 : 채우기(그라데이션 채우기, 그라데이션 미리 설정 : 위쪽 스포트라이트 강조 1, 종류 : 선형, 방향 : 선형 위쪽)
- 데이터 레이블 추가 : '8월' 계열에 "값" 표시

▶ 지시사항이 없는 경우는 《출력형태》와 동일하게 작성하시오.

02 제목 도형 삽입하기

▶ 제목("연간 극장 박스오피스") : 기본 도형의 '사각형: 빗면'을 이용하여 입력하시오.
 – 도형 : 위치([B1:H1]), 도형 스타일(테마 스타일 – 보통 효과 – '파랑, 강조 1')

1 [삽입] 탭에서 [도형]을 클릭한 후 [기본도형 – 사각형: 빗면]을 선택합니다.

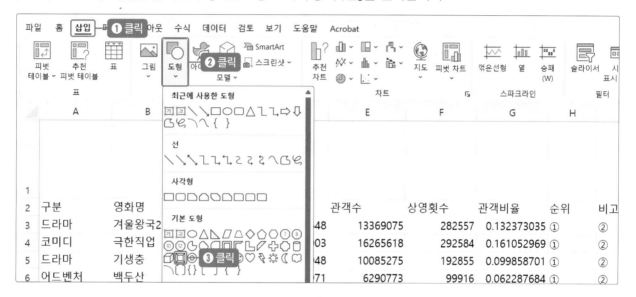

 도형 빨리 찾기

• 조건에서 제시한 도형이 속해 있는 그룹(기본 도형, 블록 화살표, 수식 도형 등)을 먼저 찾은 다음 필요한 도형을 선택합니다.
• 도형 위에 마우스를 올려 놓으면 도형의 이름이 표시됩니다.

2 마우스 포인터가 + 모양으로 바뀌면 Alt 를 누른 채 [B1]부터 [H1] 셀까지 드래그하여 도형을 삽입합니다.

 Alt 를 누른 채 개체를 드래그하면 셀 경계에 맞춰 작업하기 편리해요.

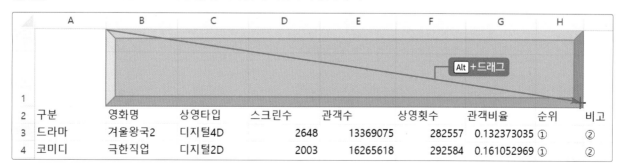

【문제 4】 "피벗테이블" 시트를 참조하여 다음《처리조건》에 맞도록 작업하시오.(30점)

《출력형태》

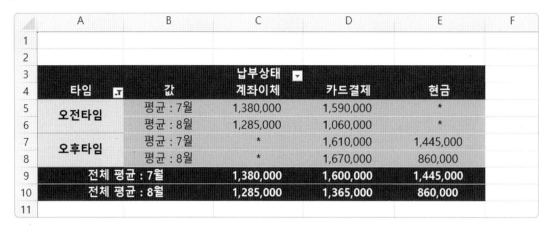

타임	값	납부상태		
		계좌이체	카드결제	현금
오전타임	평균 : 7월	1,380,000	1,590,000	*
	평균 : 8월	1,285,000	1,060,000	*
오후타임	평균 : 7월	*	1,610,000	1,445,000
	평균 : 8월	*	1,670,000	860,000
전체 평균 : 7월		1,380,000	1,600,000	1,445,000
전체 평균 : 8월		1,285,000	1,365,000	860,000

《처리조건》

▶ "피벗테이블" 시트의 [A2:G12]를 이용하여 새로운 시트에《출력형태》와 같이 피벗테이블을 작성 후 시트명을 "피벗테이블 정답"으로 수정하시오.

▶ 타임(행)과 납부상태(열)를 기준으로 하여 출력형태와 같이 구하시오.

　- '7월', '8월'의 평균을 구하시오.

　- 피벗 테이블 옵션을 이용하여 레이블이 있는 셀 병합 및 가운데 맞춤하고 빈 셀을 "*"로 표시한 후, 행의 총합계를 감추기 하시오.

　- 피벗 테이블 디자인에서 보고서 레이아웃은 '테이블 형식으로 표시', 피벗 테이블 스타일은 '어둡게 – 진한 파랑, 피벗 스타일 어둡게 6'으로 표시하시오.

　- 타임(행)은 "오전타임", "오후타임"만 출력되도록 표시하시오.

　- [C5:E10] 데이터는 셀 서식의 표시형식-숫자를 이용하여 1000단위 구분 기호 표시하고, 가운데 맞춤하시오.

▶ 구분의 순서는《출력형태》와 다를 수 있음

▶ 지시사항이 없는 경우는《출력형태》와 동일하게 작성하시오.

3 [도형 서식] 탭에서 자세히 단추(⌄)를 눌러 [보통 효과 – '파랑, 강조 1']을 선택합니다.

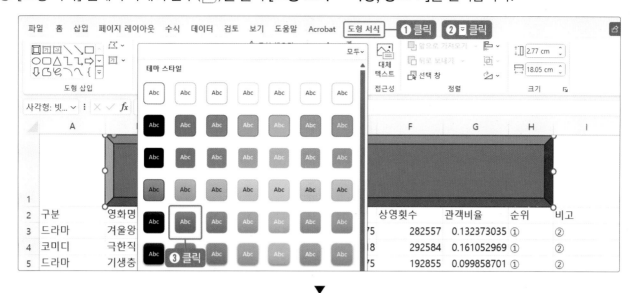

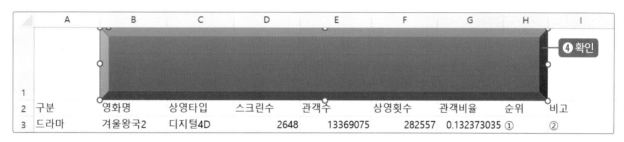

💠 **DIAT 꿀팁**

DIAT 스프레드시트 시험에서는 첫 번째 시트에 제목 도형을 넣고 스타일을 적용하는 문제가 고정적으로 출제되고 있습니다.

STEP 03 제목 도형에 내용 입력하기

- 글꼴 : 궁서체, 28pt, 기울임꼴
- 도형 서식 : 도형 옵션 – 크기 및 속성(텍스트 상자(세로 맞춤 : 정가운데, 텍스트 방향 : 가로))

1 도형이 선택된 상태에서 **제목**을 **입력**합니다.

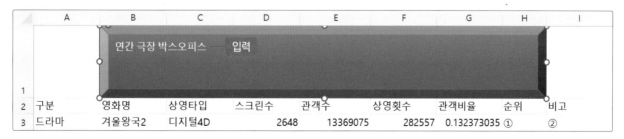

(2) 시나리오

《출력형태 – 시나리오》

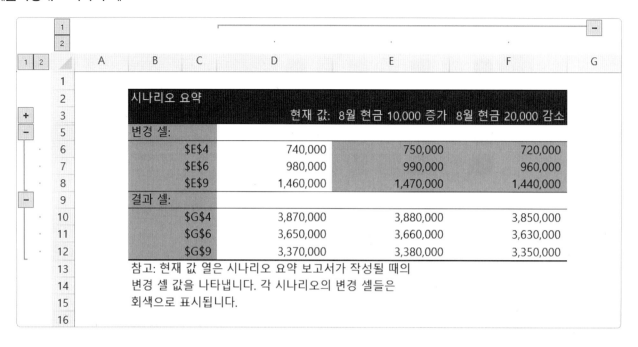

《처리조건》

▶ "시나리오" 시트의 [A2:G12]를 이용하여 '납부상태'가 "현금"인 경우, '8월'이 변동할 때 '소계'가 변동하는 가상분석 (시나리오)을 작성하시오.

- 시나리오1 : 시나리오 이름은 "8월 현금 10,000 증가", '8월'에 10000을 증가시킨 값 설정.
- 시나리오2 : 시나리오 이름은 "8월 현금 20,000 감소", '8월'에 20000을 감소시킨 값 설정.
- "시나리오 요약" 시트를 작성하시오.

▶ 지시사항이 없는 경우는《출력형태》와 동일하게 작성하시오.

2 도형이 선택된 상태에서 [홈] 탭을 클릭해 **글꼴 서식(궁서체, 28pt, 기울임꼴)**을 지정합니다.

➕ 도형의 테두리 또는 글자가 없는 빈 곳을 선택한 후 작업해요.

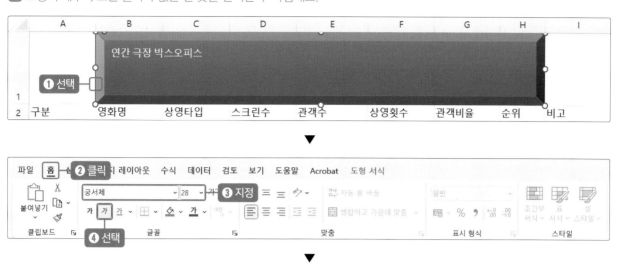

3 글자를 정렬하기 위해 도형 위에서 마우스 오른쪽 버튼을 눌러 **[도형 서식]**을 클릭합니다.

➕ 도형이 선택된 상태에서 Ctrl + 1 을 눌러 [도형 서식] 작업 창을 열 수도 있어요.

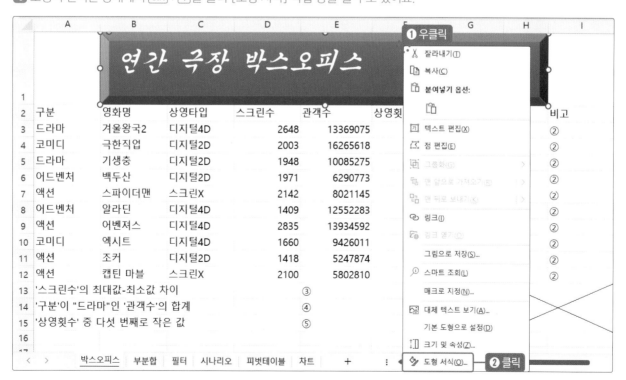

【문제 3】 "필터"와 "시나리오" 시트를 참조하여 다음 《처리조건》에 맞도록 작업하시오.(60점)

(1) 필터

《출력형태 - 필터》

	A	B	C	D	E	F	G
1							
2	타임	납부상태	강좌명	7월	8월	9월	소계
3	오전타임	카드결제	캘리그라피	1,590,000	1,060,000	870,000	3,520,000
4	오후타임	현금	수채펜드로잉	1,670,000	740,000	1,460,000	3,870,000
5	야간타임	계좌이체	컴퓨터자격증	930,000	1,420,000	960,000	3,310,000
6	오후타임	현금	생산관리 종합	1,220,000	980,000	1,450,000	3,650,000
7	야간타임	카드결제	SNS마케팅	1,650,000	750,000	1,590,000	3,990,000
8	오전타임	계좌이체	포크통기타(기초)	1,130,000	1,250,000	770,000	3,150,000
9	야간타임	현금	영상편집	740,000	1,460,000	1,170,000	3,370,000
10	오전타임	계좌이체	홈파티요리	1,630,000	1,320,000	910,000	3,860,000
11	오후타임	카드결제	포트통기타(중급)	1,610,000	1,670,000	1,450,000	4,730,000
12	야간타임	카드결제	요가기초	1,170,000	930,000	1,290,000	3,390,000
13							
14	조건						
15	FALSE						
16							
17							
18	납부상태	강좌명	7월	8월	9월		
19	현금	수채펜드로잉	1,670,000	740,000	1,460,000		
20	현금	생산관리 종합	1,220,000	980,000	1,450,000		
21	카드결제	SNS마케팅	1,650,000	750,000	1,590,000		
22	카드결제	포트통기타(중급)	1,610,000	1,670,000	1,450,000		

《처리조건》

▶ "필터" 시트의 [A2:G12]를 아래 조건에 맞게 고급필터를 사용하여 작성하시오.

 - '타임'이 "오후타임"이거나, '9월'이 1300000 이상인 데이터를 '납부상태', '강좌명', '7월', '8월', '9월'의 데이터만 필터링 하시오.

 - 조건 위치 : 조건 함수는 [A15] 한 셀에 작성(OR 함수 이용)

 - 결과 위치 : [A18]부터 출력

▶ 지시사항이 없는 경우는 《출력형태》와 동일하게 작성하시오.

4 오른쪽 작업 창이 표시되면 [크기 및 속성] → [텍스트 상자]에서 **세로 맞춤(정가운데)**을 선택한 후 **텍스트 방향(가로)**를 확인합니다.

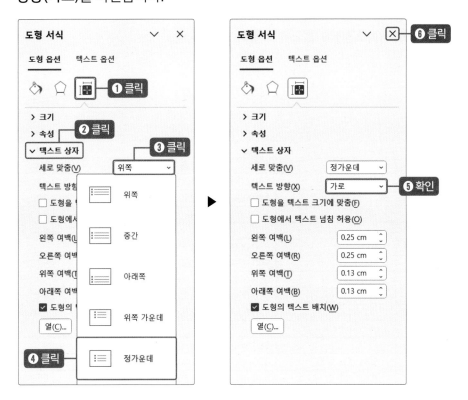

5 작업이 완료되면 [저장(🖫)]을 클릭하거나 Ctrl+S를 눌러 답안 파일을 저장합니다.

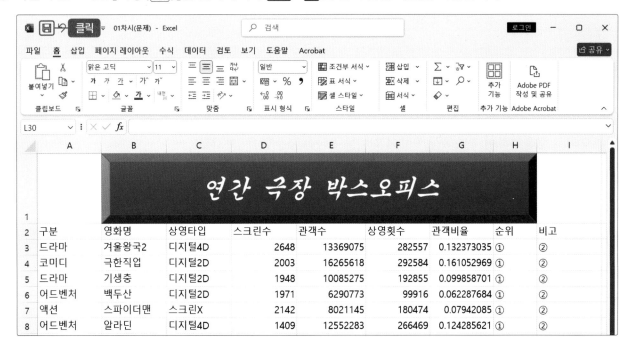

◈ **DIAT 꿀팁**

파일 저장은 시험에서 가장 중요한 단계입니다. DIAT 시험 진행 시 답안 파일 이름과 저장 폴더를 변경하면 안 되기 때문에 반드시 [저장(🖫)(Ctrl+S)] 기능으로만 답안 파일을 저장합니다.

【문제 2】 "부분합" 시트를 참조하여 다음《처리조건》에 맞도록 작업하시오.(30점)

《출력형태》

타임	납부상태	강좌명	7월	8월	9월	소계
야간타임	계좌이체	컴퓨터자격증	930,000	1,420,000	960,000	3,310,000
오전타임	계좌이체	포크통기타(기초)	1,130,000	1,250,000	770,000	3,150,000
오전타임	계좌이체	홈파티요리	1,630,000	1,320,000	910,000	3,860,000
	계좌이체 평균					3,440,000
	계좌이체 최대		1,630,000	1,420,000	960,000	
오전타임	카드결제	캘리그라피	1,590,000	1,060,000	870,000	3,520,000
야간타임	카드결제	SNS마케팅	1,650,000	750,000	1,590,000	3,990,000
오후타임	카드결제	포트통기타(중급)	1,610,000	1,670,000	1,450,000	4,730,000
야간타임	카드결제	요가기초	1,170,000	930,000	1,290,000	3,390,000
	카드결제 평균					3,907,500
	카드결제 최대		1,650,000	1,670,000	1,590,000	
오후타임	현금	수채펜드로잉	1,670,000	740,000	1,460,000	3,870,000
오후타임	현금	생산관리 종합	1,220,000	980,000	1,450,000	3,650,000
야간타임	현금	영상편집	740,000	1,460,000	1,170,000	3,370,000
	현금 평균					3,630,000
	현금 최대		1,670,000	1,460,000	1,460,000	
	전체 평균					3,684,000
	전체 최대값		1,670,000	1,670,000	1,590,000	

《처리조건》
▶ 데이터를 '납부상태' 기준으로 오름차순 정렬하시오.
▶ 아래 조건에 맞는 부분합을 작성하시오.
 - '납부상태'로 그룹화하여 '7월', '8월', '9월'의 최대를 구하는 부분합을 만드시오.
 - '납부상태'로 그룹화하여 '소계'의 평균을 구하는 부분합을 만드시오.
　(새로운 값으로 대치하지 말 것)
 - [D3:G20] 영역에 셀 서식의 표시형식-숫자를 이용하여 1000단위 구분 기호를 표시하시오.
▶ D~F열을 선택하여 그룹을 설정하시오.
▶ 최대와 평균의 부분합 순서는《출력형태》와 다를 수 있음
▶ 지시사항이 없는 경우는 기본 값을 적용하시오.

01 "재고현황" 시트를 참조하여 《처리조건》에 맞도록 작업하시오.

실습파일 : 01-01(문제).xlsx
완성파일 : 01-01(완성).xlsx

《출력형태》

	A	B	C	D	E	F	G	H	I
1				반려동물용품 재고 현황					
2	주문번호	제조사	상품분류	상품명	단가	수량	재고금액	순위	비고
3	P19-04023	리틀달링	장난감	공	4800	27	129600	①	②
4	P19-06025	바우와우	미용용품	이발기(소)	37800	32	1209600	①	②
5	P19-04027	핑크펫	미용용품	이발기(중)	19800	15	297000	①	②
6	P19-06029	블루블루	간식	츄르	20800	89	1851200	①	②
7	P19-04031	퍼니펫샵	장난감	일자터널	28500	17	484500	①	②
8	P19-04033	핑크펫	간식	치즈통조림	10900	121	1318900	①	②
9	P19-06035	핑크펫	장난감	T자터널	16000	21	336000	①	②
10	P19-04037	핑크펫	미용용품	털제거장갑	3500	30	105000	①	②
11	P19-06039	퍼니펫샵	장난감	놀이인형	3000	16	48000	①	②
12	P19-04041	블루블루	간식	애견소시지	3500	58	203000	①	②
13	'상품분류'가 "장난감"인 '수량'의 합계			③					
14	'재고금액'의 최대값-최소값 차이			④					
15	'단가' 중 세 번째로 큰 값			⑤					
16									

《처리조건》

▶ 1행의 행 높이를 '80'으로 설정하고, 2행~15행의 행 높이를 '18'로 설정하시오.

▶ 제목("반려동물용품 재고 현황") : 기본 도형의 '원통형'을 이용하여 입력하시오.

　 – 도형 : 위치([B1:H1]), 도형 스타일(테마 스타일 – 색 채우기 – '황금색, 강조 4')

　 – 글꼴 : 돋움체, 28pt, 굵게, 기울임꼴

　 – 도형 서식 : 도형 옵션 – 크기 및 속성(텍스트 상자(세로 맞춤 : 정가운데, 텍스트 방향 : 가로))

DIAT 스프레드시트 **028** 출제유형 마스터하기 01

【문제 1】 "교육비내역" 시트를 참조하여 다음《처리조건》에 맞도록 작업하시오.(50점)

《출력형태》

타임	납부상태	강좌명	7월	8월	9월	소계	순위	비고
오전타임	카드결제	캘리그라피	1,590,000	1,060,000	870,000	3,520,000원	6위	
오후타임	현금	수채펜드로잉	1,670,000	740,000	1,460,000	3,870,000원	3위	8월 부진
야간타임	계좌이체	컴퓨터자격증	930,000	1,420,000	960,000	3,310,000원	9위	
오후타임	현금	생산관리 종합	1,220,000	980,000	1,450,000	3,650,000원	5위	
야간타임	카드결제	SNS마케팅	1,650,000	750,000	1,590,000	3,990,000원	2위	8월 부진
오전타임	계좌이체	포크통기타(기초)	1,130,000	1,250,000	770,000	3,150,000원	10위	
야간타임	현금	영상편집	740,000	1,460,000	1,170,000	3,370,000원	8위	
오전타임	계좌이체	홈파티요리	1,630,000	1,320,000	910,000	3,860,000원	4위	
오후타임	카드결제	포트통기타(중급)	1,610,000	1,670,000	1,450,000	4,730,000원	1위	
야간타임	카드결제	요가기초	1,170,000	930,000	1,290,000	3,390,000원	7위	8월 부진
'7월' 중 두 번째로 작은 값				930,000원				
'타임'이 "오전타임"인 '8월'의 최소값				1,060,000원				
'9월'의 최대값과 최소값의 차이				820,000원				

《처리조건》

▶ 1행의 행 높이를 '80'으로 설정하고, 2행~15행의 행 높이를 '18'로 설정하시오.

▶ 제목("강좌별 교육비 내역") : 기본 도형의 '사각형: 모서리가 접힌 도형'을 이용하여 입력하시오.

　- 도형 : 위치([B1:H1]), 도형 스타일(테마 스타일 – '색 채우기 – 파랑, 강조 5')

　- 글꼴 : 궁서체, 32pt, 굵게

　- 도형 서식 : 도형 옵션 – 크기 및 속성(텍스트 상자(세로 맞춤 : 정가운데, 텍스트 방향 : 가로))

▶ 셀 서식을 아래 조건에 맞게 작성하시오.

　- [A2:I15] : 테두리(안쪽, 윤곽선 모두 실선, '검정, 텍스트 1'), 전체 가운데 맞춤

　- [A13:D13], [A14:D14], [A15:D15] : 각각 병합하고 가운데 맞춤

　- [A2:I2], [A13:D15] : 채우기 색('파랑, 강조 5, 60% 더 밝게'), 글꼴(굵게)

　- [D3:F12] : 셀 서식의 표시형식-숫자를 이용하여 1000단위 구분 기호 표시

　- [G3:G12], [E13:G15] : 셀 서식의 표시형식-사용자 지정을 이용하여 #,##0"원"자를 추가

　- [H3:H12] : 셀 서식의 표시형식-사용자 지정을 이용하여 #"위"자를 추가

　- 조건부 서식[A3:I12] : '9월'이 900000 이하인 경우 레코드 전체에 글꼴(진한 파랑, 굵게) 적용

　- 지시사항이 없는 경우는 주어진 문제파일의 서식을 그대로 사용하시오.

▶ ① 순위[H3:H12] : '소계'를 기준으로 큰 순으로 순위를 구하시오 (RANK.EQ 함수)

▶ ② 비고[I3:I12] : '8월'이 950000 이하이면 "8월 부진", 그렇지 않으면 공백으로 구하시오. (IF 함수)

▶ ③ 순위[E13:G13] : '7월' 중 두 번째로 작은 값을 구하시오. (SMALL 함수)

▶ ④ 최소값[E14:G14] : '타임'이 "오전타임"인 '8월'의 최소값을 구하시오. (DMIN 함수)

▶ ⑤ 최대값-최소값[E15:G15] : '9월'의 최대값-최소값의 차이를 구하시오. (MAX, MIN 함수)

02

실습파일 : 01-02(문제).xlsx
완성파일 : 01-02(완성).xlsx

"판매현황" 시트를 참조하여 《처리조건》에 맞도록 작업하시오.

《출력형태》

	A	B	C	D	E	F	G	H	I
1				스니커즈 판매 현황					
2	제품번호	색상	상품분류	상품명	단가	수량	판매금액	순위	비고
3	BS3323-S	실버	아쿠아슈즈	루니아쿠아슈즈	24900	43	1070700	①	②
4	KS3599-R	레드	런닝화	컬러라인 런닝화	46000	38	1748000	①	②
5	CS3353-B	블랙	운동화	레이시스 런닝화	39800	21	835800	①	②
6	HS3428-S	실버	런닝화	컬러라인 런닝화	64000	15	960000	①	②
7	AS4292-B	블랙	운동화	레이시스 런닝화	48000	38	1824000	①	②
8	DS3967-R	레드	아쿠아슈즈	워터슈즈	39000	23	897000	①	②
9	JS3887-B	블랙	운동화	콜라보 스니커즈	29800	16	476800	①	②
10	AS4093-R	레드	런닝화	레드 러너스	49800	46	2290800	①	②
11	CS3342-S	실버	런닝화	컬러라인 런닝화	45700	40	1828000	①	②
12	IS3437-B	블랙	아쿠아슈즈	워터슈즈	19900	17	338300	①	②
13	'판매금액'의 최대값-최소값 차이				③				
14	'상품분류'가 "아쿠아슈즈"인 '판매금액'의 평균				④				
15	'수량' 중 세 번째로 작은 값				⑤				
16									

《처리조건》

▶ 1행의 행 높이를 '80'으로 설정하고, 2행~15행의 행 높이를 '18'로 설정하시오.

▶ 제목("스니커즈 판매 현황") : 블록 화살표의 '화살표: 오각형'을 이용하여 입력하시오.
  - 도형 : 위치([B1:H1]), 도형 스타일(테마 스타일 - 강한 효과 - '파랑, 강조 1')
  - 글꼴 : 궁서체, 28pt, 기울임꼴
  - 도형 서식 : 도형 옵션 - 크기 및 속성(텍스트 상자(세로 맞춤 : 정가운데, 텍스트 방향 : 가로))

제07회 최신기출문제

▷ 시험과목 : 스프레드시트(엑셀)
▷ 시험일자 : 20XX. XX. XX.(X)
▷ 응시자 기재사항 및 감독위원 확인

수 검 번 호	DIS - XXXX -	감독위원 확인
성 명		

응시자 유의사항

1. 응시자는 신분증을 지참하여야 시험에 응시할 수 있으며, 시험이 종료될 때까지 신분증을 제시하지 못할 경우 해당 시험은 0점 처리됩니다.

2. 시스템(PC 작동 여부, 네트워크 상태 등)의 이상 여부를 반드시 확인하여야 하며, 시스템 이상이 있을시 감독위원에게 조치를 받으셔야 합니다.

3. 시험 중 부주의 또는 고의로 시스템을 파손한 경우는 응시자 부담으로 합니다.

4. 답안 전송 프로그램을 통해 다운로드 받은 파일을 이용하여 답안 파일을 작성하시기 바랍니다.

5. 작성한 답안 파일은 답안 전송 프로그램을 통하여 전송됩니다. 감독위원의 지시에 따라 주시기 바랍니다.

6. 다음 사항의 경우 실격(0점) 혹은 부정행위 처리됩니다.
   ❶ 답안 파일을 저장하지 않았거나, 저장한 파일이 손상되었을 경우
   ❷ 답안 파일을 지정된 폴더(바탕화면 – "KAIT" 폴더)에 저장하지 않았을 경우
      ※ 답안 전송 프로그램 로그인 시 바탕화면에 자동 생성됨
   ❸ 답안 파일을 다른 보조기억장치(USB) 혹은 네트워크(메신저, 게시판 등)로 전송할 경우
   ❹ 휴대용 전화기 등 통신기기를 사용할 경우

7. 시트는 반드시 순서대로 작성해야 하며, 순서가 다를 경우 "0"점 처리 됩니다.

8. 시험지에 제시된 글꼴이 응시 프로그램에 없는 경우, 반드시 감독위원에게 해당 내용을 통보한 뒤 조치를 받아야 합니다.

9. 시험의 완료는 작성이 완료된 답안을 저장하고, 답안 전송이 완료된 상태를 확인한 것으로 합니다. 답안 전송 확인 후 문제지는 감독위원에게 제출한 후 퇴실하여야 합니다.

10. 답안 전송이 완료된 경우에는 수정 또는 정정이 불가능합니다.

11. 시험 시행 후 합격자 발표는 홈페이지(www.ihd.or.kr)에서 확인하시기를 바랍니다.
    ※ 합격자 발표 : 20XX. XX. XX.(X)

03 "납품현황" 시트를 참조하여 《처리조건》에 맞도록 작업하시오.

실습파일 : 01-03(문제).xlsx
완성파일 : 01-03(완성).xlsx

《출력형태》

	A	B	C	D	E	F	G	H	I
1				음료제품 납품 현황					
2	주문번호	주문처	상품분류	상품명	판매단가	판매수량	총판매액	순위	비고
3	FR-008966	할인점	생수	시원수	800	519	415200	①	②
4	FR-008969	편의점	탄산음료	톡톡소다	1200	463	555600	①	②
5	FR-009012	통신판매	커피음료	커피아시아	1500	219	328500	①	②
6	FR-009008	할인점	탄산음료	라임메이드	1800	369	664200	①	②
7	FR-000053	통신판매	커피음료	카페타임	1400	486	680400	①	②
8	FR-000504	편의점	생수	지리산수	900	341	306900	①	②
9	FR-000759	통신판매	커피음료	커피매니아	2300	401	922300	①	②
10	FR-200202	편의점	탄산음료	레몬타임	1700	236	401200	①	②
11	FR-200101	할인점	탄산음료	허리케인	2100	104	218400	①	②
12	FR-200063	통신판매	생수	심해청수	1300	216	280800	①	②
13	'판매단가' 중 두 번째로 작은 값				③				
14	'상품분류'가 "생수"인 '총판매액'의 합계				④				
15	'판매수량'의 최대값-최소값 차이				⑤				
16									

《처리조건》

▶ 1행의 행 높이를 '80'으로 설정하고, 2행~15행의 행 높이를 '18'로 설정하시오.

▶ 제목("음료제품 납품 현황") : 순서도의 '순서도: 다중 문서'를 이용하여 입력하시오.

  - 도형 : 위치([B1:H1]), 도형 스타일(테마 스타일 - 미세 효과 - '녹색, 강조 6')

  - 글꼴 : 궁서체, 26pt, 밑줄

  - 도형 서식 : 도형 옵션 - 크기 및 속성(텍스트 상자(세로 맞춤 : 정가운데, 텍스트 방향 : 가로))

【문제 5】 "차트" 시트를 참조하여 다음《처리조건》에 맞도록 작업하시오.(30점)

《출력형태》

	A	B	C	D	E	F	G
1							
2	분류	제품명	4월	5월	6월	2분기 평균	
3	유제품	저지방 우유	323,000	416,000	491,000	410,000	
4	음료	100% 오렌지 주스	220,000	274,000	319,000	271,000	
5	음료	스위트 아메리카노	675,000	784,000	898,100	785,700	
6	음료	단백질 쉐이크	417,200	313,000	576,000	435,400	
7	유제품	무가당 연유	403,200	377,200	435,500	405,300	

《처리조건》

▶ "차트" 시트에 주어진 표를 이용하여 '묶은 세로 막대형' 차트를 작성하시오.

 - 데이터 범위 : 현재 시트 [B2:B7], [E2:F7]의 데이터를 이용하여 작성하고, 행/열 전환은 '열'로 지정

 - 차트 위치 : 현재 시트에 [A10:G25] 크기에 정확하게 맞추시오.

 - 차트 제목("2분기 주문 현황")

 - 차트 스타일 : 색 변경(색상형 – 다양한 색상표 2, 스타일 5)

 - 범례 위치 : 오른쪽

 - 차트 영역 서식 : 글꼴(굴림체, 10pt), 테두리 색(실선, 색 : 진한 빨강), 테두리 스타일(너비 : 2pt, 겹선 종류 : 단순형, 대시 종류 : 긴 파선, 둥근 모서리)

 - 차트 제목 서식 : 글꼴(궁서체, 18pt, 기울임꼴), 채우기(그림 또는 질감 채우기, 질감 : 분홍 박엽지)

 - 그림 영역 서식 : 채우기(그라데이션 채우기, 그라데이션 미리 설정 : 위쪽 스포트라이트 강조 4, 종류 : 선형, 방향 : 선형 대각선 – 왼쪽 위에서 오른쪽 아래로)

 - 데이터 레이블 추가 : '6월' 계열에 "값" 표시

▶ 지시사항이 없는 경우는《출력형태》와 동일하게 작성하시오.

04

"모집현황" 시트를 참조하여《처리조건》에 맞도록 작업하시오.

실습파일 : 01-04(문제).xlsx
완성파일 : 01-04(완성).xlsx

《출력형태》

	A	B	C	D	E	F	G	H	I
1				방과후 수업 모집 현황					
2	강좌명	분류	대상	모집인원	기간	수강료	합계	순위	비고
3	드론	취미	6학년	20	1	30000	600000	①	②
4	엑셀	컴퓨터	6학년	30	2	18000	1080000	①	②
5	영어회화	어학	4학년	20	3	16000	960000	①	②
6	포토샵	컴퓨터	5학년	20	2	17000	680000	①	②
7	일본어회화	어학	5학년	25	3	20000	1500000	①	②
8	바이올린	취미	4학년	25	3	30000	2250000	①	②
9	파워포인트	컴퓨터	6학년	25	2	15000	750000	①	②
10	축구	취미	4학년	30	1	24000	720000	①	②
11	중국어회화	어학	5학년	20	2	16000	640000	①	②
12	한글	컴퓨터	4학년	30	1	15000	450000	①	②
13	'분류'가 "취미"인 '모집인원'의 평균			③					
14	'합계'의 최대값-최소값 차이			④					
15	'수강료' 중 두 번째로 작은 값			⑤					
16									

《처리조건》

▶ 1행의 행 높이를 '80'으로 설정하고, 2행~15행의 행 높이를 '18'로 설정하시오.

▶ 제목("방과후 수업 모집 현황") : 별 및 현수막의 '두루마리 모양: 세로로 말림'을 이용하여 입력하시오.
- 도형 : 위치([B1:H1]), 도형 스타일(테마 스타일 – 미세 효과 – '회색, 강조 3')
- 글꼴 : 돋움체, 26pt, 굵게
- 도형 서식 : 도형 옵션 – 크기 및 속성(텍스트 상자(세로 맞춤 : 정가운데, 텍스트 방향 : 가로))

【문제 4】 "피벗테이블" 시트를 참조하여 다음《처리조건》에 맞도록 작업하시오.(30점)

《출력형태》

	A	B	C	D	E	F
1						
2						
3			분류 ▾			
4	담당자 ▾	값	가공식품	유제품	음료	
5	이현수	평균 : 4월	*	403,200	437,400	
6		평균 : 6월	*	435,500	597,700	
7	한지민	평균 : 4월	506,500	352,300	*	
8		평균 : 6월	424,500	368,000	*	
9	전체 평균 : 4월		506,500	377,750	437,400	
10	전체 평균 : 6월		424,500	401,750	597,700	
11						

《처리조건》

▶ "피벗테이블" 시트의 [A2:G12]를 이용하여 새로운 시트에《출력형태》와 같이 피벗테이블을 작성 후 시트명을 "피벗테이블 정답"으로 수정하시오.

▶ 담당자(행)와 분류(열)를 기준으로 하여 출력형태와 같이 구하시오.
　- '4월', '6월'의 평균을 구하시오.
　- 피벗 테이블 옵션을 이용하여 레이블이 있는 셀 병합 및 가운데 맞춤하고 빈 셀을 "*"로 표시한 후, 행의 총합계를 감추기 하시오.
　- 피벗 테이블 디자인에서 보고서 레이아웃은 '테이블 형식으로 표시', 피벗 테이블 스타일은 '어둡게 - 진한 파랑, 피벗 스타일 어둡게 2'로 표시하시오.
　- 담당자(행)는 "이현수", "한지민"만 출력되도록 표시하시오.
　- [C5:E10] 데이터는 셀 서식의 표시형식-숫자를 이용하여 1000단위 구분 기호 표시하고, 가운데 맞춤하시오.

▶ 담당자의 순서는《출력형태》와 다를 수 있음

▶ 지시사항이 없는 경우는《출력형태》와 동일하게 작성하시오.

[문제 1]
셀 서식 및 조건부 서식

★실습파일 : 02차시(문제).xlsx　★완성파일 : 02차시(완성).xlsx

【문제 1】 "박스오피스" 시트를 참조하여 다음《처리조건》에 맞도록 작업하시오.

《출력형태》

구분	영화명	상영타입	스크린수	관객수	상영횟수	관객비율	순위	비고
드라마	겨울왕국2	디지털4D	2,648	13,369,075	282,557	13.24%	①	②
코미디	극한직업	디지털2D	2,003	16,265,618	292,584	16.11%	①	②
드라마	기생충	디지털2D	1,948	10,085,275	192,855	9.99%	①	②
어드벤처	백두산	디지털2D	1,971	6,290,773	99,916	6.23%	①	②
액션	스파이더맨	스크린X	2,142	8,021,145	180,474	7.94%	①	②
어드벤처	알라딘	디지털4D	1,409	12,552,283	266,469	12.43%	①	②
액션	어벤져스	디지털4D	2,835	13,934,592	242,001	13.80%	①	②
코미디	엑시트	디지털4D	1,660	9,426,011	202,223	9.33%	①	②
액션	조커	디지털2D	1,418	5,247,874	147,380	5.20%	①	②
액션	캡틴 마블	스크린X	2,100	5,802,810	186,382	5.75%	①	②
'스크린수'의 최대값-최소값 차이				③				
'구분'이 "드라마"인 '관객수'의 합계				④				
'상영횟수' 중 다섯 번째로 작은 값				⑤				

제목: **연간 극장 박스오피스**

시트 탭: 박스오피스　부분합　필터　시나리오　피벗테이블　차트　+

《처리조건》

▶ 셀 서식을 아래 조건에 맞게 작성하시오.
- [A2:I15] : 테두리(안쪽, 윤곽선 모두 실선, '검정, 텍스트 1'), 전체 가운데 맞춤
- [A13:D13], [A14:D14], [A15:D15] : 각각 병합하고 가운데 맞춤
- [A2:I2], [A13:D15] : 채우기 색('파랑, 강조 1, 60% 더 밝게'), 글꼴(굵게)
- [D3:F12], [E13:G15] : 셀 서식의 표시 형식-숫자를 이용하여 1000 단위 구분 기호 표시
- [G3:G12] : 셀 서식의 표시 형식-백분율을 이용하여 소수 둘째자리까지 표시
- [H3:H12] : 셀 서식의 표시 형식-사용자 지정을 이용하여 #"위"자를 추가
- 조건부 서식[A3:I12] : '스크린수'가 2500 이상인 경우 레코드 전체에 글꼴(파랑, 굵게) 적용
- 지시사항이 없는 경우는 주어진 문제파일의 서식을 그대로 사용하시오.

(2) 시나리오

《출력형태 – 시나리오》

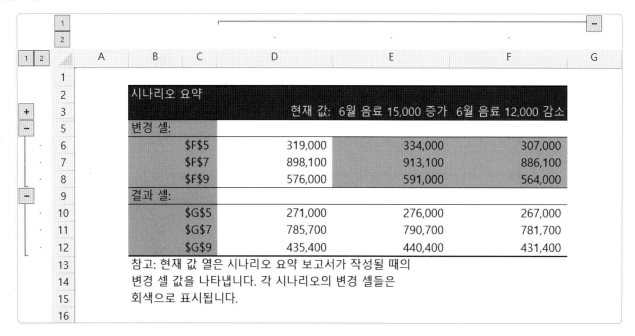

《처리조건》

▶ "시나리오" 시트의 [A2:G12]를 이용하여 '분류'가 "음료"인 경우, '6월'이 변동할 때 '2분기 평균'이 변동하는 가상분석 (시나리오)을 작성하시오.

   – 시나리오1 : 시나리오 이름은 "6월 음료 15,000 증가", '6월'에 15000을 증가시킨 값 설정.

   – 시나리오2 : 시나리오 이름은 "6월 음료 12,000 감소", '6월'에 12000을 감소시킨 값 설정.

   – "시나리오 요약" 시트를 작성하시오.

▶ 지시사항이 없는 경우는《출력형태》와 동일하게 작성하시오.

테두리 적용 ▷ 셀 병합 ▷ 셀에 색 및 글꼴 지정 ▷ 표시 형식 지정 ▷ 조건부 서식 지정

Check 01 〈 셀 서식 : 셀 테두리, 셀 병합, 채우기 색, 글꼴 서식을 지정해요!

	A	B	C	D
2	구분	영화명	상영타입	스크린수
3	드라마	겨울왕국2	디지털4D	2648
4	코미디	극한직업	디지털2D	2003
5	드라마	기생충	디지털2D	1948
6	어드벤처	백두산	디지털2D	1971
7	액션	스파이더맨	스크린X	2142
8	어드벤처	알라딘	디지털4D	1409
9	액션	어벤져스	디지털4D	2835
10	코미디	엑시트	디지털4D	1660
11	액션	조커	디지털2D	1418
12	액션	캡틴 마블	스크린X	2100
13	'스크린수'의 최대값-최소값 차이			
14	'구분'이 "드라마"인 '관객수'의 합계			
15	'상영횟수' 중 다섯 번째로 작은 값			
16				

표 테두리 & 셀 병합

	A	B	C	D
2	**구분**	**영화명**	**상영타입**	**스크린수**
3	드라마	겨울왕국2	디지털4D	2648
4	코미디	극한직업	디지털2D	2003
5	드라마	기생충	디지털2D	1948
6	어드벤처	백두산	디지털2D	1971
7	액션	스파이더맨	스크린X	2142
8	어드벤처	알라딘	디지털4D	1409
9	액션	어벤져스	디지털4D	2835
10	코미디	엑시트	디지털4D	1660
11	액션	조커	디지털2D	1418
12	액션	캡틴 마블	스크린X	2100
13	**'스크린수'의 최대값-최소값 차이**			
14	**'구분'이 "드라마"인 '관객수'의 합계**			
15	**'상영횟수' 중 다섯 번째로 작은 값**			
16				

채우기 색 & 글꼴 서식 변경

Check 02 〈 표시 형식 및 조건부 서식 : 입력된 데이터에 표시 형식과 조건부 서식을 지정해요!

	D	E	F	G
2	**스크린수**	**관객수**	**상영횟수**	**관객비율**
3	2,648	13,369,075	282,557	13.24%
4	2,003	16,265,618	292,584	16.11%
5	1,948	10,085,275	192,855	9.99%
6	1,971	6,290,773	99,916	6.23%
7	2,142	8,021,145	180,474	7.94%
8	1,409	12,552,283	266,469	12.43%
9	2,835	13,934,592	242,001	13.80%
10	1,660	9,426,011	202,223	9.33%
11	1,418	5,247,874	147,380	5.20%
12	2,100	5,802,810	186,382	5.75%
13	이		③	
14	계		④	
15	값		⑤	
16				

표시 형식 지정

	A	B	C	D
2	**구분**	**영화명**	**상영타입**	**스크린수**
3	드라마	겨울왕국2	디지털4D	2,648
4	코미디	극한직업	디지털2D	2,003
5	드라마	기생충	디지털2D	1,948
6	어드벤처	백두산	디지털2D	1,971
7	액션	스파이더맨	스크린X	2,142
8	어드벤처	알라딘	디지털4D	1,409
9	액션	어벤져스	디지털4D	2,835
10	코미디	엑시트	디지털4D	1,660
11	액션	조커	디지털2D	1,418
12	액션	캡틴 마블	스크린X	2,100
13	**'스크린수'의 최대값-최소값 차이**			
14	**'구분'이 "드라마"인 '관객수'의 합계**			
15	**'상영횟수' 중 다섯 번째로 작은 값**			
16				

조건부 서식 지정

【문제 3】 "필터"와 "시나리오" 시트를 참조하여 다음《처리조건》에 맞도록 작업하시오.(60점)

(1) 필터

《출력형태 – 필터》

	A	B	C	D	E	F	G
1							
2	분류	담당자	제품명	4월	5월	6월	2분기 평균
3	유제품	김철수	저지방 우유	323,000	416,000	491,000	410,000
4	가공식품	한지민	건조 오징어	442,000	366,000	335,000	381,000
5	음료	이현수	100% 오렌지 주스	220,000	274,000	319,000	271,000
6	가공식품	김철수	과일 통조림	457,000	493,400	324,000	424,800
7	음료	이현수	스위트 아메리카노	675,000	784,000	898,100	785,700
8	유제품	한지민	모차렐라 치즈	352,300	465,000	368,000	395,100
9	음료	이현수	단백질 쉐이크	417,200	313,000	576,000	435,400
10	가공식품	한지민	구운 조미김	571,000	505,000	514,000	530,000
11	가공식품	김철수	건과일 건과	482,000	39,600	353,500	291,700
12	유제품	이현수	무가당 연유	403,200	377,200	435,500	405,300
13							
14	조건						
15	FALSE						
16							
17							
18	담당자	제품명	4월	5월	6월		
19	한지민	건조 오징어	442,000	366,000	335,000		
20	김철수	과일 통조림	457,000	493,400	324,000		
21	한지민	구운 조미김	571,000	505,000	514,000		

《처리조건》

▶ "필터" 시트의 [A2:G12]를 아래 조건에 맞게 고급필터를 사용하여 작성하시오.

- '분류'가 "가공식품"이고, '2분기 평균'이 300000 이상인 데이터를 '담당자', '제품명', '4월', '5월', '6월'의 데이터만 필터링 하시오.

- 조건 위치 : 조건 함수는 [A15] 한 셀에 작성(AND 함수 이용)

- 결과 위치 : [A18]부터 출력

▶ 지시사항이 없는 경우는《출력형태》와 동일하게 작성하시오.

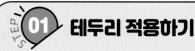

STEP 01 테두리 적용하기

- [A2:I15] : 테두리(안쪽, 윤곽선 모두 실선, '검정, 텍스트 1'), 전체 가운데 맞춤

1 엑셀 2021 프로그램을 실행한 후 [열기]-[찾아보기]를 클릭합니다.

2 [02차시] 폴더에서 **02차시(문제).xlsx** 파일을 찾아 선택합니다.

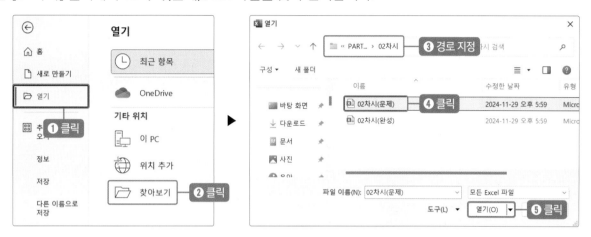

3 파일이 열리면 테두리를 적용할 범위인 [A2:I15] 셀을 드래그하여 선택합니다.

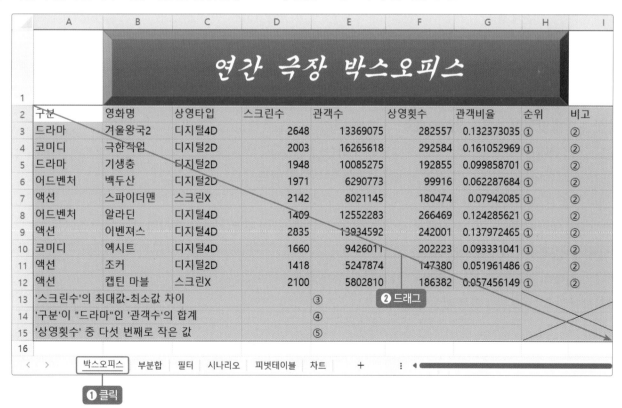

【문제 2】 "부분합" 시트를 참조하여 다음 《처리조건》에 맞도록 작업하시오.(30점)

《출력형태》

	분류	담당자	제품명	4월	5월	6월	2분기 평균
3	가공식품	한지민	건조 오징어	442,000	366,000	335,000	381,000
4	가공식품	김철수	과일 통조림	457,000	493,400	324,000	424,800
5	가공식품	한지민	구운 조미김	571,000	505,000	514,000	530,000
6	가공식품	김철수	건과일 건과	482,000	39,600	353,500	291,700
7	가공식품 최대						530,000
8	가공식품 평균			488,000	351,000	381,625	
9	유제품	김철수	저지방 우유	323,000	416,000	491,000	410,000
10	유제품	한지민	모차렐라 치즈	352,300	465,000	368,000	395,100
11	유제품	이현수	무가당 연유	403,200	377,200	435,500	405,300
12	유제품 최대						410,000
13	유제품 평균			359,500	419,400	431,500	
14	음료	이현수	100% 오렌지 주스	220,000	274,000	319,000	271,000
15	음료	이현수	스위트 아메리카노	675,000	784,000	898,100	785,700
16	음료	이현수	단백질 쉐이크	417,200	313,000	576,000	435,400
17	음료 최대						785,700
18	음료 평균			437,400	457,000	597,700	
19	전체 최대값						785,700
20	전체 평균			434,270	403,320	461,410	

《처리조건》

▶ 데이터를 '분류' 기준으로 오름차순 정렬하시오.

▶ 아래 조건에 맞는 부분합을 작성하시오.

　- '분류'로 그룹화하여 '4월', '5월', '6월'의 평균을 구하는 부분합을 만드시오.

　- '분류'로 그룹화하여 '2분기 평균'의 최대를 구하는 부분합을 만드시오.

　　(새로운 값으로 대치하지 말 것)

　- [D3:G20] 영역에 셀 서식의 표시형식-숫자를 이용하여 1000단위 구분 기호를 표시하시오.

▶ D~F열을 선택하여 그룹을 설정하시오.

▶ 평균과 최대의 부분합 순서는 《출력형태》와 다를 수 있음

▶ 지시사항이 없는 경우는 기본 값을 적용하시오.

4 [홈] 탭에서 [테두리] → **[모든 테두리]**를 선택하여 셀에 테두리를 적용합니다.

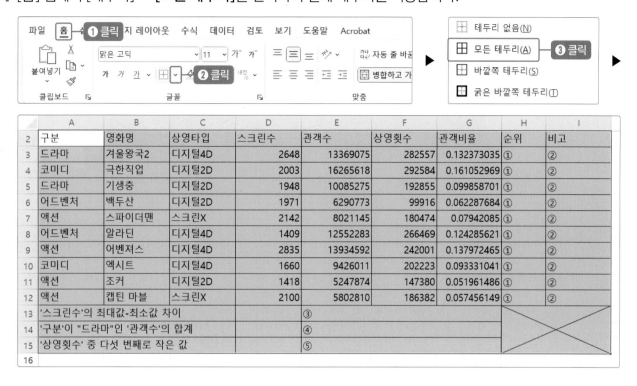

5 테두리가 적용된 것을 확인한 다음 [홈] 탭에서 **가운데 맞춤**을 선택합니다.

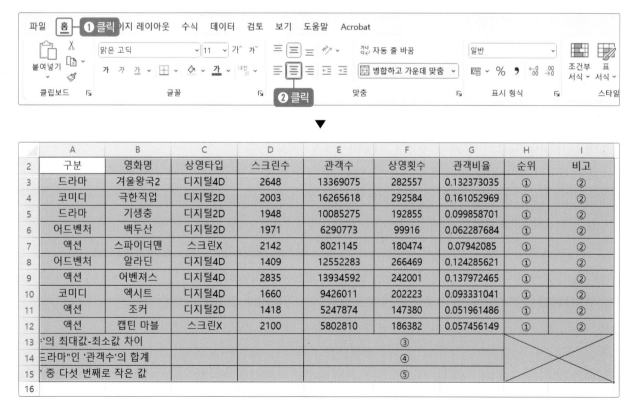

【문제 1】 "주문내역" 시트를 참조하여 다음《처리조건》에 맞도록 작업하시오.(50점)

《출력형태》

분류	담당자	제품명	4월	5월	6월	2분기 평균	순위	비고
유제품	김철수	저지방 우유	323,000	416,000	491,000	410,000원	5등	4월 부진
가공식품	한지민	건조 오징어	442,000	366,000	335,000	381,000원	8등	
음료	이현수	100% 오렌지 주스	221,000	274,200	319,000	271,400원	10등	4월 부진
가공식품	김철수	과일 통조림	457,000	493,400	324,000	424,800원	4등	
음료	이현수	스위트 아메리카노	675,000	784,000	898,100	785,700원	1등	
유제품	한지민	모차렐라 치즈	352,300	465,000	368,000	395,100원	7등	4월 부진
음료	이현수	단백질 쉐이크	417,200	313,000	576,000	435,400원	3등	
가공식품	한지민	구운 조미김	571,000	505,000	514,000	530,000원	2등	
가공식품	김철수	건과일 건과	482,000	39,600	353,500	291,700원	9등	
유제품	이현수	무가당 연유	393,200	377,400	434,500	401,700원	6등	4월 부진
'담당자'가 "김철수"인 '6월'의 평균					389,500원			
'4월'의 최대값-최소값 차이					454,000원			
'5월' 중 세 번째로 작은 값					313,000원			

제목 위에 "2분기 제품 주문내역" (도형: 평행 사변형)

《처리조건》

▶ 1행의 행 높이를 '80'으로 설정하고, 2행~15행의 행 높이를 '18'로 설정하시오.

▶ 제목("2분기 제품 주문내역") : 기본 도형의 '평행 사변형'을 이용하여 입력하시오.
- 도형 : 위치([B1:H1]), 도형 스타일(테마 스타일 - '보통 효과 - 녹색, 강조 6')
- 글꼴 : 궁서체, 32pt, 기울임꼴
- 도형 서식 : 도형 옵션 - 크기 및 속성(텍스트 상자(세로 맞춤 : 정가운데, 텍스트 방향 : 가로))

▶ 셀 서식을 아래 조건에 맞게 작성하시오.
- [A2:I15] : 테두리(안쪽, 윤곽선 모두 실선, '검정, 텍스트 1'), 전체 가운데 맞춤
- [A13:D13], [A14:D14], [A15:D15] : 각각 병합하고 가운데 맞춤
- [A2:I2], [A13:D15] : 채우기 색(파랑, 강조 5, 60% 더 밝게'), 글꼴(굵게)
- [D3:F12] : 셀 서식의 표시형식-숫자를 이용하여 1000단위 구분 기호 표시
- [G3:G12], [E13:G15] : 셀 서식의 표시형식-사용자 지정을 이용하여 #,##0"원"자를 추가
- [H3:H12] : 셀 서식의 표시형식-사용자 지정을 이용하여 #"등"자를 추가
- 조건부 서식[A3:I12] : '6월'이 500000 이상인 경우 레코드 전체에 글꼴(파랑, 굵은 기울임꼴) 적용
- 지시사항이 없는 경우는 주어진 문제파일의 서식을 그대로 사용하시오.

▶ ① 순위[H3:H12] : '2분기 평균'을 기준으로 큰 순으로 순위를 구하시오 (RANK.EQ 함수)

▶ ② 비고[I3:I12] : '4월'이 400000 이하이면 "4월 부진", 그렇지 않으면 공백으로 구하시오. (IF 함수)

▶ ③ 평균[E13:G13] : '담당자'가 "김철수"인 '6월'의 평균을 구하시오. (DAVERAGE 함수)

▶ ④ 최대값-최소값[E14:G14] : '4월'의 최대값-최소값의 차이를 구하시오. (MAX, MIN 함수)

▶ ⑤ 순위[E15:G15] : '5월' 중 세 번째로 작은 값을 구하시오. (SMALL 함수)

- [A13:D13], [A14:D14], [A15:D15] : 각각 병합하고 가운데 맞춤

1 셀을 병합하기 위해 [A13:D13] 영역을 드래그합니다.

2 [홈] 탭에서 [병합하고 가운데 맞춤]을 클릭하여 하나의 셀로 만들어줍니다.

❂ 셀이 병합되면서 자동으로 텍스트가 셀의 가운데로 정렬돼요.

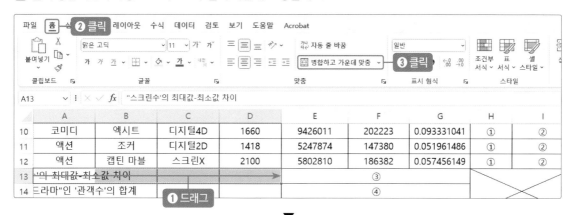

3 똑같은 방법으로 [A14:D14], [A15:D15] 셀을 병합하고 가운데 맞춤으로 지정합니다.

	A	B	C	D	E	F	G	H	I
8	어드벤처	알라딘	디지털4D	1409	12552283	266469	0.124285621	①	②
9	액션	어벤져스	디지털4D	2835	13934592	242001	0.137972465	①	②
10	코미디	엑시트	디지털4D	1660	9426011	202223	0.093331041	①	②
11	액션	조커	디지털2D	1418	5247874	147380	0.051961486	①	②
12	액션	캡틴 마블	스크린X	2100	5802810	186382	0.057456149	①	②
13	'스크린수'의 최대값-최소값 차이						③		
14	'구분'이 "드라마"인 '관객수'의 합계				병합하고 가운데 맞춤		④		
15	'상영횟수' 중 다섯 번째로 작은 값						⑤		

한 번에 병합하기

❶ [A13:D13] 영역을 선택
❷ Ctrl을 누른 상태로 [A14:D14] 영역을 선택
❸ Ctrl을 누른 상태로 [A15:D15] 영역을 선택
❹ [병합하고 가운데 맞춤] 클릭

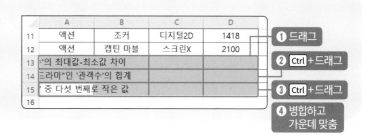

제06회 최신기출문제

▷ 시험과목 : 스프레드시트(엑셀)
▷ 시험일자 : 20XX. XX. XX.(X)
▷ 응시자 기재사항 및 감독위원 확인

수 검 번 호	DIS - XXXX -	감독위원 확인
성 명		

응시자 유의사항

1. 응시자는 신분증을 지참하여야 시험에 응시할 수 있으며, 시험이 종료될 때까지 신분증을 제시하지 못할 경우 해당 시험은 0점 처리됩니다.

2. 시스템(PC 작동 여부, 네트워크 상태 등)의 이상 여부를 반드시 확인하여야 하며, 시스템 이상이 있을시 감독위원에게 조치를 받으셔야 합니다.

3. 시험 중 부주의 또는 고의로 시스템을 파손한 경우는 응시자 부담으로 합니다.

4. 답안 전송 프로그램을 통해 다운로드 받은 파일을 이용하여 답안 파일을 작성하시기 바랍니다.

5. 작성한 답안 파일은 답안 전송 프로그램을 통하여 전송됩니다. 감독위원의 지시에 따라 주시기 바랍니다.

6. 다음 사항의 경우 실격(0점) 혹은 부정행위 처리됩니다.
    ❶ 답안 파일을 저장하지 않았거나, 저장한 파일이 손상되었을 경우
    ❷ 답안 파일을 지정된 폴더(바탕화면 – "KAIT" 폴더)에 저장하지 않았을 경우
       ※ 답안 전송 프로그램 로그인 시 바탕화면에 자동 생성됨
    ❸ 답안 파일을 다른 보조기억장치(USB) 혹은 네트워크(메신저, 게시판 등)로 전송할 경우
    ❹ 휴대용 전화기 등 통신기기를 사용할 경우

7. 시트는 반드시 순서대로 작성해야 하며, 순서가 다를 경우 "0"점 처리 됩니다.

8. 시험지에 제시된 글꼴이 응시 프로그램에 없는 경우, 반드시 감독위원에게 해당 내용을 통보한 뒤 조치를 받아야 합니다.

9. 시험의 완료는 작성이 완료된 답안을 저장하고, 답안 전송이 완료된 상태를 확인한 것으로 합니다. 답안 전송 확인 후 문제지는 감독위원에게 제출한 후 퇴실하여야 합니다.

10. 답안 전송이 완료된 경우에는 수정 또는 정정이 불가능합니다.

11. 시험 시행 후 합격자 발표는 홈페이지(www.ihd.or.kr)에서 확인하시기를 바랍니다.
    ※ 합격자 발표 : 20XX. XX. XX.(X)

Korea Association for ICT Promotion
한국정보통신진흥협회 KAIT

STEP 03 셀 채우기 및 글꼴 지정하기

- [A2:I2], [A13:D15] : 채우기 색('파랑, 강조 1, 60% 더 밝게'), 글꼴(굵게)

1 [A2:I2] 셀을 선택한 후 [Ctrl]을 누른 상태에서 [A13:D15] 영역을 드래그합니다.

2 [홈] 탭을 클릭하여 **채우기 색('파랑, 강조 1, 60% 더 밝게')**과 **글꼴 서식(굵게)**을 지정합니다.

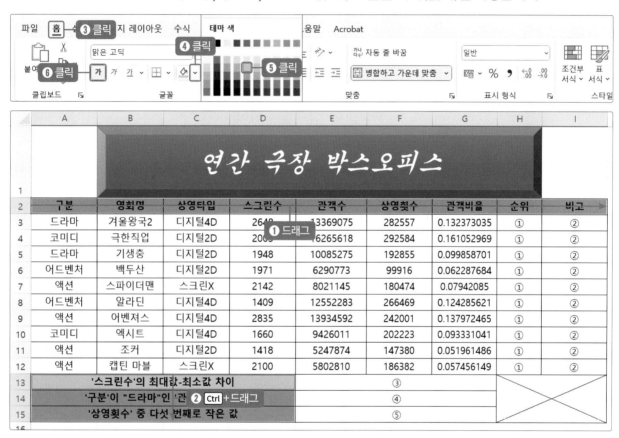

⟡ **DIAT 꿀팁**
- [A2:I2], [A13:D15] 영역에 '채우기 색'과 '굵게'를 지정하는 문제가 고정적으로 출제됩니다.
- 채우기 색은 다양하게 출제되고 있으니 색상 위치를 빠르게 찾는 방법을 익혀두세요.

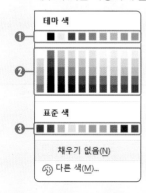

❶ 주황, 강조 2 / 파랑, 강조 5 / 녹색, 강조 6 등의 색상

❷ 주황, 강조 2, 60% 더 밝게 / 파랑, 강조 5, 50% 더 어둡게 / 녹색, 강조 6, 40% 더 밝게 등의 색상

❸ 주황 / 파랑 / 녹색 등의 표준 색상

【문제 5】 "차트" 시트를 참조하여 다음《처리조건》에 맞도록 작업하시오.(30점)

《출력형태》

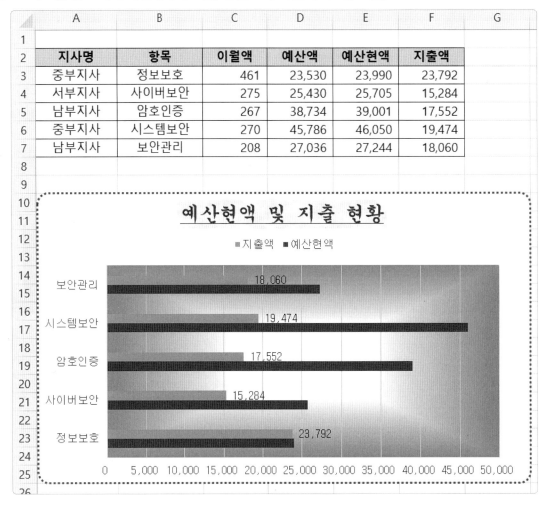

《처리조건》

▶ "차트" 시트에 주어진 표를 이용하여 '묶은 가로 막대형' 차트를 작성하시오.
- 데이터 범위 : 현재 시트 [B2:B7], [E2:F7]의 데이터를 이용하여 작성하고, 행/열 전환은 '열'로 지정
- 차트 위치 : 현재 시트에 [A10:G25] 크기에 정확하게 맞추시오.
- 차트 제목("예산현액 및 지출 현황")
- 차트 스타일 : 색 변경(단색형-단색 색상표 7, 스타일 1)
- 범례 위치 : 위쪽
- 차트 영역 서식 : 글꼴(굴림체, 10pt), 테두리 색(실선, 색 : 파랑), 테두리 스타일(너비 : 2pt, 겹선 종류 : 단순형, 대시 종류 : 둥근 점선, 둥근 모서리)
- 차트 제목 서식 : 글꼴(궁서체, 18pt, 밑줄), 채우기(그림 또는 질감 채우기, 질감: 양피지)
- 그림 영역 서식 : 채우기(그라데이션 채우기, 그라데이션 미리 설정 : 위쪽 스포트라이트 강조 3, 종류 : 사각형, 방향 : 가운데에서)
- 데이터 레이블 추가 : '지출액' 계열에 "값" 표시

▶ 지시사항이 없는 경우는《출력형태》와 동일하게 작성하시오.

STEP 04 표시 형식 지정하기

- [D3:F12], [E13:G15] : 셀 서식의 표시 형식-숫자를 이용하여 1000 단위 구분 기호 표시
- [G3:G12] : 셀 서식의 표시 형식-백분율을 이용하여 소수 둘째자리까지 표시
- [H3:H12] : 셀 서식의 표시 형식-사용자 지정을 이용하여 #"위"자를 추가

1 데이터에 1000 단위 구분 기호를 추가하기 위해 [D3:F12]와 [E13:G15]를 범위로 지정합니다.

　➕ Ctrl 을 이용해 떨어져 있는 셀을 한 번에 선택할 수 있어요.

2 선택된 영역 위에서 마우스 오른쪽 버튼을 눌러 [셀 서식]을 클릭합니다.

　➕ 영역이 선택된 상태에서 Ctrl + 1 을 눌러 셀 서식 대화상자를 열 수도 있어요.

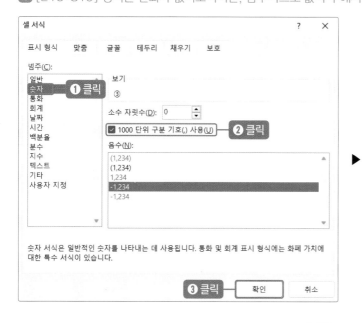

3 [표시 형식] 탭-[숫자]를 클릭하고 '1000 단위 구분 기호 사용'을 지정합니다.

　➕ [E13:G15] 영역은 변화가 없어보이지만, 함수식으로 값이 구해지면 1000 단위 구분 기호가 표시될 거예요.

【문제 4】 "피벗테이블" 시트를 참조하여 다음《처리조건》에 맞도록 작업하시오.(30점)

《출력형태》

	구분	값	지사명 남부지사	동부지사	중부지사
	기술개발	최대 : 예산현액	39,001	48,858	*
		최대 : 지출액	17,552	18,442	*
	산업육성	최대 : 예산현액	23,300	*	23,990
		최대 : 지출액	12,795	*	23,792
	인력양성	최대 : 예산현액	27,244	29,631	46,050
		최대 : 지출액	18,060	23,917	19,474
	전체 최대 : 예산현액		39,001	48,858	46,050
	전체 최대 : 지출액		18,060	23,917	23,792

《처리조건》

▶ "피벗테이블" 시트의 [A2:G12]를 이용하여 새로운 시트에《출력형태》와 같이 피벗테이블을 작성 후 시트명을 "피벗테이블 정답"으로 수정하시오.

▶ 구분(행)과 지사명(열)을 기준으로 하여 출력형태와 같이 구하시오.
　- '예산현액', '지출액'의 최대를 구하시오.
　- 피벗 테이블 옵션을 이용하여 레이블이 있는 셀 병합 및 가운데 맞춤하고 빈 셀을 "*"로 표시한 후, 행의 총합계를 감추기 하시오.
　- 피벗 테이블 디자인에서 보고서 레이아웃은 '테이블 형식으로 표시', 피벗 테이블 스타일은 '어둡게 – 진한 회색, 피벗 스타일 어둡게 4'로 표시하시오.
　- 지사명(열)은 "남부지사", "동부지사", "중부지사"만 출력되도록 표시하시오.
　- [C5:E12] 데이터는 셀 서식의 표시형식–숫자를 이용하여 1000단위 구분 기호 표시하고, 가운데 맞춤하시오.

▶ 구분의 순서는《출력형태》와 다를 수 있음

▶ 지시사항이 없는 경우는《출력형태》와 동일하게 작성하시오.

4 이번에는 [G3:G12] 셀을 영역으로 지정한 후 [셀 서식]을 클릭합니다.

5 [표시 형식] 탭-[백분율]을 클릭하고 소수 자릿수를 '2'로 지정합니다.

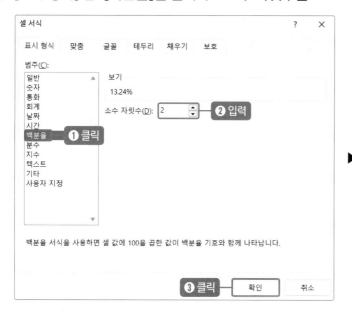

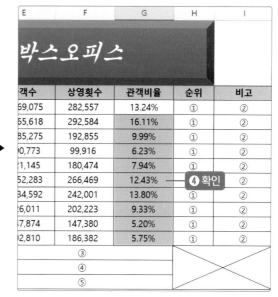

◈ **DIAT 꿀팁**

· 표시 형식을 지정하는 문제는 매번 고정적으로 출제됩니다.
· 범주의 [숫자]에서 1000 단위 구분기호를 지정, [사용자 지정] 탭에서 표시 형식을 지정하는 문제가 주로 출제됩니다.
· 범주의 [통화], [회계], [백분율]에서 기호를 지정하는 문제는 가끔씩 출제됩니다.

(2) 시나리오

《출력형태 – 시나리오》

시나리오 요약			현재 값:	예산현액 1,200 증가	예산현액 1,000 감소
변경 셀:					
	$F$4		23,990	25,190	22,990
	$F$8		38,330	39,530	37,330
	$F$10		46,050	47,250	45,050
결과 셀:					
	$H$4		198	1,398	-802
	$H$8		21,419	22,619	20,419
	$H$10		26,576	27,776	25,576

참고: 현재 값 열은 시나리오 요약 보고서가 작성될 때의
변경 셀 값을 나타냅니다. 각 시나리오의 변경 셀들은
회색으로 표시됩니다.

《처리조건》

▶ "시나리오" 시트의 [A2:H12]를 이용하여 '지사명'이 "중부지사"인 경우, '예산현액'이 변동할 때 '차액'이 변동하는
가상분석(시나리오)을 작성하시오.

- 시나리오1 : 시나리오 이름은 "예산현액 1,200 증가", '예산현액'에 1200을 증가시킨 값 설정.
- 시나리오2 : 시나리오 이름은 "예산현액 1,000 감소", '예산현액'에 1000을 감소시킨 값 설정.
- "시나리오 요약" 시트를 작성하시오.

▶ 지시사항이 없는 경우는 《출력형태》와 동일하게 작성하시오.

6 [H3:H12] 셀을 영역으로 지정한 후 [셀 서식]을 클릭합니다.

7 [표시 형식] 탭-[사용자 지정]을 클릭하고 #"위"를 입력합니다.

💿 [H3:H12] 영역에 변화가 없어보이지만, 함수식으로 값이 구해지면 "위"가 표시될 거예요.

◈ **DIAT 꿀팁**

- @ / # / #,##0 등 사용자 지정 범주에 다양한 형식을 입력하는 문제가 출제되고 있습니다.
- 문제지에 제시된 것과 동일하게 형식을 입력하면 어렵지 않게 문제를 해결할 수 있습니다.

【문제 3】 "필터"와 "시나리오" 시트를 참조하여 다음《처리조건》에 맞도록 작업하시오.(60점)

(1) 필터

《출력형태 – 필터》

	A	B	C	D	E	F	G
1							
2	지사명	구분	항목	이월액	예산액	예산현액	지출액
3	동부지사	인력양성	사이버보안	494	29,137	29,631	23,917
4	중부지사	산업육성	정보보호	461	23,530	23,990	23,792
5	북부지사	기술개발	시스템보안	364	23,396	23,760	19,935
6	서부지사	산업육성	사이버보안	275	25,430	25,705	15,284
7	남부지사	산업육성	시스템보안	212	23,088	23,300	12,795
8	중부지사	인력양성	정보보호	273	38,057	38,330	16,911
9	남부지사	기술개발	암호인증	267	38,734	39,001	17,552
10	중부지사	인력양성	시스템보안	270	45,786	46,050	19,474
11	동부지사	기술개발	정보보호	235	48,623	48,858	18,442
12	남부지사	인력양성	보안관리	208	27,036	27,244	18,060
13							
14	조건						
15	FALSE						
16							
17							
18	지사명	항목	예산현액	지출액			
19	중부지사	정보보호	38,330	16,911			
20	중부지사	시스템보안	46,050	19,474			
21	남부지사	보안관리	27,244	18,060			

《처리조건》

▶ "필터" 시트의 [A2:G12]를 아래 조건에 맞게 고급필터를 사용하여 작성하시오.

 – '구분'이 "인력양성"이고, '이월액'이 300 이하인 데이터를 '지사명', '항목', '예산현액', '지출액'의 데이터만 필터링 하시오.

 – 조건 위치 : 조건 함수는 [A15] 한 셀에 작성(AND 함수 이용)

 – 결과 위치 : [A18]부터 출력

▶ 지시사항이 없는 경우는《출력형태》와 동일하게 작성하시오.

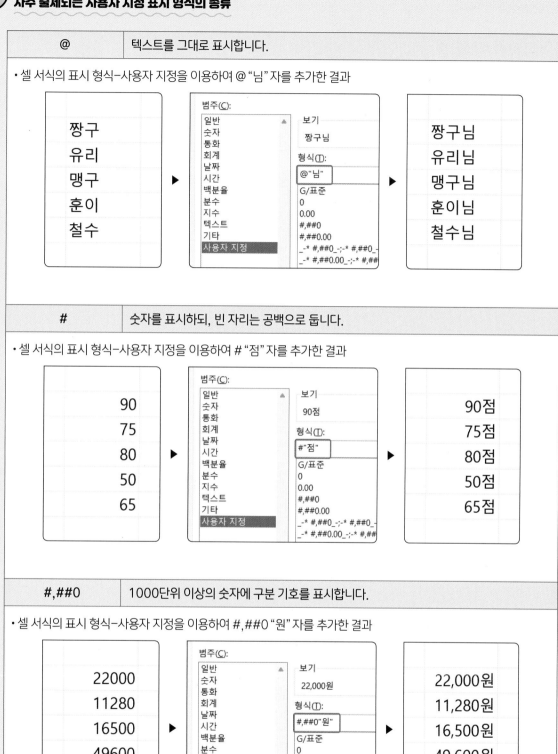

@	텍스트를 그대로 표시합니다.

• 셀 서식의 표시 형식-사용자 지정을 이용하여 @ "님" 자를 추가한 결과

#	숫자를 표시하되, 빈 자리는 공백으로 둡니다.

• 셀 서식의 표시 형식-사용자 지정을 이용하여 # "점" 자를 추가한 결과

#,##0	1000단위 이상의 숫자에 구분 기호를 표시합니다.

• 셀 서식의 표시 형식-사용자 지정을 이용하여 #,##0 "원" 자를 추가한 결과

【문제 2】 "부분합" 시트를 참조하여 다음《처리조건》에 맞도록 작업하시오.(30점)

《출력형태》

지사명	구분	항목	이월액	예산액	예산현액	지출액
동부지사	인력양성	사이버보안	494	29,137	29,631	23,917
중부지사	인력양성	정보보호	273	38,057	38,330	16,911
중부지사	인력양성	시스템보안	270	45,786	46,050	19,474
남부지사	인력양성	보안관리	208	27,036	27,244	18,060
	인력양성 요약					78,362
	인력양성 최대		494	45,786	46,050	
중부지사	산업육성	정보보호	461	23,530	23,990	23,792
서부지사	산업육성	사이버보안	275	25,430	25,705	15,284
남부지사	산업육성	시스템보안	212	23,088	23,300	12,795
	산업육성 요약					51,871
	산업육성 최대		461	25,430	25,705	
북부지사	기술개발	시스템보안	364	23,396	23,760	19,935
남부지사	기술개발	암호인증	267	38,734	39,001	17,552
동부지사	기술개발	정보보호	235	48,623	48,858	18,442
	기술개발 요약					55,929
	기술개발 최대		364	48,623	48,858	
	총합계					186,162
	전체 최대값		494	48,623	48,858	

《처리조건》

▶ 데이터를 '구분' 기준으로 내림차순 정렬하시오.

▶ 아래 조건에 맞는 부분합을 작성하시오.
 - '구분'으로 그룹화하여 '이월액', '예산액', '예산현액'의 최대를 구하는 부분합을 만드시오.
 - '구분'으로 그룹화하여 '지출액'의 합계를 구하는 부분합을 만드시오.
  (새로운 값으로 대치하지 말 것)
 - [D3:G20] 영역에 셀 서식의 표시형식-숫자를 이용하여 1000단위 구분 기호를 표시하시오.

▶ D~F열을 선택하여 그룹을 설정하시오.

▶ 합계와 최대의 부분합 순서는《출력형태》와 다를 수 있음

▶ 지시사항이 없는 경우는 기본 값을 적용하시오.

STEP 05 조건부 서식 지정하기

– 조건부 서식[A3:I12] : '스크린수'가 2500 이상인 경우 레코드 전체에 글꼴(파랑, 굵게) 적용

1 조건부 서식을 지정할 셀 범위인 **[A3:I12]** 영역을 드래그한 후 [홈] 탭에서 [조건부 서식] → [**새 규칙**]을 클릭합니다.

🔅 문제지의 《처리조건》을 꼼꼼하게 확인하여 셀 범위 영역을 지정해요.

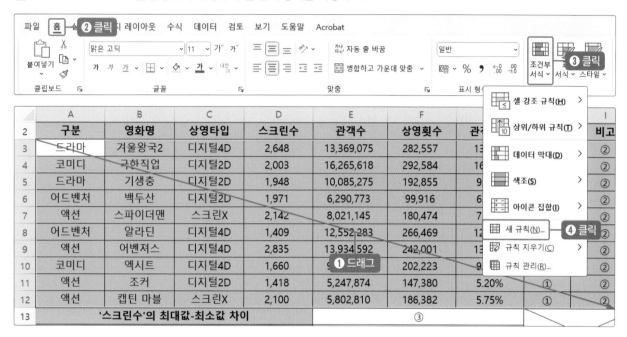

2 [새 서식 규칙] 대화상자가 나오면 [수식을 사용하여 서식을 지정할 셀 결정]을 선택한 다음 아래와 같이 작업합니다.

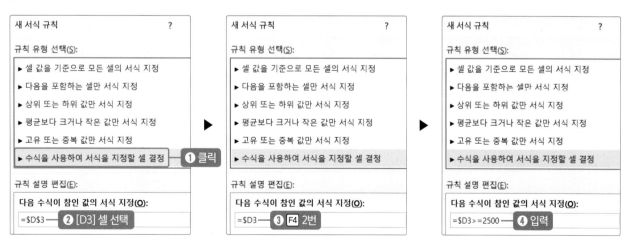

【문제 1】"예산현황" 시트를 참조하여 다음《처리조건》에 맞도록 작업하시오.(50점)

《출력형태》

지사명	구분	항목	이월액	예산액	예산현액	지출액	지출순위	비고
동부지사	인력양성	사이버보안	494	29,137	29,631	23,917	1	
중부지사	산업육성	정보보호	461	23,530	23,990	23,792	2	예산감소
북부지사	기술개발	시스템보안	364	23,396	23,760	19,935	3	예산감소
서부지사	산업육성	사이버보안	275	25,430	25,705	15,284	9	
남부지사	산업육성	시스템보안	212	23,088	23,300	12,795	10	예산감소
중부지사	인력양성	정보보호	273	38,057	38,330	16,911	8	
남부지사	기술개발	암호인증	267	38,734	39,001	17,552	7	
중부지사	인력양성	시스템보안	270	45,786	46,050	19,474	4	
동부지사	기술개발	정보보호	235	48,623	48,858	18,442	5	
남부지사	인력양성	보안관리	208	27,036	27,244	18,060	6	
'예산현액'의 최대값-최소값 차이				25,558천원				
'구분'이 "인력양성"인 '예산현액'의 합계				141,255천원				
'예산액' 중 세 번째로 큰 값				38,734천원				

제목은 "지사별 예산 현황"

《처리조건》

▶ 1행의 행 높이를 '80'으로 설정하고, 2행~15행의 행 높이를 '18'로 설정하시오.

▶ 제목("지사별 예산 현황") : 블록 화살표의 '화살표: 갈매기형 수장'을 이용하여 입력하시오.

　- 도형 : 위치([B1:H1]), 도형 스타일(테마 스타일-'미세효과 – 회색, 강조 3')

　- 글꼴 : 궁서체, 32pt, 굵게

　- 도형 서식 : 도형 옵션 – 크기 및 속성(텍스트 상자(세로 맞춤 : 정가운데, 텍스트 방향 : 가로))

▶ 셀 서식을 아래 조건에 맞게 작성하시오.

　- [A2:I15] : 테두리(안쪽, 윤곽선 모두 실선, '검정, 텍스트 1'), 전체 가운데 맞춤

　- [A13:D13], [A14:D14], [A15:D15] : 각각 병합하고 가운데 맞춤

　- [A2:I2], [A13:D15] : 채우기 색('회색, 강조 3, 60% 더 밝게'), 글꼴(굵게)

　- [A3:A12] : 셀 서식의 표시형식-사용자 지정을 이용하여 @"지사"자를 추가

　- [E3:G12] : 셀 서식의 표시형식-숫자를 이용하여 1000단위 구분 기호 표시

　- [E13:G15] : 셀 서식의 표시형식-사용자 지정을 이용하여 #,##0"천원"자를 추가

　- 조건부 서식[A3:I12] : '이월액'이 250 이하인 경우 레코드 전체에 글꼴(파랑, 굵게) 적용

　- 지시사항이 없는 경우는 주어진 문제파일의 서식을 그대로 사용하시오.

▶ ① 순위[H3:H12] : '지출액'을 기준으로 큰 순으로 순위를 구하시오 (RANK.EQ 함수)

▶ ② 비고[I3:I12] : '예산액'이 25000 이하이면 "예산감소", 그렇지 않으면 공백으로 구하시오. (IF 함수)

▶ ③ 최대값-최소값[E13:G13] : '예산현액'의 최대값-최소값의 차이를 구하시오. (MAX, MIN 함수)

▶ ④ 합계[E14:G14] : '구분'이 "인력양성"인 '예산현액'의 합계를 구하시오. (DSUM 함수)

▶ ⑤ 순위[E15:G15] : '예산액' 중 세 번째로 큰 값을 구하시오. (LARGE 함수)

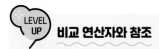

비교 연산자와 참조

1. 비교 연산자

>	초과	왼쪽 값이 오른쪽보다 큼	<	미만	왼쪽 값이 오른쪽보다 작음
>=	이상	왼쪽 값이 오른쪽보다 크거나 같음	<=	이하	왼쪽 값이 오른쪽보다 작거나 같음
=	같다	왼쪽, 오른쪽 값이 같은지 비교	<>	다르다	왼쪽, 오른쪽 값이 서로 다른지 비교

2. 상대 참조

- 수식에서 셀 주소를 사용할 때 셀 주소의 상대적인 위치를 참조합니다.
- 예를 들어 [D2] 셀에서 [B2] 셀을 참조할 경우 왼쪽으로 두 번째, 같은 행에 있는 셀을 참조합니다.
- 수식을 다른 셀로 복사하면 셀 주소도 함께 변경됩니다.
- 예 [D2] 셀의 '=B2*C2' 수식을 [D3] 셀로 복사하면 '=B3*C3'으로 변경됩니다.

D3		× ✓ fx	=B3*C3
	A	B	C	D
1	굿즈명	단가	수량	금액
2	응원봉	10,000	2	20,000
3	모자	8,000	1	8,000
4	후드티	12,000	3	36,000

3. 절대 참조

- 수식에서 셀 주소를 사용할 때 셀 주소의 절대적인 위치를 참조합니다.
- 수식을 다른 셀로 복사해도 셀 주소가 변경되지 않습니다.
- 예 [D2] 셀의 '=B2*C2-B6' 수식을 [D3] 셀로 복사하면 '=B3*C3-B7'로 변경되어 제대로 계산되지 않습니다. 이때 위치가 고정되어야 하는 'B6'을 F4를 눌러 '$B$6'으로 변경해 [D3] 셀로 복사하면 '=B3*C3-$B$6'으로 변경되어 제대로 계산됩니다.

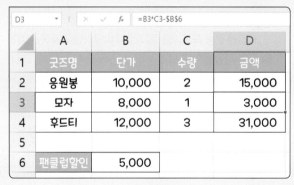

▲ 상대 참조 시

▲ 절대 참조 시

제05회 최신기출문제

▹ 시험과목 : 스프레드시트(엑셀)
▹ 시험일자 : 20XX. XX. XX.(X)
▹ 응시자 기재사항 및 감독위원 확인

수 검 번 호	DIS - XXXX -	감독위원 확인
성 명		

응시자 유의사항

1. 응시자는 신분증을 지참하여야 시험에 응시할 수 있으며, 시험이 종료될 때까지 신분증을 제시하지 못할 경우 해당 시험은 0점 처리됩니다.

2. 시스템(PC 작동 여부, 네트워크 상태 등)의 이상 여부를 반드시 확인하여야 하며, 시스템 이상이 있을시 감독위원에게 조치를 받으셔야 합니다.

3. 시험 중 부주의 또는 고의로 시스템을 파손한 경우는 응시자 부담으로 합니다.

4. 답안 전송 프로그램을 통해 다운로드 받은 파일을 이용하여 답안 파일을 작성하시기 바랍니다.

5. 작성한 답안 파일은 답안 전송 프로그램을 통하여 전송됩니다. 감독위원의 지시에 따라 주시기 바랍니다.

6. 다음 사항의 경우 실격(0점) 혹은 부정행위 처리됩니다.
   ❶ 답안 파일을 저장하지 않았거나, 저장한 파일이 손상되었을 경우
   ❷ 답안 파일을 지정된 폴더(바탕화면 – "KAIT" 폴더)에 저장하지 않았을 경우
      ※ 답안 전송 프로그램 로그인 시 바탕화면에 자동 생성됨
   ❸ 답안 파일을 다른 보조기억장치(USB) 혹은 네트워크(메신저, 게시판 등)로 전송할 경우
   ❹ 휴대용 전화기 등 통신기기를 사용할 경우

7. 시트는 반드시 순서대로 작성해야 하며, 순서가 다를 경우 "0"점 처리 됩니다.

8. 시험지에 제시된 글꼴이 응시 프로그램에 없는 경우, 반드시 감독위원에게 해당 내용을 통보한 뒤 조치를 받아야 합니다.

9. 시험의 완료는 작성이 완료된 답안을 저장하고, 답안 전송이 완료된 상태를 확인한 것으로 합니다. 답안 전송 확인 후 문제지는 감독위원에게 제출한 후 퇴실하여야 합니다.

10. 답안 전송이 완료된 경우에는 수정 또는 정정이 불가능합니다.

11. 시험 시행 후 합격자 발표는 홈페이지(www.ihd.or.kr)에서 확인하시기를 바랍니다.
    ※ 합격자 발표 : 20XX. XX. XX.(X)

3 [글꼴] 탭에서 **글꼴 스타일(굵게), 색(파랑)**을 지정한 후 <확인>을 클릭합니다.

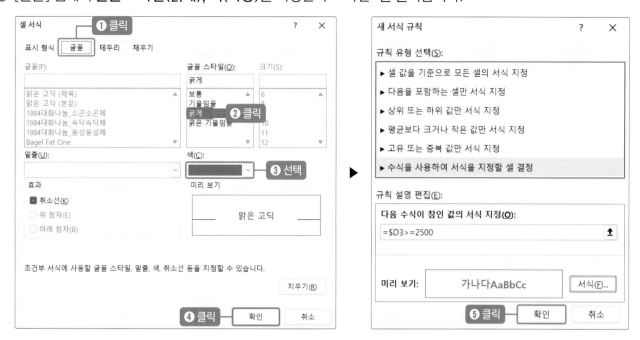

◇ **DIAT 꿀팁**

조건부 서식의 글꼴 스타일은 '굵게'와 '굵은 기울임꼴'이 주로 출제됩니다.

4 임의의 셀을 선택하여 영역 지정이 해제되면 '스크린수가 2500 이상'인 레코드 전체에 '파랑, 굵게' 서식이 적용된 것을 확인합니다.

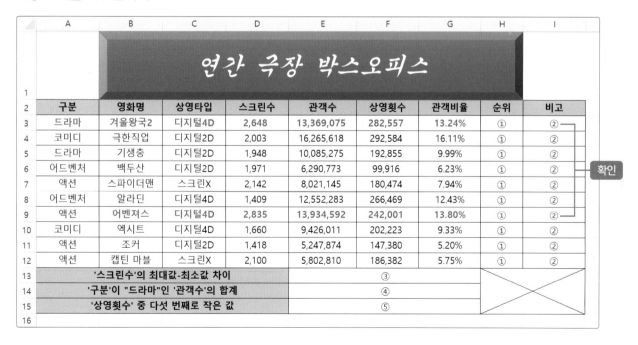

5 작업이 완료되면 [저장(💾)]을 클릭하거나 Ctrl + S 를 눌러 답안 파일을 저장합니다.

🔋 시험이 진행되는 40분 동안 수시로 저장하여 작업된 내용이 누락되지 않도록 해요.

【문제 5】 "차트" 시트를 참조하여 다음 《처리조건》에 맞도록 작업하시오.(30점)

《출력형태》

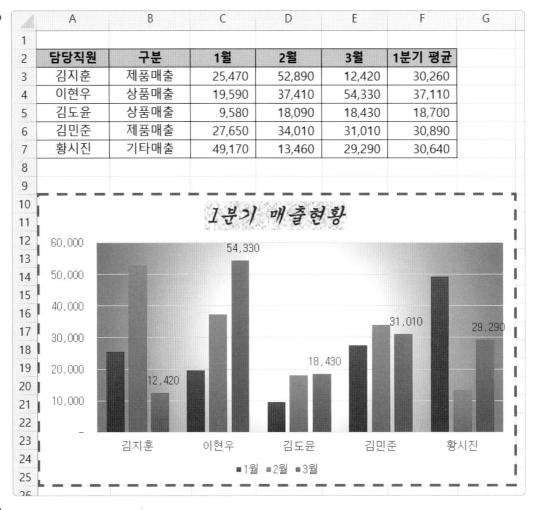

담당직원	구분	1월	2월	3월	1분기 평균
김지훈	제품매출	25,470	52,890	12,420	30,260
이현우	상품매출	19,590	37,410	54,330	37,110
김도윤	상품매출	9,580	18,090	18,430	18,700
김민준	제품매출	27,650	34,010	31,010	30,890
황시진	기타매출	49,170	13,460	29,290	30,640

《처리조건》

▶ "차트" 시트에 주어진 표를 이용하여 '묶은 세로 막대형' 차트를 작성하시오.

- 데이터 범위 : 현재 시트 [A2:A7], [C2:E7]의 데이터를 이용하여 작성하고, 행/열 전환은 '열'로 지정

- 차트 위치 : 현재 시트에 [A10:G25] 크기에 정확하게 맞추시오.

- 차트 제목("1분기 매출현황")

- 차트 스타일 : 색 변경(색상형-다양한 색상표 2, 스타일 6)

- 범례 위치 : 아래쪽

- 차트 영역 서식 : 글꼴(돋움체, 10pt), 테두리 색(실선, 색 : 빨강), 테두리 스타일(너비 : 2.5pt, 겹선 종류 : 단순형, 대시 종류 : 파선)

- 차트 제목 서식 : 글꼴(궁서체, 18pt, 기울임꼴), 채우기(그림 또는 질감 채우기, 질감 : 신문 용지)

- 그림 영역 서식 : 채우기(그라데이션 채우기, 그라데이션 미리 설정 : 위쪽 스포트라이트 강조 2, 종류 : 방사형, 방향 : 가운데에서)

- 데이터 레이블 추가 : '3월' 계열에 "값" 표시

▶ 지시사항이 없는 경우는 《출력형태》와 동일하게 작성하시오.

조건부 서식의 수정과 삭제

1. 조건부 서식 수정

❶ 조건부 서식이 지정된 범위를 영역으로 선택하고 [홈] 탭에서 [조건부 서식] → [규칙 관리]를 클릭합니다.

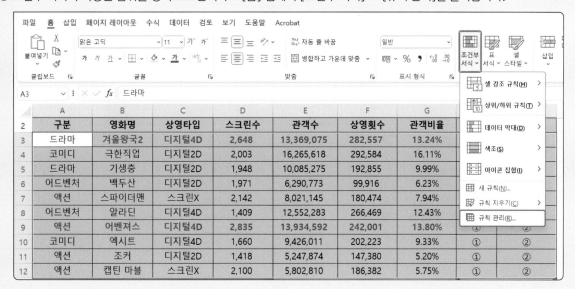

❷ [조건부 서식 규칙 관리자] 대화상자에서 [규칙 편집]을 클릭하여 조건부 서식을 수정할 수 있습니다.

2. 조건부 서식 삭제

❶ 조건부 서식이 지정된 범위를 영역으로 선택하고 [홈] 탭에서 [조건부 서식] → [규칙 지우기]-[선택한 셀의 규칙 지우기]를 클릭합니다.

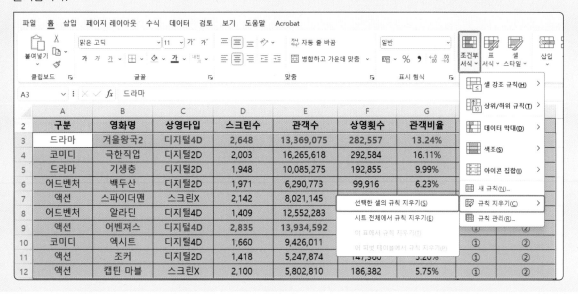

【문제 4】 "피벗테이블" 시트를 참조하여 다음 《처리조건》에 맞도록 작업하시오.(30점)

《출력형태》

	A	B	C	D	E	F
1						
2						
3	구분　▼	값	지역　▼			
4			국내	유럽	중국	
5	기타매출	최소 : 1월	49,170	***	22,310	
6		최소 : 3월	29,290	***	63,140	
7	상품매출	최소 : 1월	9,580	59,220	65,890	
8		최소 : 3월	18,430	34,610	60,790	
9	전체 최소 : 1월		9,580	59,220	22,310	
10	전체 최소 : 3월		18,430	34,610	60,790	
11						

《처리조건》

▶ "피벗테이블" 시트의 [A2:G12]를 이용하여 새로운 시트에 《출력형태》와 같이 피벗테이블을 작성 후 시트명을 "피벗테이블 정답"으로 수정하시오.

▶ 구분(행)과 지역(열)을 기준으로 하여 출력형태와 같이 구하시오.

　- '1월', '3월'의 최소를 구하시오.

　- 피벗 테이블 옵션을 이용하여 레이블이 있는 셀 병합 및 가운데 맞춤하고 빈 셀을 "***"로 표시한 후, 행의 총합계를 감추기 하시오.

　- 피벗 테이블 디자인에서 보고서 레이아웃은 '테이블 형식으로 표시', 피벗 테이블 스타일은 '중간 – 연한 주황, 피벗 스타일 보통 10'으로 표시하시오.

　- 구분(행)은 "기타매출", "상품매출"만 출력되도록 표시하시오.

　- [C5:E10] 데이터는 셀 서식의 표시형식-숫자를 이용하여 1000단위 구분 기호 표시하고, 가운데 맞춤하시오.

▶ 구분의 순서는 《출력형태》와 다를 수 있음

▶ 지시사항이 없는 경우는 《출력형태》와 동일하게 작성하시오.

01 "재고현황" 시트를 참조하여 《처리조건》에 맞도록 작업하시오.

실습파일 : 02-01(문제).xlsx
완성파일 : 02-01(완성).xlsx

《출력형태》

반려동물용품 재고 현황

주문번호	제조사	상품분류	상품명	단가	수량	재고금액	순위	비고
P19-04023	리틀달링	장난감	공	4,800	27개	129,600원	①	②
P19-06025	바우와우	미용용품	이발기(소)	37,800	32개	1,209,600원	①	②
P19-04027	핑크펫	미용용품	이발기(중)	19,800	15개	297,000원	①	②
P19-06029	블루블루	간식	츄르	20,800	89개	1,851,200원	①	②
P19-04031	퍼니펫샵	장난감	일자터널	28,500	17개	484,500원	①	②
P19-04033	핑크펫	간식	치즈통조림	10,900	121개	1,318,900원	①	②
P19-06035	핑크펫	장난감	T자터널	16,000	21개	336,000원	①	②
P19-04037	핑크펫	미용용품	털제거장갑	3,500	30개	105,000원	①	②
P19-06039	퍼니펫샵	장난감	놀이인형	3,000	16개	48,000원	①	②
P19-04041	블루블루	간식	애견소시지	3,500	58개	203,000원	①	②
'상품분류'가 "장난감"인 '수량'의 합계				③				
'재고금액'의 최대값-최소값 차이				④				
'단가' 중 세 번째로 큰 값				⑤				

《처리조건》

▶ 셀 서식을 아래 조건에 맞게 작성하시오.

– [A2:I15] : 테두리(안쪽, 윤곽선 모두 실선, '검정, 텍스트 1'), 전체 가운데 맞춤

– [A13:D13], [A14:D14], [A15:D15] : 각각 병합하고 가운데 맞춤

– [A2:I2], [A13:D15] : 채우기 색('파랑, 강조 5, 40% 더 밝게'), 글꼴(굵게)

– [E3:E12] : 셀 서식의 표시 형식-숫자를 이용하여 1000 단위 구분 기호 표시

– [F3:F12], [E13:G13] : 셀 서식의 표시 형식-사용자 지정을 이용하여 #"개"자를 추가

– [G3:G12], [E14:G15] : 셀 서식의 표시 형식-사용자 지정을 이용하여 #,##0"원"자를 추가

– 조건부 서식[A3:I12] : '수량'이 20 이하인 경우 레코드 전체에 글꼴(자주, 굵게) 적용

– 지시사항이 없는 경우는 주어진 문제파일의 서식을 그대로 사용하시오.

(2) 시나리오

《출력형태-시나리오》

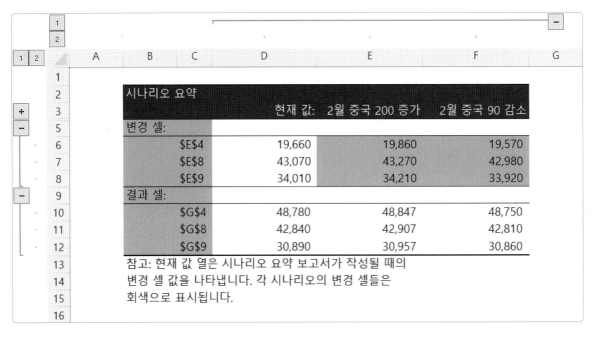

	시나리오 요약			
		현재 값:	2월 중국 200 증가	2월 중국 90 감소
변경 셀:				
	$E$4	19,660	19,860	19,570
	$E$8	43,070	43,270	42,980
	$E$9	34,010	34,210	33,920
결과 셀:				
	$G$4	48,780	48,847	48,750
	$G$8	42,840	42,907	42,810
	$G$9	30,890	30,957	30,860

참고: 현재 값 열은 시나리오 요약 보고서가 작성될 때의
변경 셀 값을 나타냅니다. 각 시나리오의 변경 셀들은
회색으로 표시됩니다.

《처리조건》

▶ "시나리오" 시트의 [A2:G12]를 이용하여 '지역'이 "중국"인 경우, '2월'이 변동할 때 '1분기 평균'이 변동하는 가상분석 (시나리오)을 작성하시오.

　- 시나리오1 : 시나리오 이름은 "2월 중국 200 증가", '2월'에 200을 증가시킨 값 설정.

　- 시나리오2 : 시나리오 이름은 "2월 중국 90 감소", '2월'에 90을 감소시킨 값 설정.

　- "시나리오 요약" 시트를 작성하시오.

▶ 지시사항이 없는 경우는 《출력형태 - 시나리오》와 동일하게 작성하시오.

《출력형태》

	A	B	C	D	E	F	G	H	I
1				스니커즈 판매 현황					
2	제품번호	색상	상품분류	상품명	단가	수량	판매금액	순위	비고
3	BS3323-S	실버계열	아쿠아슈즈	루니아쿠아슈즈	24,900	43	1,070,700	①	②
4	KS3599-R	레드계열	런닝화	컬러라인 런닝화	46,000	38	1,748,000	①	②
5	CS3353-B	블랙계열	운동화	레이시스 런닝화	39,800	21	835,800	①	②
6	HS3428-S	실버계열	런닝화	컬러라인 런닝화	64,000	15	960,000	①	②
7	AS4292-B	블랙계열	운동화	레이시스 런닝화	48,000	38	1,824,000	①	②
8	DS3967-R	레드계열	아쿠아슈즈	워터슈즈	39,000	23	897,000	①	②
9	JS3887-B	블랙계열	운동화	콜라보 스니커즈	29,800	16	476,800	①	②
10	AS4093-R	레드계열	런닝화	레드 러너스	49,800	46	2,290,800	①	②
11	CS3342-S	실버계열	런닝화	컬러라인 런닝화	45,700	40	1,828,000	①	②
12	IS3437-B	블랙계열	아쿠아슈즈	워터슈즈	19,900	17	338,300	①	②
13	'판매금액'의 최대값-최소값 차이				③				
14	'상품분류'가 "아쿠아슈즈"인 '판매금액'의 평균				④				
15	'수량' 중 세 번째로 작은 값				⑤				

《처리조건》

▶ 셀 서식을 아래 조건에 맞게 작성하시오.

- [A2:I15] : 테두리(안쪽, 윤곽선 모두 실선, '검정, 텍스트 1'), 전체 가운데 맞춤
- [A13:D13], [A14:D14], [A15:D15] : 각각 병합하고 가운데 맞춤
- [A2:I2], [A13:D15] : 채우기 색('황금색, 강조 4, 40% 더 밝게'), 글꼴(굵게)
- [B3:B12] : 셀 서식의 표시 형식-사용자 지정을 이용하여 @"계열"자를 추가
- [E3:E12], [G3:G12], [E13:G14] : 서식의 표시 형식-숫자를 이용하여 1000 단위 구분 기호 표시
- [H3:H12] : 셀 서식의 표시 형식-사용자 지정을 이용하여 #"위"자를 추가
- 조건부 서식[A3:I12] : '단가'가 48000 이상인 경우 레코드 전체에 글꼴(빨강, 굵은 기울임꼴) 적용
- 지시사항이 없는 경우는 주어진 문제파일의 서식을 그대로 사용하시오.

【문제 3】 "필터"와 "시나리오" 시트를 참조하여 다음《처리조건》에 맞도록 작업하시오.(60점)

(1) 필터

《출력형태 – 필터》

	A	B	C	D	E	F	G
1							
2	담당직원	지역	구분	1월	2월	3월	1분기 평균
3	김지훈	국내	제품매출	25,470	52,890	12,420	30,260
4	박성민	중국	상품매출	65,890	19,660	60,790	48,780
5	이현우	국내	상품매출	19,590	37,410	54,330	37,110
6	최은석	유럽	제품매출	58,810	22,780	64,930	48,840
7	김도윤	국내	상품매출	9,580	18,090	18,430	18,700
8	이하준	중국	기타매출	22,310	43,070	63,140	42,840
9	김민준	중국	제품매출	27,650	34,010	31,010	30,890
10	황시진	국내	기타매출	49,170	13,460	29,290	30,640
11	김성수	유럽	상품매출	59,220	21,280	34,610	38,370
12	노민재	유럽	제품매출	62,140	30,830	30,780	41,250
13							
14	조건						
15	TRUE						
16							
17							
18	담당직원	지역	1월	2월	3월		
19	김지훈	국내	25,470	52,890	12,420		
20	이현우	국내	19,590	37,410	54,330		
21	황시진	국내	49,170	13,460	29,290		

《처리조건》

▶ "필터" 시트의 [A2:G12]를 아래 조건에 맞게 고급필터를 사용하여 작성하시오.

  – '지역'이 "국내"이고, '1분기 평균'이 30000 이상인 데이터를 '담당직원', '지역', '1월', '2월', '3월'의 데이터만 필터링
  하시오.

  – 조건 위치 : 조건 함수는 [A15] 한 셀에 작성(AND 함수 이용)

  – 결과 위치 : [A18]부터 출력

▶ 지시사항이 없는 경우는《출력형태 – 필터》와 동일하게 작성하시오.

실습파일 : 02-03(문제).xlsx
완성파일 : 02-03(완성).xlsx

《출력형태》

주문번호	주문처	상품분류	상품명	판매단가	판매수량	총판매액	순위	비고
FR-008966	할인점	생수	시원수	800	519개	415,200	①	②
FR-008969	편의점	탄산음료	톡톡소다	1,200	463개	555,600	①	②
FR-009012	통신판매	커피음료	커피아시아	1,500	219개	328,500	①	②
FR-009008	할인점	탄산음료	라임메이드	1,800	369개	664,200	①	②
FR-000053	통신판매	커피음료	카페타임	1,400	486개	680,400	①	②
FR-000504	편의점	생수	지리산수	900	341개	306,900	①	②
FR-000759	통신판매	커피음료	커피매니아	2,300	401개	922,300	①	②
FR-200202	편의점	탄산음료	레몬타임	1,700	236개	401,200	①	②
FR-200101	할인점	탄산음료	허리케인	2,100	104개	218,400	①	②
FR-200063	통신판매	생수	심해청수	1,300	216개	280,800	①	②
'판매단가' 중 두 번째로 작은 값				③				
'상품분류'가 "생수"인 '총판매액'의 합계				④				
'판매수량'의 최대값-최소값 차이				⑤				

제목: 음료제품 납품 현황

《처리조건》

▶ 셀 서식을 아래 조건에 맞게 작성하시오.

– [A2:I15] : 테두리(안쪽, 윤곽선 모두 실선, '검정, 텍스트 1'), 전체 가운데 맞춤

– [A13:D13], [A14:D14], [A15:D15] : 각각 병합하고 가운데 맞춤

– [A2:I2], [A13:D15] : 채우기 색('청회색, 텍스트 2, 80% 더 밝게'), 글꼴(굵게)

– [E3:E12], [G3:G12] : 셀 서식의 표시 형식–숫자를 이용하여 1000 단위 구분 기호 표시

– [E13:G14] : 셀 서식의 표시 형식–사용자 지정을 이용하여 #,##0"원"자를 추가

– [F3:F12], [E15:G15] : 셀 서식의 표시 형식–사용자 지정을 이용하여 #"개"자를 추가

– 조건부 서식[A3:I12] : '주문처'가 "통신판매"인 경우 레코드 전체에 글꼴(주황, 굵게) 적용

– 지시사항이 없는 경우는 주어진 문제파일의 서식을 그대로 사용하시오.

【문제 2】 "부분합" 시트를 참조하여 다음《처리조건》에 맞도록 작업하시오.(30점)

《출력형태》

	담당직원	지역	구분	1월	2월	3월	1분기 평균
3	김지훈	국내	제품	25,470	52,890	12,420	30,260
4	최은석	유럽	제품	58,810	22,780	64,930	48,840
5	김민준	중국	제품	27,650	34,010	31,010	30,890
6	노민재	유럽	제품	62,140	30,830	30,780	41,250
7			제품 최소				30,260
8			제품 평균	43,518	35,128	34,785	
9	박성민	중국	상품	65,890	19,660	60,790	48,780
10	이현우	국내	상품	19,590	37,410	54,330	37,110
11	김도윤	국내	상품	9,580	18,090	18,430	18,700
12	김성수	유럽	상품	59,220	21,280	34,610	38,370
13			상품 최소				18,700
14			상품 평균	38,570	24,110	42,040	
15	이하준	중국	기타	22,310	43,070	63,140	42,840
16	황시진	국내	기타	49,170	13,460	29,290	30,640
17			기타 최소				30,640
18			기타 평균	35,740	28,265	46,215	
19			전체 최소값				18,700
20			전체 평균	39,983	29,348	39,973	

《처리조건》

▶ 데이터를 '구분' 기준으로 내림차순 정렬하시오.

▶ 아래 조건에 맞는 부분합을 작성하시오.

  - '구분'으로 그룹화하여 '1월', '2월', '3월'의 평균을 구하는 부분합을 만드시오.

  - '구분'으로 그룹화하여 '1분기 평균'의 최소를 구하는 부분합을 만드시오.

    (새로운 값으로 대치하지 말 것)

  - [D3:G20] 영역에 셀 서식의 표시형식-숫자를 이용하여 1000단위 구분 기호를 표시하시오.

▶ D~F열을 선택하여 그룹을 설정하시오.

▶ 평균과 최소의 부분합 순서는《출력형태》와 다를 수 있음

▶ 지시사항이 없는 경우는 기본 값을 적용하시오.

"모집현황" 시트를 참조하여 《처리조건》에 맞도록 작업하시오.

실습파일 : 02-04(문제).xlsx
완성파일 : 02-04(완성).xlsx

《출력형태》

강좌명	분류	대상	모집인원	기간	수강료	합계	순위	비고
드론	취미	6학년	20	1개월	30,000	600,000	①	②
엑셀	컴퓨터	6학년	30	2개월	18,000	1,080,000	①	②
영어회화	어학	4학년	20	3개월	16,000	960,000	①	②
포토샵	컴퓨터	5학년	20	2개월	17,000	680,000	①	②
일본어회화	어학	5학년	25	3개월	20,000	1,500,000	①	②
바이올린	취미	4학년	25	3개월	30,000	2,250,000	①	②
파워포인트	컴퓨터	6학년	25	2개월	15,000	750,000	①	②
축구	취미	4학년	30	1개월	24,000	720,000	①	②
중국어회화	어학	5학년	20	2개월	16,000	640,000	①	②
한글	컴퓨터	4학년	30	1개월	15,000	450,000	①	②
'분류'가 "취미"인 '모집인원'의 평균				③				
'합계'의 최대값-최소값 차이				④				
'수강료' 중 두 번째로 작은 값				⑤				

방과후 수업 모집 현황

《처리조건》

▶ 셀 서식을 아래 조건에 맞게 작성하시오.

- [A2:I15] : 테두리(안쪽, 윤곽선 모두 실선, '검정, 텍스트 1'), 전체 가운데 맞춤

- [A13:D13], [A14:D14], [A15:D15] : 각각 병합하고 가운데 맞춤

- [A2:I2], [A13:D15] : 채우기 색('연한 녹색'), 글꼴(굵게)

- [E3:E12] : 셀 서식의 표시 형식-사용자 지정을 이용하여 #"개월"자를 추가

- [F3:G12], [E14:G15] : 셀 서식의 표시 형식-숫자를 이용하여 1000 단위 구분 기호 표시

- [H3:H12] : 셀 서식의 표시 형식-사용자 지정을 이용하여 #"위"자를 추가

- 조건부 서식[A3:I12] : '수강료'가 17000 이하인 경우 레코드 전체에 글꼴(파랑, 기울임꼴) 적용

- 지시사항이 없는 경우는 주어진 문제파일의 서식을 그대로 사용하시오.

【문제 1】 "매출현황" 시트를 참조하여 다음《처리조건》에 맞도록 작업하시오.(50점)

《출력형태》

담당직원	지역	구분	1월	2월	3월	1분기 평균	순위	비고
김지훈	국내	제품매출	25,470	52,890	12,420	30,260	9	
박성민	중국	상품매출	65,890	19,660	60,790	48,780	2	1월 우수
이현우	국내	상품매출	19,590	37,410	54,330	37,110	6	
최은석	유럽	제품매출	58,810	22,780	64,930	48,840	1	1월 우수
김도윤	국내	상품매출	9,580	18,090	18,430	18,700	10	
이하준	중국	기타매출	22,310	43,070	63,140	42,840	3	
김민준	중국	제품매출	27,650	34,010	31,010	30,890	7	
황시진	국내	기타매출	49,170	13,460	29,290	30,640	8	
김성수	유럽	상품매출	59,220	21,280	34,610	38,370	5	1월 우수
노민재	유럽	제품매출	62,140	30,830	30,780	41,250	4	1월 우수
'지역'이 "국내"인 '3월'의 평균				28,618천원				
'1월' 중 세 번째로 작은 값				22,310천원				
'2월'의 최대값-최소값 차이				39,430천원				

《처리조건》

▶ 1행의 행 높이를 '80'으로 설정하고, 2행~15행의 행 높이를 '18'로 설정하시오.

▶ 제목("1분기 국내외 매출현황") : 기본 도형의 '배지'를 이용하여 입력하시오.
  - 도형 : 위치([B1:H1]), 도형 스타일(테마 스타일-'미세 효과 - 주황, 강조 2')
  - 글꼴 : 궁서체, 30pt, 굵게
  - 도형 서식 : 도형 옵션 - 크기 및 속성(텍스트 상자(세로 맞춤 : 정가운데, 텍스트 방향 : 가로))

▶ 셀 서식을 아래 조건에 맞게 작성하시오.
  - [A2:I15] : 테두리(안쪽, 윤곽선 모두 실선, '검정, 텍스트 1'), 전체 가운데 맞춤
  - [A13:D13], [A14:D14], [A15:D15] : 각각 병합하고 가운데 맞춤
  - [A2:I2], [A13:D15] : 채우기 색('주황, 강조 2, 60% 더 밝게'), 글꼴(굵게)
  - [C3:C12] : 셀 서식의 표시형식-사용자 지정을 이용하여 @"매출"자를 추가
  - [D3:G12] : 셀 서식의 표시형식-숫자를 이용하여 1000단위 구분 기호 표시
  - [E13:G15] : 셀 서식의 표시형식-사용자 지정을 이용하여 #,##0"천원"자를 추가
  - 조건부 서식[A3:I12] : '3월'이 60000 이상인 경우 레코드 전체에 글꼴(자주, 굵게) 적용
  - 지시사항이 없는 경우는 주어진 문제파일의 서식을 그대로 사용하시오.

▶ ① 순위[H3:H12] : '1분기 평균'을 기준으로 큰 순으로 순위를 구하시오 (RANK.EQ 함수)

▶ ② 비고[I3:I12] : '1월'이 50000 이상이면 "1월 우수", 그렇지 않으면 공백으로 구하시오. (IF 함수)

▶ ③ 평균[E13:G13] : '지역'이 "국내"인 '3월'의 평균을 구하시오. (DAVERAGE 함수)

▶ ④ 순위[E14:G14] : '1월' 중 세 번째로 작은 값을 구하시오. (SMALL 함수)

▶ ⑤ 최대값-최소값[E15:G15] : '2월'의 최대값-최소값의 차이를 구하시오. (MAX, MIN 함수)

✻실습파일 : 03차시(문제).xlsx ✻완성파일 : 03차시(완성).xlsx

【문제 1】 "박스오피스" 시트를 참조하여 다음《처리조건》에 맞도록 작업하시오.

《출력형태》

구분	영화명	상영타입	스크린수	관객수	상영횟수	관객비율	순위	비고
			연간 극장 박스오피스					
드라마	겨울왕국2	디지털4D	2,648	13,369,075	282,557	13.24%	3위	천만관객
코미디	극한직업	디지털2D	2,003	16,265,618	292,584	16.11%	1위	천만관객
드라마	기생충	디지털2D	1,948	10,085,275	192,855	9.99%	5위	천만관객
어드벤처	백두산	디지털2D	1,971	6,290,773	99,916	6.23%	8위	
액션	스파이더맨	스크린X	2,142	8,021,145	180,474	7.94%	7위	
어드벤처	알라딘	디지털4D	1,409	12,552,283	266,469	12.43%	4위	천만관객
액션	어벤져스	디지털4D	2,835	13,934,592	242,001	13.80%	2위	천만관객
코미디	엑시트	디지털4D	1,660	9,426,011	202,223	9.33%	6위	
액션	조커	디지털2D	1,418	5,247,874	147,380	5.20%	10위	
액션	캡틴 마블	스크린X	2,100	5,802,810	186,382	5.75%	9위	
'스크린수'의 최대값-최소값 차이				1,426				
'구분'이 "드라마"인 '관객수'의 합계				23,454,350				
'상영횟수' 중 다섯 번째로 작은 값				192,855				

박스오피스 부분합 필터 시나리오 피벗테이블 차트 +

《처리조건》

▶ ① 순위[H3:H12] : '관객수'를 기준으로 큰 순으로 순위를 구하시오. (RANK.EQ 함수)

▶ ② 비고[I3:I12] : '관객수'가 10000000 이상이면 "천만관객", 그렇지 않으면 공백으로 구하시오. (IF 함수)

▶ ③ 최대값-최소값[E13:G13] : '스크린수'의 최대값과 최소값의 차이를 구하시오. (MAX, MIN 함수)

▶ ④ 합계[E14:G14] : '구분'이 "드라마"인 '관객수'의 합계를 구하시오. (DSUM 함수)

▶ ⑤ 순위[E15:G15] : '상영횟수' 중 다섯 번째로 작은 값을 구하시오. (SMALL 함수)

제04회 최신기출문제

▶ 시험과목 : 스프레드시트(엑셀)
▶ 시험일자 : 20XX. XX. XX.(X)
▶ 응시자 기재사항 및 감독위원 확인

수 검 번 호	DIS - XXXX -	감독위원 확인
성 명		

응시자 유의사항

1. 응시자는 신분증을 지참하여야 시험에 응시할 수 있으며, 시험이 종료될 때까지 신분증을 제시하지 못할 경우 해당 시험은 0점 처리됩니다.

2. 시스템(PC 작동 여부, 네트워크 상태 등)의 이상 여부를 반드시 확인하여야 하며, 시스템 이상이 있을시 감독위원에게 조치를 받으셔야 합니다.

3. 시험 중 부주의 또는 고의로 시스템을 파손한 경우는 응시자 부담으로 합니다.

4. 답안 전송 프로그램을 통해 다운로드 받은 파일을 이용하여 답안 파일을 작성하시기 바랍니다.

5. 작성한 답안 파일은 답안 전송 프로그램을 통하여 전송됩니다. 감독위원의 지시에 따라 주시기 바랍니다.

6. 다음 사항의 경우 실격(0점) 혹은 부정행위 처리됩니다.
   ❶ 답안 파일을 저장하지 않았거나, 저장한 파일이 손상되었을 경우
   ❷ 답안 파일을 지정된 폴더(바탕화면 – "KAIT" 폴더)에 저장하지 않았을 경우
      ※ 답안 전송 프로그램 로그인 시 바탕화면에 자동 생성됨
   ❸ 답안 파일을 다른 보조기억장치(USB) 혹은 네트워크(메신저, 게시판 등)로 전송할 경우
   ❹ 휴대용 전화기 등 통신기기를 사용할 경우

7. 시트는 반드시 순서대로 작성해야 하며, 순서가 다를 경우 "0"점 처리 됩니다.

8. 시험지에 제시된 글꼴이 응시 프로그램에 없는 경우, 반드시 감독위원에게 해당 내용을 통보한 뒤 조치를 받아야 합니다.

9. 시험의 완료는 작성이 완료된 답안을 저장하고, 답안 전송이 완료된 상태를 확인한 것으로 합니다. 답안 전송 확인 후 문제지는 감독위원에게 제출한 후 퇴실하여야 합니다.

10. 답안 전송이 완료된 경우에는 수정 또는 정정이 불가능합니다.

11. 시험 시행 후 합격자 발표는 홈페이지(www.ihd.or.kr)에서 확인하시기를 바랍니다.
    ※ 합격자 발표 : 20XX. XX. XX.(X)

작업 과정 미리보기

RANK.EQ 함수 ▷ IF 함수 ▷ MAX, MIN 함수 ▷ DSUM 함수 ▷ SMALL 함수

Check 01 ①, ② 함수 계산 : 함수 마법사를 이용해 값을 구하고 채우기 핸들로 나머지 셀을 계산해요!

	G 관객비율	H 순위	I 비고
2	관객비율	순위	비고
3	13.24%	3위	②
4	16.11%	1위	②
5	9.99%	5위	②
6	6.23%	8위	②
7	7.94%	7위	②
8	12.43%	4위	②
9	13.80%	2위	②
10	9.33%	6위	②
11	5.20%	10위	②
12	5.75%	9위	②
13			

① RANK.EQ 함수 계산

	G 관객비율	H 순위	I 비고
2	관객비율	순위	비고
3	13.24%	3위	천만관객
4	16.11%	1위	천만관객
5	9.99%	5위	천만관객
6	6.23%	8위	
7	7.94%	7위	
8	12.43%	4위	천만관객
9	13.80%	2위	천만관객
10	9.33%	6위	
11	5.20%	10위	
12	5.75%	9위	
13			

② IF 함수 계산

Check 02 ③, ④, ⑤ 함수 계산 : 함수 마법사를 이용해 값을 구해요!

	A	B	C	D	E	F	G
12	액션	캡틴 마블	스크린X	2,100	5,802,810	186,382	5.75%
13	'스크린수'의 최대값-최소값 차이				1,426		
14	'구분'이 "드라마"인 '관객수'의 합계				④		
15	'상영횟수' 중 다섯 번째로 작은 값				⑤		
16							

③ MAX, MIN 함수 계산

	A	B	C	D	E	F	G
12	액션	캡틴 마블	스크린X	2,100	5,802,810	186,382	5.75%
13	'스크린수'의 최대값-최소값 차이				1,426		
14	'구분'이 "드라마"인 '관객수'의 합계				23,454,350		
15	'상영횟수' 중 다섯 번째로 작은 값				⑤		
16							

④ DSUM 함수 계산

	A	B	C	D	E	F	G
12	액션	캡틴 마블	스크린X	2,100	5,802,810	186,382	5.75%
13	'스크린수'의 최대값-최소값 차이				1,426		
14	'구분'이 "드라마"인 '관객수'의 합계				23,454,350		
15	'상영횟수' 중 다섯 번째로 작은 값				192,855		
16							

⑤ SMALL 함수 계산

【문제 5】 "차트" 시트를 참조하여 다음《처리조건》에 맞도록 작업하시오.(30점)

《출력형태》

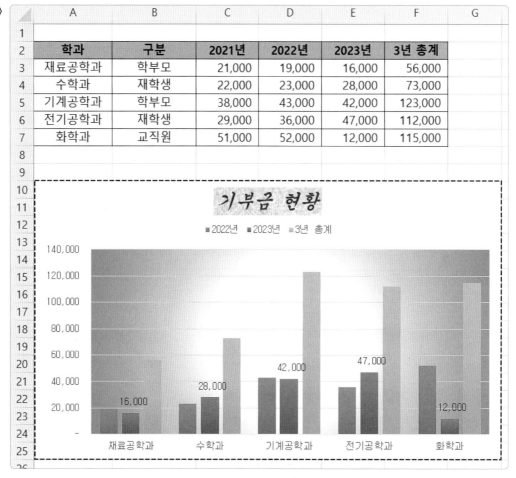

학과	구분	2021년	2022년	2023년	3년 총계
재료공학과	학부모	21,000	19,000	16,000	56,000
수학과	재학생	22,000	23,000	28,000	73,000
기계공학과	학부모	38,000	43,000	42,000	123,000
전기공학과	재학생	29,000	36,000	47,000	112,000
화학과	교직원	51,000	52,000	12,000	115,000

《처리조건》

▶ "차트" 시트에 주어진 표를 이용하여 '묶은 세로 막대형' 차트를 작성하시오.

- 데이터 범위 : 현재 시트 [A2:A7], [D2:E7]의 데이터를 이용하여 작성하고, 행/열 전환은 '열'로 지정

- 차트 위치 : 현재 시트에 [A10:G25] 크기에 정확하게 맞추시오.

- 차트 제목("기부금 현황")

- 차트 스타일 : 색 변경(색상형-다양한 색상표 4, 스타일 6)

- 범례 위치 : 위쪽

- 차트 영역 서식 : 글꼴(굴림체, 9pt), 테두리 색(실선, 색 : 진한 파랑), 테두리 스타일(너비 : 1.5pt, 겹선 종류 : 단순형, 대시 종류 : 사각 점선)

- 차트 제목 서식 : 글꼴(궁서체, 18pt, 기울임꼴), 채우기(그림 또는 질감 채우기, 질감 : 파랑 박엽지)

- 그림 영역 서식 : 채우기(그라데이션 채우기, 그라데이션 미리 설정 : 위쪽 스포트라이트 강조 3, 종류 : 방사향, 방향 : 가운데에서)

- 데이터 레이블 추가 : '2023년' 계열에 "값" 표시

▶ 지시사항이 없는 경우는《출력형태》와 동일하게 작성하시오.

DIAT 꿀팁

시험에 자주 출제되는 함수 익히기

최근 4년 동안 출제된 DIAT 스프레드시트 시험 문제를 분석한 결과 고정적으로 출제되는 함수의 종류는 다음과 같습니다.
모든 함수를 익히려고 하기보다는 시험에 출제되는 함수 위주로 학습을 하고, 그 후에 나머지 함수들을 익히는 것이 좋습니다.

❶ RANK.EQ

기능	수 목록에서 특정 수의 순위를 구합니다.
형식	=RANK.EQ(수, 수 목록, 방법) • 수 : 순위를 구하려는 수 • 수 목록 : 수 목록의 배열 또는 셀 주소 • 방법 : 순위를 정할 방법을 지정하는 수 　(0 또는 생략 – 내림차순, 0이 아닌 값 – 오름차순)
사용 예	[C2]에 '=RANK.EQ(B2,$B$2:$B$5)'를 입력하고 채우기 핸들을 [C5]까지 드래그한 경우 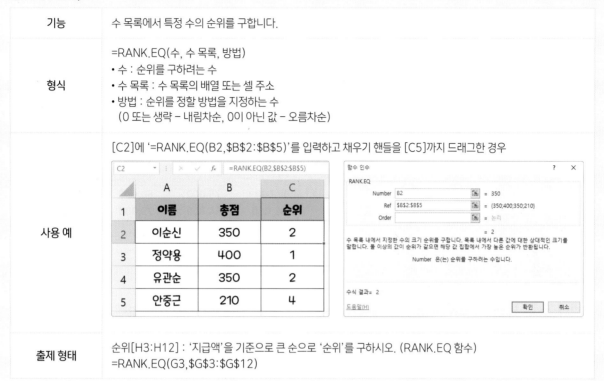
출제 형태	순위[H3:H12] : '지급액'을 기준으로 큰 순으로 '순위'를 구하시오. (RANK.EQ 함수) =RANK.EQ(G3,$G$3:$G$12)

❷ IF

기능	지정된 조건이 참(TRUE)일 때와 거짓(FALSE)일 때 각각 다른 값을 구합니다.
형식	=IF(조건, 참일 때 값, 거짓일 때 값) • 조건 : 참과 거짓을 판별할 수 있는 셀이나 숫자, 수식 • 참일 때 값 : 조건이 참일 때 표시함 • 거짓일 때 값 : 조건이 거짓일 때 표시함
사용 예	[B2]에 '=IF(A2>=60,"합격","불합격")'을 입력하고 채우기 핸들을 [B5]까지 드래그한 경우 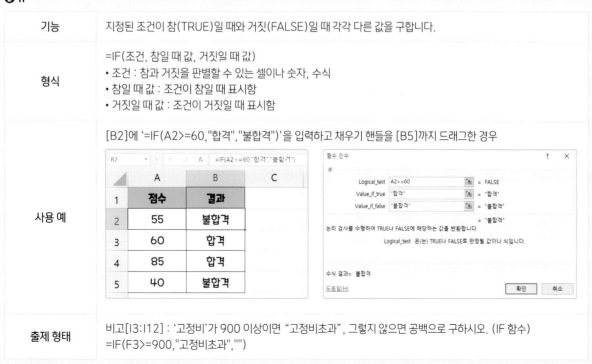
출제 형태	비고[I3:I12] : '고정비'가 900 이상이면 "고정비초과", 그렇지 않으면 공백으로 구하시오. (IF 함수) =IF(F3>=900,"고정비초과","")

【문제 4】 "피벗테이블" 시트를 참조하여 다음《처리조건》에 맞도록 작업하시오.(30점)

《출력형태》

	A	B	C	D	E	F
1						
2						
3			단과대학 ▾			
4	구분 ▾	값	공과대학	인문대학	자연과학대학	
5	재학생	합계 : 2022년	36,000	**	23,000	
6		합계 : 2023년	47,000	**	28,000	
7	졸업동문	합계 : 2022년	**	43,000	**	
8		합계 : 2023년	**	35,800	**	
9	학부모	합계 : 2022년	62,000	32,000	37,000	
10		합계 : 2023년	58,000	19,000	51,000	
11	전체 합계 : 2022년		98,000	75,000	60,000	
12	전체 합계 : 2023년		105,000	54,800	79,000	
13						

《처리조건》
▶ "피벗테이블" 시트의 [A2:G12]를 이용하여 새로운 시트에《출력형태》와 같이 피벗테이블을 작성 후 시트명을 "피벗테이블 정답"으로 수정하시오.
▶ 구분(행)과 단과대학(열)을 기준으로 하여 출력형태와 같이 구하시오.
  - '2022년', '2023년'의 합계를 구하시오.
  - 피벗 테이블 옵션을 이용하여 레이블이 있는 셀 병합 및 가운데 맞춤하고 빈 셀을 "**"로 표시한 후, 행의 총합계를 감추기 하시오.
  - 피벗 테이블 디자인에서 보고서 레이아웃은 '테이블 형식으로 표시', 피벗 테이블 스타일은 '중간 - 연한 노랑, 피벗 스타일 보통 12'로 표시하시오.
  - 구분(행)은 "재학생", "졸업동문", "학부모"만 출력되도록 표시하시오.
  - [C5:E12] 데이터는 셀 서식의 표시형식-숫자를 이용하여 1000단위 구분 기호 표시하고, 가운데 맞춤하시오.
▶ 구분의 순서는《출력형태》와 다를 수 있음
▶ 지시사항이 없는 경우는《출력형태》와 동일하게 작성하시오.

❸ MAX

기능	인수들 중에서 최대값을 구합니다.
형식	=MAX(수1, 수2, …) • 수1 : 최대값을 구하려는 첫째 숫자, 셀 참조 또는 범위 • 수2, … : 최대값을 구하려는 추가 숫자, 셀 참조 또는 범위
사용 예	[D2]에 '=MAX(B2:B5)'를 입력한 경우 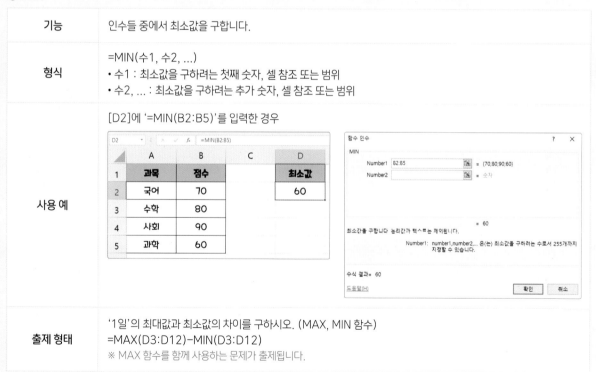
출제 형태	'현장 투표'의 최대값−최소값의 차이를 구하시오. (MAX, MIN 함수) =MAX(F3:F12)−MIN(F3:F12) ※ MIN 함수를 함께 사용하는 문제가 출제됩니다.

❹ MIN

기능	인수들 중에서 최소값을 구합니다.
형식	=MIN(수1, 수2, …) • 수1 : 최소값을 구하려는 첫째 숫자, 셀 참조 또는 범위 • 수2, … : 최소값을 구하려는 추가 숫자, 셀 참조 또는 범위
사용 예	[D2]에 '=MIN(B2:B5)'를 입력한 경우
출제 형태	'1일'의 최대값과 최소값의 차이를 구하시오. (MAX, MIN 함수) =MAX(D3:D12)−MIN(D3:D12) ※ MAX 함수를 함께 사용하는 문제가 출제됩니다.

(2) 시나리오

《출력형태 – 시나리오》

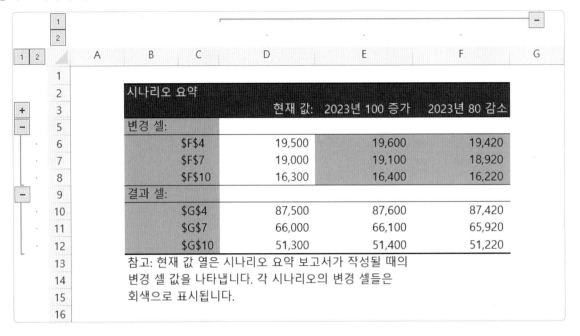

《처리조건》

▶ "시나리오" 시트의 [A2:G12]를 이용하여 '단과대학'이 "인문대학"인 경우, '2023년'이 변동할 때 '3년 총계'가 변동하는 가상분석(시나리오)을 작성하시오.

- 시나리오1 : 시나리오 이름은 "2023년 100 증가", '2023년'에 100을 증가시킨 값 설정.
- 시나리오2 : 시나리오 이름은 "2023년 80 감소", '2023년'에 80을 감소시킨 값 설정.
- "시나리오 요약" 시트를 작성하시오.

▶ 지시사항이 없는 경우는 《출력형태 – 시나리오》와 동일하게 작성하시오.

❺ LARGE

기능	데이터 집합에서 k번째로 큰 값을 구합니다.
형식	=LARGE(배열, k) • 배열 : k번째로 큰 값을 확인할 데이터 배열 또는 범위 • k: 데이터 배열이나 범위에서 몇 번째로 큰 값을 구할지 지정함
사용 예	[D2]에 '=LARGE(B2:B5,2)'를 입력한 경우 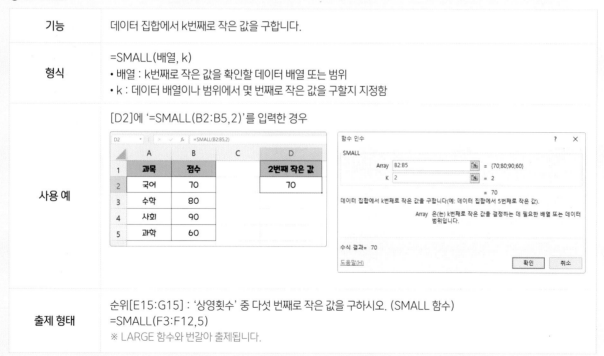
출제 형태	순위[E15:G15] : '2일' 중 세 번째로 큰 값을 구하시오. (LARGE 함수) =LARGE(E3:E12,3) ※ SMALL 함수와 번갈아 출제됩니다.

❻ SMALL

기능	데이터 집합에서 k번째로 작은 값을 구합니다.
형식	=SMALL(배열, k) • 배열 : k번째로 작은 값을 확인할 데이터 배열 또는 범위 • k : 데이터 배열이나 범위에서 몇 번째로 작은 값을 구할지 지정함
사용 예	[D2]에 '=SMALL(B2:B5,2)'를 입력한 경우
출제 형태	순위[E15:G15] : '상영횟수' 중 다섯 번째로 작은 값을 구하시오. (SMALL 함수) =SMALL(F3:F12,5) ※ LARGE 함수와 번갈아 출제됩니다.

【문제 3】 "필터"와 "시나리오" 시트를 참조하여 다음《처리조건》에 맞도록 작업하시오.(60점)

(1) 필터

《출력형태 – 필터》

	A	B	C	D	E	F	G
1							
2	단과대학	학과	구분	2021년	2022년	2023년	3년 총계
3	공과대학	재료공학과	학부모	21,000	19,000	16,000	56,000
4	인문대학	국문학과	졸업동문	46,000	22,000	19,500	87,500
5	자연과학대학	수학과	재학생	22,000	23,000	28,000	73,000
6	공과대학	기계공학과	학부모	38,000	43,000	42,000	123,000
7	인문대학	영문학과	학부모	15,000	32,000	19,000	66,000
8	공과대학	전기공학과	재학생	29,000	36,000	47,000	112,000
9	자연과학대학	화학과	교직원	51,000	52,000	12,000	115,000
10	인문대학	불문학과	졸업동문	14,000	21,000	16,300	51,300
11	공과대학	건축공학과	교직원	42,000	33,000	36,000	111,000
12	자연과학대학	물리학과	학부모	43,000	37,000	51,000	131,000
13							
14	조건						
15	FALSE						
16							
17							
18	학과	구분	2021년	2022년	2023년		
19	국문학과	졸업동문	46,000	22,000	19,500		
20	기계공학과	학부모	38,000	43,000	42,000		
21	영문학과	학부모	15,000	32,000	19,000		
22	불문학과	졸업동문	14,000	21,000	16,300		
23	물리학과	학부모	43,000	37,000	51,000		
24							

《처리조건》

▶ "필터" 시트의 [A2:G12]를 아래 조건에 맞게 고급필터를 사용하여 작성하시오.

　– '단과대학'이 "인문대학"이거나 '3년 총계'가 120000 이상인 데이터를 '학과', '구분', '2021년', '2022년', '2023년'의
　　데이터만 필터링 하시오.

　– 조건 위치 : 조건 함수는 [A15] 한 셀에 작성(OR 함수 이용)

　– 결과 위치 : [A18]부터 출력

▶ 지시사항이 없는 경우는《출력형태 – 필터》와 동일하게 작성하시오.

❼ DSUM

기능	지정한 조건에 맞는 데이터베이스에서 필드 값들의 합을 구합니다.
형식	=DSUM(데이터베이스, 합을 구할 열, 조건 범위) • 데이터베이스 : 데이터가 들어있는 전체 범위 • 합을 구할 열 : 데이터베이스에서 합을 구할 열의 위치를 지정함 • 조건 범위 : 어떤 조건을 만족할 때 합을 구할 것인지를 지정함
사용 예	[E2]에 '=DSUM(A1:C4,C1,B1:B2)'를 입력할 경우 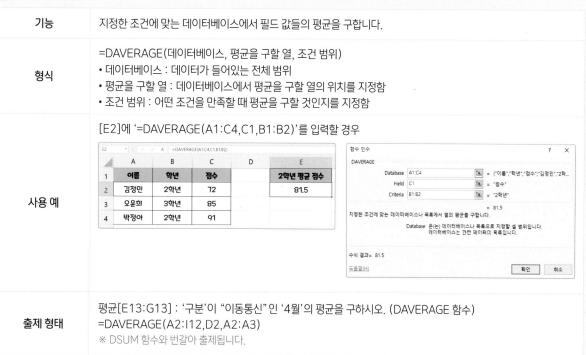
출제 형태	합계[E14:G14] : '구분'이 "드라마"인 '관객수'의 합계를 구하시오. (DSUM 함수) =DSUM(A2:I12,E2,A2:A3) ※ DAVERAGE 함수와 번갈아 출제됩니다.

❽ DAVERAGE

기능	지정한 조건에 맞는 데이터베이스에서 필드 값들의 평균을 구합니다.
형식	=DAVERAGE(데이터베이스, 평균을 구할 열, 조건 범위) • 데이터베이스 : 데이터가 들어있는 전체 범위 • 평균을 구할 열 : 데이터베이스에서 평균을 구할 열의 위치를 지정함 • 조건 범위 : 어떤 조건을 만족할 때 평균을 구할 것인지를 지정함
사용 예	[E2]에 '=DAVERAGE(A1:C4,C1,B1:B2)'를 입력할 경우
출제 형태	평균[E13:G13] : '구분'이 "이동통신"인 '4월'의 평균을 구하시오. (DAVERAGE 함수) =DAVERAGE(A2:I12,D2,A2:A3) ※ DSUM 함수와 번갈아 출제됩니다.

➕ 최근 DUSM, DAVERAGE와 함께 DMAX, DMIN 함수가 출제된 적이 있습니다. DMAX는 조건에 맞는 필드 중 최대값을, DMIN은 조건에 맞는 필드 중 최소값을 구하는 함수이며, 계산 방식은 위와 동일합니다.

【문제 2】 "부분합" 시트를 참조하여 다음《처리조건》에 맞도록 작업하시오.(30점)

《출력형태》

단과대학	학과	구분	2021년	2022년	2023년	3년 총계
공과대학	재료공학과	학부모	21,000	19,000	16,000	56,000
공과대학	기계공학과	학부모	38,000	43,000	42,000	123,000
공과대학	전기공학과	재학생	29,000	36,000	47,000	112,000
공과대학	건축공학과	교직원	42,000	33,000	36,000	111,000
공과대학 최대						123,000
공과대학 요약			130,000	131,000	141,000	
인문대학	국문학과	졸업동문	46,000	22,000	19,500	87,500
인문대학	영문학과	학부모	15,000	32,000	19,000	66,000
인문대학	불문학과	졸업동문	14,000	21,000	16,300	51,300
인문대학 최대						87,500
인문대학 요약			75,000	75,000	54,800	
자연과학대학	수학과	재학생	22,000	23,000	28,000	73,000
자연과학대학	화학과	교직원	51,000	52,000	12,000	115,000
자연과학대학	물리학과	학부모	43,000	37,000	51,000	131,000
자연과학대학 최대						131,000
자연과학대학 요약			116,000	112,000	91,000	
전체 최대값						131,000
총합계			321,000	318,000	286,800	

《처리조건》

▶ 데이터를 '단과대학' 기준으로 오름차순 정렬하시오.

▶ 아래 조건에 맞는 부분합을 작성하시오.

 - '단과대학'으로 그룹화하여 '2021년', '2022년', '2023년'의 합계를 구하는 부분합을 만드시오.

 - '단과대학'으로 그룹화하여 '3년 총계'의 최대를 구하는 부분합을 만드시오.

  (새로운 값으로 대치하지 말 것)

 - [D3:G20] 영역에 셀 서식의 표시형식-숫자를 이용하여 1000단위 구분 기호를 표시하시오.

▶ D~F열을 선택하여 그룹을 설정하시오.

▶ 합계와 최대의 부분합 순서는《출력형태》와 다를 수 있음

▶ 지시사항이 없는 경우는 기본 값을 적용하시오.

STEP 01 RANK.EQ 함수를 이용하여 큰 순으로 순위 구하기

▶ ① 순위[H3:H12] : '관객수'를 기준으로 큰 순으로 순위를 구하시오. (RANK.EQ 함수)

1 엑셀 2021 프로그램을 실행한 후 [03차시] 폴더에서 **03차시(문제).xlsx** 파일을 불러옵니다.

2 순위를 계산할 [H3] 셀을 선택하고 fx (**함수 삽입**) 단추를 클릭합니다.

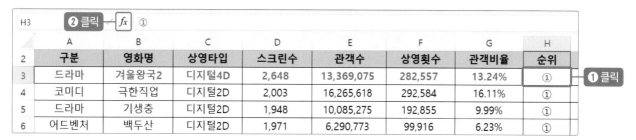

3 아래와 같은 방법으로 RANK.EQ 함수를 찾아 선택합니다.

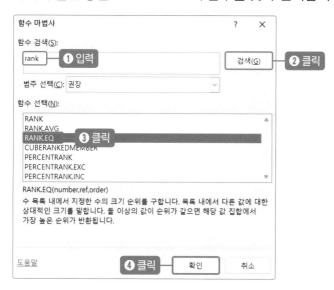

4 [함수 인수] 대화상자가 표시되면 Number 입력 칸에 [E3] 셀을 선택해 셀 주소를 입력합니다.

➕ 순위를 구할 기준이 되는 '관객수' 첫 번째 값의 셀을 선택하도록 해요.

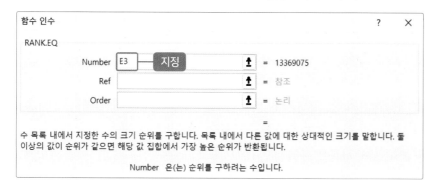

【문제 1】 "기부금현황" 시트를 참조하여 다음 《처리조건》에 맞도록 작업하시오.(50점)

《출력형태》

단과대학	학과	구분	2021년	2022년	2023년	3년 총계	순위	비고
공과대학	재료공학과	학부모	21,000	19,000	16,000	56,000천원	9등	
인문대학	국문학과	졸업동문	46,000	22,000	19,500	87,500천원	6등	
자연과학대학	수학과	재학생	22,000	23,000	28,000	73,000천원	7등	
공과대학	기계공학과	학부모	38,000	43,000	42,000	123,000천원	2등	목표초과
인문대학	영문학과	학부모	15,000	32,000	19,000	66,000천원	8등	
공과대학	전기공학과	재학생	29,000	36,000	47,000	112,000천원	4등	목표초과
자연과학대학	화학과	교직원	51,000	52,000	12,000	115,000천원	3등	
인문대학	불문학과	졸업동문	14,000	21,000	16,300	51,300천원	10등	
공과대학	건축공학과	교직원	42,000	33,000	36,000	111,000천원	5등	목표초과
자연과학대학	물리학과	학부모	43,000	37,000	51,000	131,000천원	1등	목표초과
'2021년'의 최대값-최소값 차이				37,000천원				
'구분'이 "학부모"인 '2022년'의 평균				32,750천원				
'2023년' 중 두 번째로 작은 값				16,000천원				

《처리조건》

▶ 1행의 행 높이를 '80'으로 설정하고, 2행~15행의 행 높이를 '18'로 설정하시오.

▶ 제목("단과대학별 기부금 현황") : 기본 도형의 '사다리꼴'을 이용하여 입력하시오.

- 도형 : 위치([B1:H1]), 도형 스타일(테마 스타일-'보통 효과 – 파랑, 강조 5')

- 글꼴 : 궁서체, 28pt, 기울임꼴

- 도형 서식 : 도형 옵션 – 크기 및 속성(텍스트 상자(세로 맞춤 : 정가운데, 텍스트 방향 : 가로))

▶ 셀 서식을 아래 조건에 맞게 작성하시오.

- [A2:I15] : 테두리(안쪽, 윤곽선 모두 실선, '검정, 텍스트 1'), 전체 가운데 맞춤

- [A13:D13], [A14:D14], [A15:D15] : 각각 병합하고 가운데 맞춤

- [A2:I2], [A13:D15] : 채우기 색(파랑, 강조 1, 60% 더 밝게), 글꼴(굵게)

- [D3:F12] : 셀 서식의 표시형식-숫자를 이용하여 1000단위 구분 기호 표시

- [G3:G12], [E13:G15] : 셀 서식의 표시형식-사용자 지정을 이용하여 #,##0"천원"자를 추가

- [H3:H12] : 셀 서식의 표시형식-사용자 지정을 이용하여 #"등"자를 추가

- 조건부 서식[A3:I12] : '2022년'이 35000 이상인 경우 레코드 전체에 글꼴(파랑, 굵게) 적용

- 지시사항이 없는 경우는 주어진 문제파일의 서식을 그대로 사용하시오.

▶ ① 순위[H3:H12] : '3년 총계'를 기준으로 큰 순으로 순위를 구하시오. (RANK.EQ 함수)

▶ ② 비고[I3:I12] : '2023년'이 35000 이상이면 "목표초과", 그렇지 않으면 공백으로 구하시오. (IF 함수)

▶ ③ 최대값-최소값[E13:G13] : '2021년'의 최대값과 최소값의 차이를 구하시오. (MAX, MIN 함수)

▶ ④ 평균[E14:G14] : '구분'이 "학부모"인 '2022년'의 평균을 구하시오. (DAVERAGE 함수)

▶ ⑤ 순위[E15:G15] : '2023년' 중 두 번째로 작은 값을 구하시오. (SMALL 함수)

함수 인수 대화상자에 셀 주소 입력하기

- 방법 1 : 인수 입력 칸이 활성화 된 상태에서 필요한 셀을 선택합니다.
- 방법 2 : 인수 입력 칸을 클릭한 후 직접 셀 주소를 입력할 수도 있습니다.

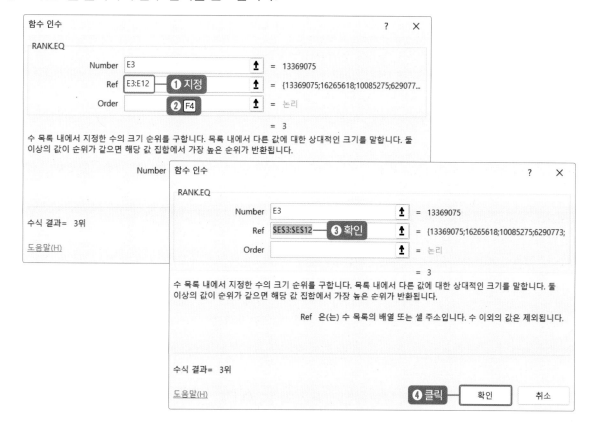

5 Ref 입력 칸을 선택한 다음 아래 과정에 따라 순위를 구할 목록 [E3:E12]를 드래그 후 F4를 한 번 눌러 **절대 참조**로 지정합니다.

➡ 총 금액이 큰 순서대로 표시하기 위해 Order에는 숫자 '0'을 입력하거나, 빈 칸으로 비워둘 거예요.

6 <확인>을 클릭하여 함수 입력을 완료합니다.

제03회 최신기출문제

▷ 시험과목 : 스프레드시트(엑셀)
▷ 시험일자 : 20XX. XX. XX.(X)
▷ 응시자 기재사항 및 감독위원 확인

수 검 번 호	DIS - XXXX -	감독위원 확인
성 명		

응시자 유의사항

1. 응시자는 신분증을 지참하여야 시험에 응시할 수 있으며, 시험이 종료될 때까지 신분증을 제시하지 못할 경우 해당 시험은 0점 처리됩니다.

2. 시스템(PC 작동 여부, 네트워크 상태 등)의 이상 여부를 반드시 확인하여야 하며, 시스템 이상이 있을시 감독위원에게 조치를 받으셔야 합니다.

3. 시험 중 부주의 또는 고의로 시스템을 파손한 경우는 응시자 부담으로 합니다.

4. 답안 전송 프로그램을 통해 다운로드 받은 파일을 이용하여 답안 파일을 작성하시기 바랍니다.

5. 작성한 답안 파일은 답안 전송 프로그램을 통하여 전송됩니다. 감독위원의 지시에 따라 주시기 바랍니다.

6. 다음 사항의 경우 실격(0점) 혹은 부정행위 처리됩니다.
   ❶ 답안 파일을 저장하지 않았거나, 저장한 파일이 손상되었을 경우
   ❷ 답안 파일을 지정된 폴더(바탕화면 – "KAIT" 폴더)에 저장하지 않았을 경우
      ※ 답안 전송 프로그램 로그인 시 바탕화면에 자동 생성됨
   ❸ 답안 파일을 다른 보조기억장치(USB) 혹은 네트워크(메신저, 게시판 등)로 전송할 경우
   ❹ 휴대용 전화기 등 통신기기를 사용할 경우

7. 시트는 반드시 순서대로 작성해야 하며, 순서가 다를 경우 "0"점 처리 됩니다.

8. 시험지에 제시된 글꼴이 응시 프로그램에 없는 경우, 반드시 감독위원에게 해당 내용을 통보한 뒤 조치를 받아야 합니다.

9. 시험의 완료는 작성이 완료된 답안을 저장하고, 답안 전송이 완료된 상태를 확인한 것으로 합니다. 답안 전송 확인 후 문제지는 감독위원에게 제출한 후 퇴실하여야 합니다.

10. 답안 전송이 완료된 경우에는 수정 또는 정정이 불가능합니다.

11. 시험 시행 후 합격자 발표는 홈페이지(www.ihd.or.kr)에서 확인하시기를 바랍니다.
    ※ 합격자 발표 : 20XX. XX. XX.(X)

F4 로 셀 참조 변환 빠르게 하기

참조할 셀 주소를 입력하고 F4 를 누를 때마다 '상대 참조–절대 참조–행 고정 혼합 참조–열 고정 혼합 참조' 순서로 변경되며 한 번 더 F4 를 누르면 처음 입력했던 '상대 참조'로 바뀝니다.

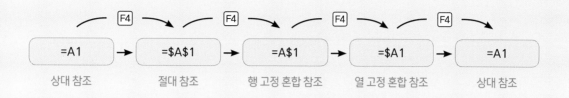

=A1	→	=$A$1	→	=A$1	→	=$A1	→	=A1
상대 참조		절대 참조		행 고정 혼합 참조		열 고정 혼합 참조		상대 참조

7 [H3] 셀에 순위가 구해진 것을 확인한 다음 채우기 핸들(➕)을 [H12] 셀까지 드래그하여 **수식을 복사**합니다.

➕ 040 페이지에서 "위" 자가 표시되도록 지정하였으므로, '3위', '1위' 형태로 보여지는 거예요.

	G	H
2	관객비율	순위
3	13.24%	3위 ← ❶ 확인
4	16.11%	①
5	9.99%	①
6	6.23%	①
7	7.94%	①
8	12.43%	①
9	13.80%	①
10	9.33%	①
11	5.20%	①
12	5.75%	①
13		
14		
15		

▶

	G	H
2	관객비율	순위
3	13.24%	3위
4	16.11%	①
5	9.99%	① ← ❷ 드래그
6	6.23%	①
7	7.94%	①
8	12.43%	①
9	13.80%	①
10	9.33%	①
11	5.20%	①
12	5.75%	①
13		
14		
15		

▶

	G	H
2	관객비율	순위
3	13.24%	3위
4	16.11%	1위
5	9.99%	5위
6	6.23%	8위
7	7.94%	7위 ← ❸ 확인
8	12.43%	4위
9	13.80%	2위
10	9.33%	6위
11	5.20%	10위
12	5.75%	9위
13		
14		
15		

 함수식 직접 입력하기

함수 마법사를 이용하지 않고 [H3] 셀에 다음과 같이 수식을 입력하면 더 빠르게 값을 구할 수 있습니다.

$$=\underset{❶}{}\underset{❷}{RANK.EQ}(\underset{❸}{E3},\underset{❹}{\$E\$3:\$E\$12})$$

❶ 수식을 입력하기 위해서는 등호(=)를 가장 먼저 입력합니다.
❷ 함수 이름을 입력합니다.
❸ 순위를 구할 셀을 입력합니다.
❹ 순위 비교 대상 셀을 입력합니다. (절대 참조)

【문제 5】 "차트" 시트를 참조하여 다음《처리조건》에 맞도록 작업하시오.(30점)

《출력형태》

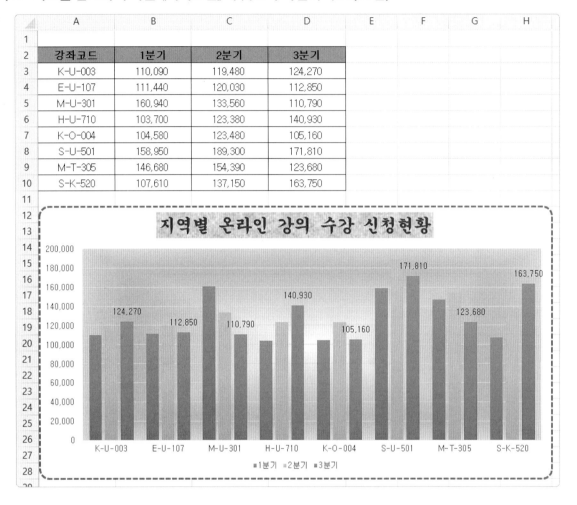

강좌코드	1분기	2분기	3분기
K-U-003	110,090	119,480	124,270
E-U-107	111,440	120,030	112,850
M-U-301	160,940	133,560	110,790
H-U-710	103,700	123,380	140,930
K-O-004	104,580	123,480	105,160
S-U-501	158,950	189,300	171,810
M-T-305	146,680	154,390	123,680
S-K-520	107,610	137,150	163,750

《처리조건》

▶ "차트" 시트에 주어진 표를 이용하여 '묶은 세로 막대형' 차트를 작성하시오.

 - 데이터 범위 : 현재 시트 [A2:D10]의 데이터를 이용하여 작성하고, 행/열 전환은 '열'로 지정

 - 차트 위치 : 현재 시트에 [A12:H28] 크기에 정확하게 맞추시오.

 - 차트 제목("지역별 온라인 강의 수강 신청현황")

 - 차트 스타일 : 색 변경(색상형-다양한 색상표 3, 스타일 6)

 - 범례 위치 : 아래쪽

 - 차트 영역 서식 : 글꼴(굴림, 8pt), 테두리 색(실선, 색 : 빨강), 테두리 스타일(너비 : 1.75pt, 겹선 종류 : 단순형, 대시 종류 : 사각 점선, 둥근 모서리)

 - 차트 제목 서식 : 글꼴(궁서체, 18pt, 굵게), 채우기(그림 또는 질감 채우기, 질감 : 꽃다발)

 - 그림 영역 서식 : 채우기(그라데이션 채우기, 그라데이션 미리 설정 : 밝은 그라데이션-강조 5, 종류 : 사각형, 방향 : 가운데에서)

 - 데이터 레이블 추가 : '3분기' 계열에 "값" 표시

▶ 지시사항이 없는 경우는《출력형태》와 동일하게 작성하시오.

STEP 02 IF 함수를 이용하여 조건에 맞는 결괏값 구하기

▶ ② 비고[I3:I12] : '관객수'가 10000000 이상이면 "천만관객", 그렇지 않으면 공백으로 구하시오. (IF 함수)

1 함수를 계산할 [I3] 셀을 선택하고 f_x (함수 삽입) 단추를 클릭합니다.

2 아래와 같은 방법으로 IF 함수를 찾아 선택합니다.

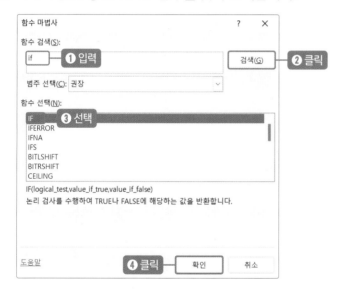

3 [함수 인수] 대화상자가 표시되면 Logical_test 입력 칸에 아래와 같이 조건을 입력합니다.

🔩 이상은 '~보다 크거나 같음'을 의미하며, 기호는 '>='로 표시해요.

LEVEL UP 조건 입력

[E3] 셀을 선택한 후 >=10000000을 입력합니다.

【문제 4】 "피벗테이블" 시트를 참조하여 다음《처리조건》에 맞도록 작업하시오.(30점)

《출력형태》

	A	B	C	D	E	F	G
1							
2							
3			지역 ▼				
4	과목구분 ▼	값	강원	경기	서울	충청	
5	국어	최대 : 1분기	**	104,580	110,090	**	
6		최대 : 2분기	**	123,480	119,480	**	
7	영어	최대 : 1분기	**	111,440	**	182,260	
8		최대 : 2분기	**	120,030	**	178,730	
9	한국사	최대 : 1분기	103,700	**	136,470	**	
10		최대 : 2분기	123,380	**	112,730	**	
11	전체 최대 : 1분기		103,700	111,440	136,470	182,260	
12	전체 최대 : 2분기		123,380	123,480	119,480	178,730	
13							

《처리조건》

▶ "피벗테이블" 시트의 [A2:F12]를 이용하여 새로운 시트에《출력형태》와 같이 피벗테이블을 작성 후 시트명을 "피벗테이블 정답"으로 수정하시오.

▶ 과목구분(행)과 지역(열)을 기준으로 하여 출력형태와 같이 구하시오.
  - '1분기', '2분기'의 최대를 구하시오.
  - 피벗 테이블 옵션을 이용하여 레이블이 있는 셀 병합 및 가운데 맞춤하고 빈 셀을 "**"로 표시한 후, 행의 총합계를 감추기 하시오.
  - 피벗 테이블 디자인에서 보고서 레이아웃은 '테이블 형식으로 표시', 피벗 테이블 스타일은 '중간 - 연한 파랑, 피벗 스타일 보통 9'로 표시하시오.
  - 과목구분(행)은 "국어", "영어", "한국사"만 출력되도록 표시하시오.
  - [C5:F12] 데이터는 셀 서식의 표시형식-숫자를 이용하여 1000단위 구분 기호를 표시하고, 오른쪽 맞춤하시오.

▶ 과목구분의 순서는《출력형태》와 다를 수 있음

▶ 지시사항이 없는 경우는《출력형태》와 동일하게 작성하시오.

4 이번에는 Value_if_true 입력 칸을 선택해 조건을 만족할 때 표시할 내용(**천만관객**)을 입력합니다.

➕ 조건에 따라 표시하려는 텍스트는 큰따옴표("천만관객") 안에 입력해요.

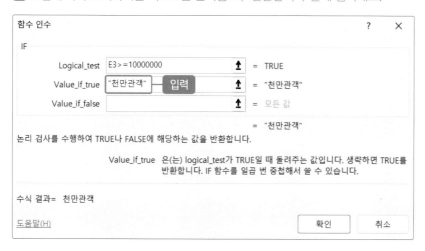

5 Value_if_false 입력 칸을 선택해 조건을 만족하지 않을 때 **공백**을 표시하기 위해 아래와 같이 입력합니다.

➕ 공백을 표시할 때는 큰따옴표("")만 입력해요.

6 <확인>을 클릭하여 함수 입력을 완료합니다.

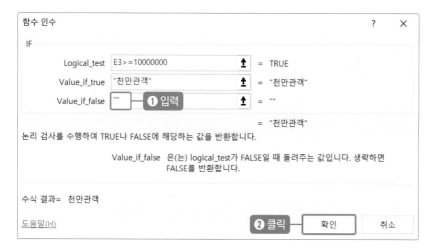

 함수식 직접 입력하기

함수 마법사를 이용하지 않고 [I3] 셀에 다음과 같이 수식을 직접 입력하면 더 빠르게 값을 구할 수 있습니다.

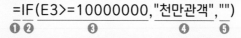

=IF(E3>=10000000,"천만관객","")
❶❷　　　❸　　　　　❹　　❺

❶ 수식은 등호(=)로 시작합니다.
❷ 함수 이름을 입력합니다.
❸ 참, 거짓을 판단할 조건을 입력합니다.

❹ 조건이 참인 경우 나타낼 값을 입력합니다.
❺ 조건이 거짓인 경우 나타낼 값을 입력합니다.

(2) 시나리오

《출력형태 – 시나리오》

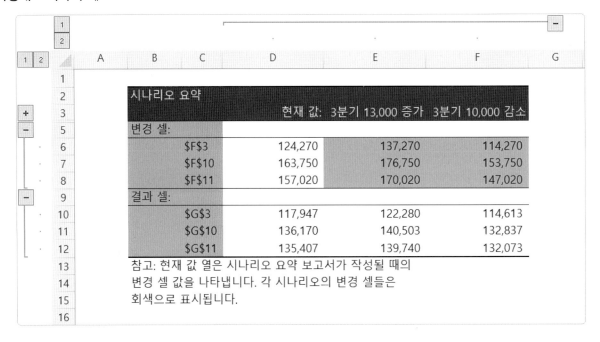

《처리조건》

▶ "시나리오" 시트의 [A2:G12]를 이용하여 '지역'이 "서울"인 경우, '3분기'가 변동할 때 '평균'이 변동하는 가상분석(시나리오)을 작성하시오.

- 시나리오1 : 시나리오 이름은 "3분기 13,000 증가", '3분기'에 13000을 증가시킨 값 설정.
- 시나리오2 : 시나리오 이름은 "3분기 10,000 감소", '3분기'에 10000을 감소시킨 값 설정.
- "시나리오 요약" 시트를 작성하시오.

▶ 지시사항이 없는 경우는《출력형태 – 시나리오》와 동일하게 작성하시오.

7 [I3] 셀에 결과가 구해진 것을 확인한 다음 채우기 핸들(╋)을 [I12] 셀까지 드래그하여 **수식을 복사**합니다.

➕ [I3] 셀은 [E3(관객수)] 셀에 입력된 값이 10000000 이상이므로 "천만관객" 이 표시되는 거예요.

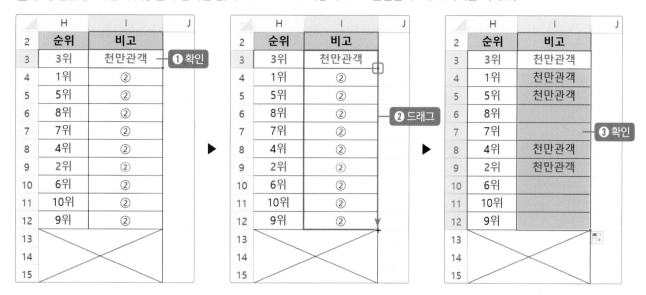

 03 **MAX와 MIN 함수로 최대값과 최소값의 차이 구하기**

▶ ③ 최대값-최소값[E13:G13] : '스크린수'의 최대값과 최소값의 차이를 구하시오. (MAX, MIN 함수)

1 함수를 계산할 [E13:G13] 셀을 선택하고 𝑓𝑥 **(함수 삽입)** 단추를 클릭합니다.

2 먼저 최대값을 구하기 위해 MAX 함수를 찾아 선택합니다.

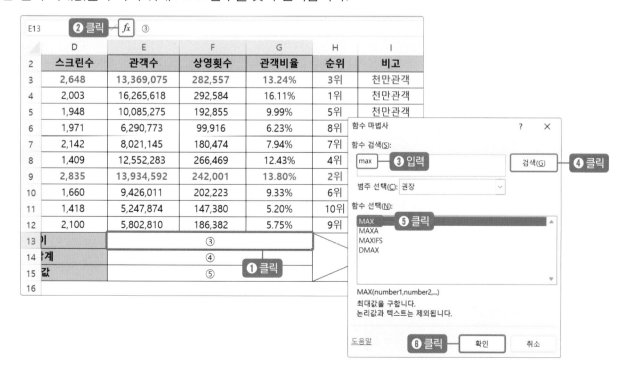

【문제 3】 "필터"와 "시나리오" 시트를 참조하여 다음《처리조건》에 맞도록 작업하시오.(60점)

(1) 필터

《출력형태 – 필터》

	A	B	C	D	E	F	G
1							
2	강좌코드	과목구분	지역	1분기	2분기	3분기	평균
3	K-U-003	국어	서울	110,090	119,480	124,270	117,947
4	E-U-107	영어	경기	111,440	120,030	112,850	114,773
5	M-U-301	수학	충청	160,940	133,560	110,790	135,097
6	H-U-710	한국사	강원	103,700	123,380	140,930	122,670
7	K-O-004	국어	경기	104,580	123,480	105,160	111,073
8	S-U-501	사회탐구	강원	158,950	189,300	171,810	173,353
9	M-T-305	수학	경기	146,680	154,390	123,680	141,583
10	S-K-520	사회탐구	서울	107,610	137,150	163,750	136,170
11	H-K-730	한국사	서울	136,470	112,730	157,020	135,407
12	E-Y-130	영어	충청	182,260	178,730	113,620	158,203
13							
14	조건						
15	FALSE						
16							
17							
18	강좌코드	과목구분	2분기	3분기	평균		
19	E-U-107	영어	120,030	112,850	114,773		
20	M-T-305	수학	154,390	123,680	141,583		
21							

《처리조건》

▶ "필터" 시트의 [A2:G12]를 아래 조건에 맞게 고급필터를 사용하여 작성하시오.

　– '지역'이 "경기"이고 '3분기'가 110000 이상인 데이터를 '강좌코드', '과목구분', '2분기', '3분기', '평균'의 데이터만 필터링 하시오.

　– 조건 위치 : 조건 함수는 [A15] 한 셀에 작성(AND 함수 이용)

　– 결과 위치 : [A18]부터 출력

▶ 지시사항이 없는 경우는《출력형태 – 필터》와 동일하게 작성하시오.

3 [함수 인수] 대화상자가 표시되면 Number1 입력 칸에 **[D3:D12]** 셀 범위를 지정한 후 <확인>을 눌러 함수 입력을 완료합니다.

◈ **DIAT 꿀팁**

DIAT 스프레드시트 시험에 출제되는 함수 중 Max와 Min은 묶어서 출제되고 있습니다. Max는 최대값을, Min은 최소값을 찾아주는 함수로, Max(최대값)-Min(최소값)을 계산하는 유형의 문제가 출제됩니다.

4 최대값이 표시된 것을 확인하고 최소값과의 차이를 구하기 위해 수식 입력 줄에 '−'를 입력합니다. 이어서, [fx] **(함수 삽입)** 단추를 클릭합니다.

E13	fx	=MAX(D3:D12)

	D	E	F
2	**스크린수**	**관객수**	**상영횟수**
3	**2,648**	**13,369,075**	**282,557**
4	2,003	16,265,618	292,584
5	1,948	10,085,275	192,855
6	1,971	6,290,773	99,916
7	2,142	8,021,145	180,474
8	1,409	12,552,283	266,469
9	**2,835**	**13,934,592**	**242,001**
10	1,660	9,426,011	202,223
11	1,418	5,247,874	147,380
12	2,100	5,802,810	186,382
13 계			2,835
14 계			④
15 값			⑤

▶

③ 클릭

MAX	fx	=MAX(D3:D12)-	**② '−' 입력**

	D	E	F
2	**스크린수**	**관객수**	**상영횟수**
3	**2,648**	**13,369,075**	**282,557**
4	2,003	16,265,618	292,584
5	1,948	10,085,275	192,855
6	1,971	6,290,773	99,916
7	2,142	8,021,145	180,474
8	1,409	12,552,283	266,469
9	**2,835**	**13,934,592**	**242,001**
10	1,660	9,426,011	202,223
11	1,418	5,247,874	147,380
12	2,100	5,802,810	186,382
13 계		=MAX(D3:D12)-	
14 계			④
15 값			⑤

① 확인

【문제 2】 "부분합" 시트를 참조하여 다음《처리조건》에 맞도록 작업하시오.(30점)

《출력형태》

강좌코드	과목구분	지역	1분기	2분기	3분기	평균
H-U-710	한국사	강원	103,700	123,380	140,930	122,670
S-U-501	사회탐구	강원	158,950	189,300	171,810	173,353
		강원 최대	158,950			173,353
		강원 평균		156,340	156,370	
E-U-107	영어	경기	111,440	120,030	112,850	114,773
K-O-004	국어	경기	104,580	123,480	105,160	111,073
M-T-305	수학	경기	146,680	154,390	123,680	141,583
		경기 최대	146,680			141,583
		경기 평균		132,633	113,897	
K-U-003	국어	서울	110,090	119,480	124,270	117,947
S-K-520	사회탐구	서울	107,610	137,150	163,750	136,170
H-K-730	한국사	서울	136,470	112,730	157,020	135,407
		서울 최대	136,470			136,170
		서울 평균		123,120	148,347	
M-U-301	수학	충청	160,940	133,560	110,790	135,097
E-Y-130	영어	충청	182,260	178,730	113,620	158,203
		충청 최대	182,260			158,203
		충청 평균		156,145	112,205	
		전체 최대값	182,260			173,353
		전체 평균		139,223	132,388	

《처리조건》

▶ 데이터를 '지역' 기준으로 오름차순 정렬하시오.

▶ 아래 조건에 맞는 부분합을 작성하시오.
 - '지역'으로 그룹화하여 '2분기', '3분기'의 평균을 구하는 부분합을 만드시오.
 - '지역'으로 그룹화하여 '1분기', '평균'의 최대를 구하는 부분합을 만드시오.
   (새로운 값으로 대치하지 말 것)
 - [D3:G22] 영역에 셀 서식의 표시형식-숫자를 이용하여 1000단위 구분 기호를 표시하시오.

▶ D~G열을 선택하여 그룹을 설정하시오.

▶ 평균과 최대의 부분합 순서는《출력형태》와 다를 수 있음

▶ 지시사항이 없는 경우는 기본 값을 적용하시오.

5 이번에는 최소값을 구하기 위해 **MIN** 함수를 찾아 선택합니다.

6 [함수 인수] 대화상자가 표시되면 Number1 입력 칸에 **[D3:D12]** 셀 범위를 지정한 후 <확인>을 눌러 함수 입력을 완료합니다.

7 스크린수의 최대값과 최소값의 차이가 구해진 것을 확인합니다.

	A	B	C	D	E	F	G
7	액션	스파이더맨	스크린X	2,142	8,021,145	180,474	7.94%
8	어드벤처	알라딘	디지털4D	1,409	12,552,283	266,469	12.43%
9	액션	어벤져스	디지털4D	2,835	13,934,592	242,001	13.80%
10	코미디	엑시트	디지털4D	1,660	9,426,011	202,223	9.33%
11	액션	조커	디지털2D	1,418	5,247,874	147,380	5.20%
12	액션	캡틴 마블	스크린X	2,100	5,802,810	186,382	5.75%
13	'스크린수'의 최대값-최소값 차이				1,426		
14	'구분'이 "드라마"인 '관객수'의 합계				④		
15	'상영횟수' 중 다섯 번째로 작은 값				⑤		

 함수식 직접 입력하기

함수 마법사를 이용하지 않고 [E13:G13] 셀에 다음과 같이 수식을 직접 입력하면 더 빠르게 값을 구할 수 있습니다.

$$=MAX(D3:D12)-MIN(D3:D12)$$
❶ ❷ ❸ ❹ ❺ ❻

❶ 수식은 등호(=)로 시작합니다.　　　　　　　　　❹ 최대값과 최소값의 차이를 구하기 위해 '–'를 입력합니다.
❷ 최대값을 구하는 함수 이름을 입력합니다.　　　　❺ 최소값을 구하는 함수 이름을 입력합니다.
❸ 최대값을 구할 범위를 입력합니다.　　　　　　　　❻ 최소값을 구할 범위를 입력합니다.

【문제 1】 "신청현황" 시트를 참조하여 다음《처리조건》에 맞도록 작업하시오.(50점)

《출력형태》

강좌코드	과목구분	지역	1분기	2분기	3분기	평균	순위	비고
				지역별 온라인 강의 수강 신청현황				
K-U-003	국어	서울	110,090	119,480	124,270	117,947	5위	
E-U-107	영어	경기	111,440	120,030	112,850	114,773	8위	
M-U-301	수학	충청	160,940	133,560	110,790	135,097	9위	
H-U-710	한국사	강원	103,700	123,380	140,930	122,670	4위	
K-O-004	국어	경기	104,580	123,480	105,160	111,073	10위	
S-U-501	사회탐구	강원	158,950	189,300	171,810	173,353	1위	인기강좌
M-T-305	수학	경기	146,680	154,390	123,680	141,583	6위	인기강좌
S-K-520	사회탐구	서울	107,610	137,150	163,750	136,170	2위	
H-K-730	한국사	서울	136,470	112,730	157,020	135,407	3위	
E-Y-130	영어	충청	182,260	178,730	113,620	158,203	7위	인기강좌
'3분기'의 최대값-최소값 차이				66,650건				
'지역'이 "서울"인 '2분기'의 평균				123,120건				
'2분기' 중 세 번째로 큰 값				154390				

《처리조건》

▶ 1행의 행 높이를 '80'으로 설정하고, 2행~15행의 행 높이를 '18'로 설정하시오.

▶ 제목("지역별 온라인 강의 수강 신청현황") : 기본 도형의 '사각형: 빗면'을 이용하여 입력하시오.

  - 도형 : 위치([B1:H1]), 도형 스타일(테마 스타일-'강한 효과-파랑, 강조 1')

  - 글꼴 : 궁서체, 22pt, 기울임꼴

  - 도형 서식 : 도형 옵션 - 크기 및 속성(텍스트 상자(세로 맞춤 : 정가운데, 텍스트 방향 : 가로))

▶ 셀 서식을 아래 조건에 맞게 작성하시오.

  - [A2:I15] : 테두리(안쪽, 윤곽선 모두 실선, '검정, 텍스트 1'), 전체 가운데 맞춤

  - [A13:D13], [A14:D14], [A15:D15] : 각각 병합하고 가운데 맞춤

  - [A2:I2], [A13:D15] : 채우기 색('파랑, 강조 1, 40% 더 밝게'), 글꼴(굵게)

  - [H3:H12] : 셀 서식의 표시형식-사용자 지정을 이용하여 #"위"자를 추가

  - [D3:G12] : 셀 서식의 표시형식-숫자를 이용하여 1000단위 구분 기호 표시

  - [E13:G14] : 셀 서식의 표시형식-사용자 지정을 이용하여 #,###"건"자를 추가

  - 조건부 서식[A3:I12] : '지역'이 "경기"인 경우 레코드 전체에 글꼴(파랑, 굵은 기울임꼴) 적용

  - 지시사항이 없는 경우는 주어진 문제파일의 서식을 그대로 사용하시오.

▶ ① 순위[H3:H12] : '3분기'를 기준으로 하여 큰 순으로 순위를 구하시오. (RANK.EQ 함수)

▶ ② 비고[I3:I12] : '평균'이 140000 이상이면 "인기강좌", 그렇지 않으면 공백으로 구하시오. (IF 함수)

▶ ③ 최대값-최소값[E13:G13] : '3분기'의 최대값과 최소값의 차이를 구하시오. (MAX, MIN 함수)

▶ ④ 평균[E14:G14] : '지역'이 "서울"인 '2분기'의 평균을 구하시오. (DAVERAGE 함수)

▶ ⑤ 순위[E15:G15] : '2분기' 중 세 번째로 큰 값을 구하시오. (LARGE 함수)

STEP 04 DSUM 함수를 이용하여 조건에 맞는 필드의 합계 구하기

▶ ④ 합계[E14:G14] : '구분'이 "드라마"인 '관객수'의 합계를 구하시오. (DSUM 함수)

1 함수를 계산할 [E14:G14] 셀을 선택하고 fx(함수 삽입) 단추를 클릭한 후 DSUM 함수를 찾아줍니다.

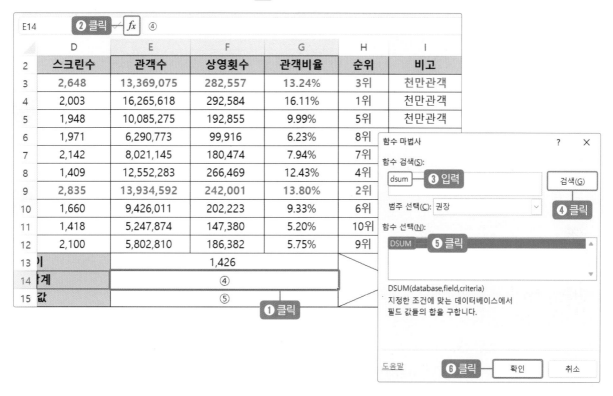

2 [함수 인수] 대화상자가 표시되면 Database 입력 칸에 [A2:I12] 셀 범위를 지정합니다.

➡ Datebase 입력 칸에는 기본 데이터의 전체 범위인 [A2:I12] 영역을 선택해 주세요.

제02회 최신기출문제

▶ 시험과목 : 스프레드시트(엑셀)
▶ 시험일자 : 20XX. XX. XX.(X)
▶ 응시자 기재사항 및 감독위원 확인

수 검 번 호	DIS - XXXX -	감독위원 확인
성 명		

응시자 유의사항

1. 응시자는 신분증을 지참하여야 시험에 응시할 수 있으며, 시험이 종료될 때까지 신분증을 제시하지 못할 경우 해당 시험은 0점 처리됩니다.

2. 시스템(PC 작동 여부, 네트워크 상태 등)의 이상 여부를 반드시 확인하여야 하며, 시스템 이상이 있을시 감독위원에게 조치를 받으셔야 합니다.

3. 시험 중 부주의 또는 고의로 시스템을 파손한 경우는 응시자 부담으로 합니다.

4. 답안 전송 프로그램을 통해 다운로드 받은 파일을 이용하여 답안 파일을 작성하시기 바랍니다.

5. 작성한 답안 파일은 답안 전송 프로그램을 통하여 전송됩니다. 감독위원의 지시에 따라 주시기 바랍니다.

6. 다음 사항의 경우 실격(0점) 혹은 부정행위 처리됩니다.
   ❶ 답안 파일을 저장하지 않았거나, 저장한 파일이 손상되었을 경우
   ❷ 답안 파일을 지정된 폴더(바탕화면 – "KAIT" 폴더)에 저장하지 않았을 경우
      ※ 답안 전송 프로그램 로그인 시 바탕화면에 자동 생성됨
   ❸ 답안 파일을 다른 보조기억장치(USB) 혹은 네트워크(메신저, 게시판 등)로 전송할 경우
   ❹ 휴대용 전화기 등 통신기기를 사용할 경우

7. 시트는 반드시 순서대로 작성해야 하며, 순서가 다를 경우 "0"점 처리 됩니다.

8. 시험지에 제시된 글꼴이 응시 프로그램에 없는 경우, 반드시 감독위원에게 해당 내용을 통보한 뒤 조치를 받아야 합니다.

9. 시험의 완료는 작성이 완료된 답안을 저장하고, 답안 전송이 완료된 상태를 확인한 것으로 합니다. 답안 전송 확인 후 문제지는 감독위원에게 제출한 후 퇴실하여야 합니다.

10. 답안 전송이 완료된 경우에는 수정 또는 정정이 불가능합니다.

11. 시험 시행 후 합격자 발표는 홈페이지(www.ihd.or.kr)에서 확인하시기를 바랍니다.
    ※ 합격자 발표 : 20XX. XX. XX.(X)

3 아래 그림을 참고하여 Field와 Criteria 입력 칸에 알맞은 셀을 지정한 후 <확인>을 눌러 함수 입력을 완료합니다.

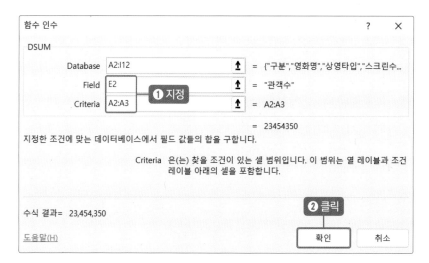

LEVEL UP 데이터베이스 함수 계산하기

- 데이터베이스 함수에는 DSUM, DAVERAGE가 주로 출제되며, 최근 DMIN 함수도 출제된 적이 있습니다.
- DSUM(조건에 맞는 필드의 합계), DAVERAGE(조건에 맞는 필드의 평균), DMIN(조건에 맞는 필드 중 가장 작은 값)을 구하는 함수로 계산 방식은 동일합니다.
- Datebase : 필드가 포함된 데이터의 전체 범위인 [A2:I12] 영역을 선택합니다.
- Field : 지정한 조건에 맞는 필드 값을 계산합니다.
- Criteria : 찾을 조건이 있는 셀 범위를 필드를 포함해 선택합니다.

4 '구분'이 "드라마"인 '관객수의 합계'가 구해진 것을 확인합니다.

E14   fx   =DSUM(A2:I12,E2,A2:A3)

	A	B	C	D	E	F	G	H
2	구분	영화명	상영타입	스크린수	관객수	상영횟수	관객비율	순위
3	드라마	겨울왕국2	디지털4D	2,648	13,369,075	282,557	13.24%	3위
4	코미디	극한직업	디지털2D	2,003	16,265,618	292,584	16.11%	1위
5	드라마	기생충	디지털2D	1,948	10,085,275	192,855	9.99%	5위
6	어드벤처	백두산	디지털2D	1,971	6,290,773	99,916	6.23%	8위
7	액션	스파이더맨	스크린X	2,142	8,021,145	180,474	7.94%	7위
8	어드벤처	알라딘	디지털4D	1,409	12,552,283	266,469	12.43%	4위
9	액션	어벤져스	디지털4D	2,835	13,934,592	242,001	13.80%	2위
10	코미디	엑시트	디지털4D	1,660	9,426,011	202,223	9.33%	6위
11	액션	조커	디지털2D	1,418	5,247,874	147,380	5.20%	10위
12	액션	캡틴 마블	스크린X	2,100	5,802,810	186,382	5.75%	9위
13	'스크린수'의 최대값-최소값 차이				1,426			
14	'구분'이 "드라마"인 '관객수'의 합계				23,454,350			
15	'상영횟수' 중 다섯 번째로 작은 값				⑤			
16								

【문제 5】 "차트" 시트를 참조하여 다음《처리조건》에 맞도록 작업하시오.(30점)

《출력형태》

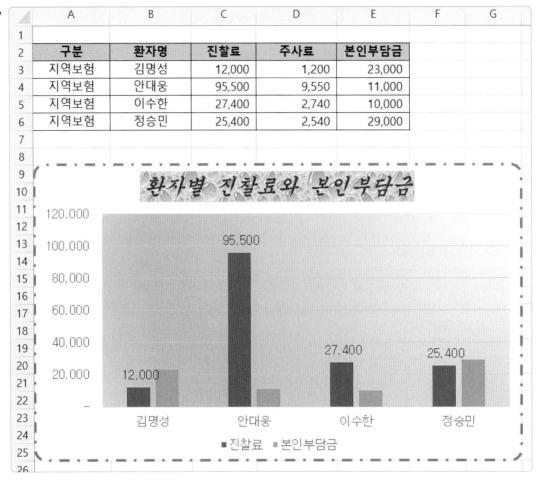

구분	환자명	진찰료	주사료	본인부담금
지역보험	김명성	12,000	1,200	23,000
지역보험	안대웅	95,500	9,550	11,000
지역보험	이수한	27,400	2,740	10,000
지역보험	정승민	25,400	2,540	29,000

《처리조건》

▶ "차트" 시트에 주어진 표를 이용하여 '묶은 세로 막대형' 차트를 작성하시오.

- 데이터 범위 : 현재 시트 [B2:C6], [E2:E6]의 데이터를 이용하여 작성하고, 행/열 전환은 '열'로 지정
- 차트 위치 : 현재 시트에 [A9:G25] 크기에 정확하게 맞추시오.
- 차트 제목("환자별 진찰료와 본인부담금")
- 차트 스타일 : 색 변경(단색형-단색 색상표 6, 스타일 1)
- 범례 위치 : 아래쪽
- 차트 영역 서식 : 글꼴(돋움, 11pt), 테두리 색(실선, 색 : 녹색), 테두리 스타일(너비 : 2.5pt, 겹선 종류 : 단순형, 대시 종류 : 파선-점선, 둥근 모서리)
- 차트 제목 서식 : 글꼴(궁서체, 20pt, 기울임꼴), 채우기(그림 또는 질감 채우기, 질감 : 작은 물방울)
- 그림 영역 서식 : 채우기(그라데이션 채우기, 그라데이션 미리 설정 : 밝은 그라데이션 – 강조 2, 종류 : 방사형, 방향 : 오른쪽 위 모서리에서)
- 데이터 레이블 추가 : '진찰료' 계열에 "값" 표시

▶ 지시사항이 없는 경우는《출력형태》와 동일하게 작성하시오.

STEP 05 SMALL 함수를 이용하여 다섯 번째로 작은 값 구하기

▶ ⑤ 순위[E15:G15] : '상영횟수' 중 다섯 번째로 작은 값을 구하시오. (SMALL 함수)

1 함수를 계산할 [E15:G15] 셀을 선택하고 fx **(함수 삽입)** 단추를 클릭한 후 SMALL 함수를 찾아줍니다.

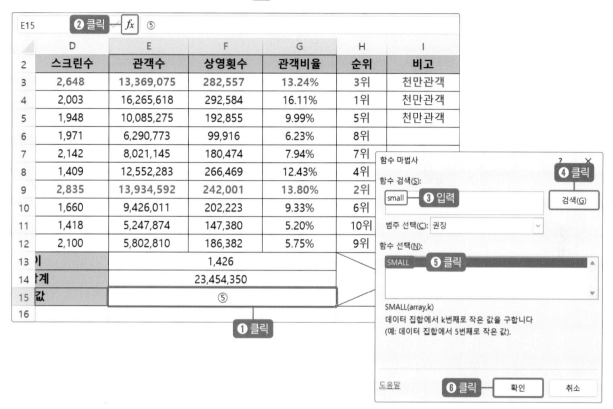

2 [함수 인수] 대화상자가 표시되면 Array 입력 칸에 상영횟수 범위인 [F3:F12] 셀 영역을 지정합니다.

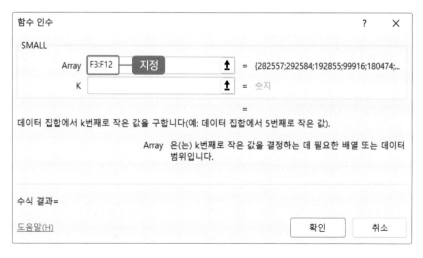

【문제 4】 "피벗테이블" 시트를 참조하여 다음《처리조건》에 맞도록 작업하시오.(30점)

《출력형태》

	A	B	C	D	E	F	G
1							
2							
3			환자명 ⬇				
4	진료과 ▼	값	김명성	손준서	우창민	이수한	정승민
5	내과	평균 : 진찰료	*	*	*	27,400	25,400
6		평균 : 본인부담금	*	*	*	10,000	29,000
7	소아과	평균 : 진찰료	12,000	*	64,600	*	*
8		평균 : 본인부담금	23,000	*	5,500	*	*
9	외과	평균 : 진찰료	*	15,500	*	*	*
10		평균 : 본인부담금	*	20,000	*	*	*
11	전체 평균 : 진찰료		12,000	15,500	64,600	27,400	25,400
12	전체 평균 : 본인부담금		23,000	20,000	5,500	10,000	29,000
13							

《처리조건》

▶ "피벗테이블" 시트의 [A2:G12]를 이용하여 새로운 시트에《출력형태》와 같이 피벗테이블을 작성 후 시트명을 "피벗테이블 정답"으로 수정하시오.

▶ 진료과(행)와 환자명(열)을 기준으로 하여 출력형태와 같이 구하시오.
  - '진찰료', '본인부담금'의 평균을 구하시오.
  - 피벗 테이블 옵션을 이용하여 레이블이 있는 셀 병합 및 가운데 맞춤하고 빈 셀을 "*"로 표시한 후, 행의 총합계를 감추기 하시오.
  - 피벗 테이블 디자인에서 보고서 레이아웃은 '테이블 형식으로 표시', 피벗 테이블 스타일은 '중간 - 연한 녹색, 피벗 스타일 보통 14'로 표시하시오.
  - 환자명(열)은 "김명성", "손준서", "우창민", "이수한", "정승민"만 출력되도록 표시하시오.
  - [C5:G12] 데이터는 셀 서식의 표시형식-숫자를 이용하여 1000단위 구분 기호를 표시하고, 가운데 맞춤하시오.

▶ 진료과의 순서는《출력형태》와 다를 수 있음

▶ 지시사항이 없는 경우는《출력형태》와 동일하게 작성하시오.

3 다섯 번째로 작은 값을 구해야 하므로, K 입력 칸에 5를 적어줍니다.

4 상영횟수 중 다섯 번째로 작은 값이 구해진 것을 확인합니다.

	A	B	C	D	E	F	G	H
2	구분	영화명	상영타입	스크린수	관객수	상영횟수	관객비율	순위
3	드라마	겨울왕국2	디지털4D	2,648	13,369,075	282,557	13.24%	3위
4	코미디	극한직업	디지털2D	2,003	16,265,618	292,584	16.11%	1위
5	드라마	기생충	디지털2D	1,948	10,085,275	192,855	9.99%	5위
6	어드벤처	백두산	디지털2D	1,971	6,290,773	99,916	6.23%	8위
7	액션	스파이더맨	스크린X	2,142	8,021,145	180,474	7.94%	7위
8	어드벤처	알라딘	디지털4D	1,409	12,552,283	266,469	12.43%	4위
9	액션	어벤져스	디지털4D	2,835	13,934,592	242,001	13.80%	2위
10	코미디	엑시트	디지털4D	1,660	9,426,011	202,223	9.33%	6위
11	액션	조커	디지털2D	1,418	5,247,874	147,380	5.20%	10위
12	액션	캡틴 마블	스크린X	2,100	5,802,810	186,382	5.75%	9위
13	'스크린수'의 최대값-최소값 차이				1,426			
14	'구분'이 "드라마"인 '관객수'의 합계				23,454,350			
15	'상영횟수' 중 다섯 번째로 작은 값				192,855			
16								

E15 = SMALL(F3:F12,5)

확인

◈ **DIAT 꿀팁**

특정 범위에서 몇 번째로 큰 값을 구하는 LARGE 함수와 번갈아 출제됩니다.

5 작업이 완료되면 [저장(💾)]을 클릭하거나 Ctrl+S를 눌러 답안 파일을 저장합니다.

⚙ 시험이 진행되는 40분 동안 수시로 저장하여 작업된 내용이 누락되지 않도록 해요.

(2) 시나리오

《출력형태 – 시나리오》

시나리오 요약				
		현재 값:	진찰료 3,000 증가	진찰료 5,000 감소
변경 셀:				
	$D$5	12,000	15,000	7,000
	$D$9	95,500	98,500	90,500
	$D$10	64,600	67,600	59,600
결과 셀:				
	$G$5	36,200	39,200	31,200
	$G$9	116,050	119,050	111,050
	$G$10	76,560	79,560	71,560

참고: 현재 값 열은 시나리오 요약 보고서가 작성될 때의
변경 셀 값을 나타냅니다. 각 시나리오의 변경 셀들은
회색으로 표시됩니다.

《처리조건》

▶ "시나리오" 시트의 [A2:G12]를 이용하여 '진료과'가 "소아과"인 경우, '진찰료'가 변동할 때 '청구비용'이 변동하는
　가상분석(시나리오)을 작성하시오.
　- 시나리오1 : 시나리오 이름은 "진찰료 3,000 증가", '진찰료'에 3000을 증가시킨 값 설정.
　- 시나리오2 : 시나리오 이름은 "진찰료 5,000 감소", '진찰료'에 5000을 감소시킨 값 설정.
　- "시나리오 요약" 시트를 작성하시오.
▶ 지시사항이 없는 경우는 《출력형태》와 동일하게 작성하시오.

01 "재고현황" 시트를 참조하여 《처리조건》에 맞도록 작업하시오.

실습파일 : 03-01(문제).xlsx
완성파일 : 03-01(완성).xlsx

《출력형태》

주문번호	제조사	상품분류	상품명	단가	수량	재고금액	순위	비고
			반려동물용품 재고 현황					
P19-04023	리틀달링	장난감	공	4,800	27개	129,600원	8	
P19-06025	바우와우	미용용품	이발기(소)	37,800	32개	1,209,600원	3	단가조정
P19-04027	핑크펫	미용용품	이발기(중)	19,800	15개	297,000원	6	단가조정
P19-06029	블루블루	간식	츄르	20,800	89개	1,851,200원	1	단가조정
P19-04031	퍼니펫샵	장난감	일자터널	28,500	17개	484,500원	4	단가조정
P19-04033	핑크펫	간식	치즈통조림	10,900	121개	1,318,900원	2	
P19-06035	핑크펫	장난감	T자터널	16,000	21개	336,000원	5	
P19-04037	핑크펫	미용용품	털제거장갑	3,500	30개	105,000원	9	
P19-06039	퍼니펫샵	장난감	놀이인형	3,000	16개	48,000원	10	
P19-04041	블루블루	간식	애견소시지	3,500	58개	203,000원	7	
'상품분류'가 "장난감"인 '수량'의 합계				81개				
'재고금액'의 최대값-최소값 차이				1,803,200원				
'단가' 중 세 번째로 큰 값				20,800원				

《처리조건》

▶ ① 순위[H3:H12] : '재고금액'을 기준으로 큰 순으로 순위를 구하시오. (RANK.EQ 함수)

▶ ② 비고[I3:I12] : '단가'가 18000 이상이면 "단가조정", 그렇지 않으면 공백으로 구하시오. (IF 함수)

▶ ③ 합계[E13:G13] : '상품분류'가 "장난감"인 '수량'의 합계를 구하시오. (DSUM 함수)

▶ ④ 최대값-최소값[E14:G14] : '재고금액'의 최대값과 최소값의 차이를 구하시오. (MAX, MIN 함수)

▶ ⑤ 순위[E15:G15] : '단가' 중 세 번째로 큰 값을 구하시오. (LARGE 함수)

 **비교 연산자**

>	초과	왼쪽 값이 오른쪽보다 큼	<	미만	왼쪽 값이 오른쪽보다 작음
>=	이상	왼쪽 값이 오른쪽보다 크거나 같음	<=	이하	왼쪽 값이 오른쪽보다 작거나 같음
=	같다	왼쪽, 오른쪽 값이 같은지 비교	<>	다르다	왼쪽, 오른쪽 값이 서로 다른지 비교

【문제 3】 "필터"와 "시나리오" 시트를 참조하여 다음《처리조건》에 맞도록 작업하시오.(60점)

(1) 필터

《출력형태 – 필터》

	A	B	C	D	E	F	G
1							
2	진료과	구분	환자명	진찰료	주사료	본인부담금	청구비용
3	내과	비보험	권장근	28,000	2,800	29,500	60,300
4	외과	산재	김동윤	32,000	3,200	38,000	73,200
5	소아과	지역보험	김명성	12,000	1,200	23,000	36,200
6	내과	보험	김민재	11,000	1,100	12,000	24,100
7	내과	비보험	박대관	88,000	8,800	12,000	108,800
8	외과	산재	손준서	15,500	1,550	20,000	37,050
9	소아과	지역보험	안대웅	95,500	9,550	11,000	116,050
10	소아과	산재	우창민	64,600	6,460	5,500	76,560
11	내과	지역보험	이수한	27,400	2,740	10,000	40,140
12	내과	지역보험	정승민	25,400	2,540	29,000	56,940
13							
14	조건						
15	TRUE						
16							
17							
18	구분	환자명	진찰료	본인부담금	청구비용		
19	비보험	권장근	28,000	29,500	60,300		
20	보험	김민재	11,000	12,000	24,100		
21	비보험	박대관	88,000	12,000	108,800		
22	지역보험	안대웅	95,500	11,000	116,050		
23	지역보험	이수한	27,400	10,000	40,140		
24	지역보험	정승민	25,400	29,000	56,940		

《처리조건》

▶ "필터" 시트의 [A2:G12]를 아래 조건에 맞게 고급필터를 사용하여 작성하시오.

　- '진료과'가 "내과"이거나 '청구비용'이 100000 이상인 데이터를 '구분', '환자명', '진찰료', '본인부담금', '청구비용' 의 데이터만 필터링 하시오.

　- 조건 위치 : 조건 함수는 [A15] 한 셀에 작성(OR 함수 이용)

　- 결과 위치 : [A18]부터 출력

▶ 지시사항이 없는 경우는《출력형태》와 동일하게 작성하시오.

"판매현황" 시트를 참조하여 《처리조건》에 맞도록 작업하시오.

실습파일 : 03-02(문제).xlsx
완성파일 : 03-02(완성).xlsx

《출력형태》

	제품번호	색상	상품분류	상품명	단가	수량	판매금액	순위	비고
	\multicolumn{9}{스니커즈 판매 현황}								
3	BS3323-S	실버계열	아쿠아슈즈	루니아쿠아슈즈	24,900	43	1,070,700	5위	
4	KS3599-R	레드계열	런닝화	컬러라인 런닝화	46,000	38	1,748,000	4위	
5	CS3353-B	블랙계열	운동화	레이시스 런닝화	39,800	21	835,800	8위	10% 할인
6	HS3428-S	실버계열	런닝화	컬러라인 런닝화	64,000	15	960,000	6위	10% 할인
7	AS4292-B	블랙계열	운동화	레이시스 런닝화	48,000	38	1,824,000	3위	
8	DS3967-R	레드계열	아쿠아슈즈	워터슈즈	39,000	23	897,000	7위	
9	JS3887-B	블랙계열	운동화	콜라보 스니커즈	29,800	16	476,800	9위	10% 할인
10	AS4093-R	레드계열	런닝화	레드 러너스	49,800	46	2,290,800	1위	
11	CS3342-S	실버계열	런닝화	컬러라인 런닝화	45,700	40	1,828,000	2위	
12	IS3437-B	블랙계열	아쿠아슈즈	워터슈즈	19,900	17	338,300	10위	10% 할인
13	'판매금액'의 최대값-최소값 차이				1,952,500				
14	'상품분류'가 "아쿠아슈즈"인 '판매금액'의 평균				768,667				
15	'수량' 중 세 번째로 작은 값				17				

《처리조건》

▶ ① 순위[H3:H12] : '판매금액'을 기준으로 큰 순으로 순위를 구하시오. (RANK.EQ 함수)

▶ ② 비고[I3:I12] : '수량'이 23 미만이면 "10% 할인", 그렇지 않으면 공백으로 구하시오. (IF 함수)

▶ ③ 최대값-최소값[E13:G13] : '판매금액'의 최대값과 최소값의 차이를 구하시오. (MAX, MIN 함수)

▶ ④ 평균[E14:G14] : '상품분류'가 "아쿠아슈즈"인 '판매금액'의 평균을 구하시오. (DAVERAGE 함수)

▶ ⑤ 순위[E15:G15] : '수량' 중 세 번째로 작은 값을 구하시오. (SMALL 함수)

【문제 2】 "부분합" 시트를 참조하여 다음 《처리조건》에 맞도록 작업하시오.(30점)

《출력형태》

진료과	구분	환자명	진찰료	주사료	본인부담금	청구비용
내과	비보험	권장근	28,000	2,800	29,500	60,300
내과	보험	김민재	11,000	1,100	12,000	24,100
내과	비보험	박대관	88,000	8,800	12,000	108,800
내과	지역보험	이수한	27,400	2,740	10,000	40,140
내과	지역보험	정승민	25,400	2,540	29,000	56,940
내과 최소			11,000	1,100	10,000	
내과 요약			179,800	17,980		
소아과	지역보험	김명성	12,000	1,200	23,000	36,200
소아과	지역보험	안대웅	95,500	9,550	11,000	116,050
소아과	산재	우창민	64,600	6,460	5,500	76,560
소아과 최소			12,000	1,200	5,500	
소아과 요약			172,100	17,210		
외과	산재	김동윤	32,000	3,200	38,000	73,200
외과	산재	손준서	15,500	1,550	20,000	37,050
외과 최소			15,500	1,550	20,000	
외과 요약			47,500	4,750		
전체 최소값			11,000	1,100	5,500	
총합계			399,400	39,940		

《처리조건》

▶ 데이터를 '진료과' 기준으로 오름차순 정렬하시오.

▶ 아래 조건에 맞는 부분합을 작성하시오.
　- '진료과'로 그룹화하여 '진찰료', '주사료'의 합계를 구하는 부분합을 만드시오.
　- '진료과'로 그룹화하여 '진찰료', '주사료', '본인부담금'의 최소를 구하는 부분합을 만드시오.
　 (새로운 값으로 대치하지 말 것)
　- [D3:G20] 영역에 셀 서식의 표시형식-숫자를 이용하여 1000단위 구분 기호를 표시하시오.

▶ D~E열을 선택하여 그룹을 설정하시오.

▶ 합계와 최소의 부분합 순서는 《출력형태》와 다를 수 있음

▶ 지시사항이 없는 경우는 기본 값을 적용하시오.

"납품현황" 시트를 참조하여 《처리조건》에 맞도록 작업하시오.

실습파일 : 03-03(문제).xlsx
완성파일 : 03-03(완성).xlsx

《출력형태》

주문번호	주문처	상품분류	상품명	판매단가	판매수량	총판매액	순위	비고
			음료제품 납품 현황					
FR-008966	할인점	생수	시원수	800	519개	415,200	5	재고확인
FR-008969	편의점	탄산음료	톡톡소다	1,200	463개	555,600	4	재고확인
FR-009012	통신판매	커피음료	커피아시아	1,500	219개	328,500	7	판매
FR-009008	할인점	탄산음료	라임메이드	1,800	369개	664,200	3	판매
FR-000053	통신판매	커피음료	카페타임	1,400	486개	680,400	2	재고확인
FR-000504	편의점	생수	지리산수	900	341개	306,900	8	판매
FR-000759	통신판매	커피음료	커피매니아	2,300	401개	922,300	1	판매
FR-200202	편의점	탄산음료	레몬타임	1,700	236개	401,200	6	판매
FR-200101	할인점	탄산음료	허리케인	2,100	104개	218,400	10	판매
FR-200063	통신판매	생수	심해청수	1,300	216개	280,800	9	판매
'판매단가' 중 두 번째로 작은 값				900원				
'상품분류'가 "생수"인 '총판매액'의 합계				1,002,900원				
'판매수량'의 최대값-최소값 차이				415개				

《처리조건》

▶ ① 순위[H3:H12] : '총판매액'을 기준으로 큰 순으로 순위를 구하시오. (RANK.EQ 함수)

▶ ② 비고[I3:I12] : '판매수량'이 450 이하이면 "판매", 그렇지 않으면 "재고확인"으로 구하시오. (IF 함수)

▶ ③ 순위[E13:G13] : '판매단가' 중 두 번째로 작은 값을 구하시오. (SMALL 함수)

▶ ④ 합계[E14:G14] : '상품분류'가 "생수"인 '총판매액'의 합계를 구하시오. (DSUM 함수)

▶ ⑤ 최대값-최소값[E15:G15] : '판매수량'의 최대값과 최소값의 차이를 구하시오. (MAX, MIN 함수)

[문제 1] "진료비내역" 시트를 참조하여 다음《처리조건》에 맞도록 작업하시오.(50점)

《출력형태》

진료과	구분	환자명	진찰료	주사료	본인부담금	청구비용	순위	비고
내과	비보험	권장근님	28,000	2,800	29,500	60,300	5위	
외과	산재	김동윤님	32,000	3,200	38,000	73,200	4위	
소아과	지역보험	김명성님	12,000	1,200	23,000	36,200	9위	
내과	보험	김민재님	11,000	1,100	12,000	24,100	10위	
내과	비보험	박대관님	88,000	8,800	12,000	108,800	2위	10%할인
외과	산재	손준서님	15,500	1,550	20,000	37,050	8위	
소아과	지역보험	안대웅님	95,500	9,550	11,000	116,050	1위	10%할인
소아과	산재	우창민님	64,600	6,460	5,500	76,560	3위	10%할인
내과	지역보험	이수한님	27,400	2,740	10,000	40,140	6위	
내과	지역보험	정승민님	25,400	2,540	29,000	56,940	7위	
'청구비용' 중 두번째로 큰 값					108,800			
'구분'이 "비보험"인 '진찰료'의 합계					116,000			
'진찰료'의 최대값-최소값 차이					84,500			

제목: 외래 환자 진료비 내역

《처리조건》
- 1행의 행 높이를 '80'으로 설정하고, 2행~15행의 행 높이를 '18'로 설정하시오.
- 제목("외래 환자 진료비 내역") : 별 및 현수막 – '리본: 위로 기울어짐'을 이용하여 입력하시오.
  - 도형 : 위치([B1:H1]), 도형 스타일(테마 스타일-'미세 효과 – 파랑, 강조 5')
  - 글꼴 : 굴림체, 20pt, 굵게, 기울임꼴
  - 도형 서식 : 도형 옵션 - 크기 및 속성(텍스트 상자(세로 맞춤 : 정가운데, 텍스트 방향 : 가로))
- 셀 서식을 아래 조건에 맞게 작성하시오.
  - [A2:I15] : 테두리(안쪽, 윤곽선 모두 실선, '검정, 텍스트 1'), 전체 가운데 맞춤
  - [A13:D13], [A14:D14], [A15:D15] : 각각 병합하고 가운데 맞춤
  - [A2:I2], [A13:D15] : 채우기 색('파랑, 강조 5, 60% 더 밝게'), 글꼴(굵게)
  - [C3:C12] : 셀 서식의 표시형식-사용자 지정을 이용하여 @"님"자를 추가
  - [D3:G12], [E13:G15] : 셀 서식의 표시형식-숫자를 이용하여 1000단위 구분 기호 표시
  - [H3:H12] : 셀 서식의 표시형식-사용자 지정을 이용하여 #"위"자를 추가
  - 조건부 서식[A3:I12] : '본인부담금'이 20000 이상인 경우 레코드 전체에 글꼴(자주, 굵은 기울임꼴) 적용
  - 지시사항이 없는 경우는 주어진 문제파일의 서식을 그대로 사용하시오.
- ① 순위[H3:H12] : '진찰료'를 기준으로 큰 순으로 순위를 구하시오. (RANK.EQ 함수)
- ② 비고[I3:I12] : '진찰료'가 50000 이상이면 "10%할인", 그렇지 않으면 공백으로 구하시오. (IF 함수)
- ③ 순위[E13:G13] : '청구비용' 중 두 번째로 큰 값을 구하시오. (LARGE 함수)
- ④ 합계[E14:G14] : '구분'이 "비보험"인 '진찰료'의 합계를 구하시오. (DSUM 함수)
- ⑤ 최대값-최소값[E15:G15] : '진찰료'의 최대값과 최소값의 차이를 구하시오. (MAX, MIN 함수)

"모집현황" 시트를 참조하여 《처리조건》에 맞도록 작업하시오.

실습파일 : 03-04(문제).xlsx
완성파일 : 03-04(완성).xlsx

《출력형태》

	강좌명	분류	대상	모집인원	기간	수강료	합계	순위	비고
				방과후 수업 모집 현황					
3	드론	취미	6학년	20	1개월	30,000	600,000	9위	
4	엑셀	컴퓨터	6학년	30	2개월	18,000	1,080,000	3위	
5	영어회화	어학	4학년	20	3개월	16,000	960,000	4위	어학실
6	포토샵	컴퓨터	5학년	20	2개월	17,000	680,000	7위	
7	일본어회화	어학	5학년	25	3개월	20,000	1,500,000	2위	어학실
8	바이올린	취미	4학년	25	3개월	30,000	2,250,000	1위	
9	파워포인트	컴퓨터	6학년	25	2개월	15,000	750,000	5위	
10	축구	취미	4학년	30	1개월	24,000	720,000	6위	
11	중국어회화	어학	5학년	20	2개월	16,000	640,000	8위	어학실
12	한글	컴퓨터	4학년	30	1개월	15,000	450,000	10위	
13	'분류'가 "취미"인 '모집인원'의 평균					25			
14	'합계'의 최대값-최소값 차이					1,800,000			
15	'수강료' 중 두 번째로 작은 값					15,000			

《처리조건》

▶ ① 순위[H3:H12] : '합계'를 기준으로 큰 순으로 순위를 구하시오. (RANK.EQ 함수)

▶ ② 비고[I3:I12] : '분류'가 "어학"이면 "어학실", 그렇지 않으면 공백으로 구하시오. (IF 함수)

▶ ③ 평균[E13:G13] : '대상'이 "6학년"인 '모집인원'의 평균을 구하시오. (DAVERAGE 함수)

▶ ④ 최대값-최소값[E14:G14] : '합계'의 최대값과 최소값의 차이를 구하시오. (MAX, MIN 함수)

▶ ⑤ 순위[E15:G15] : '수강료' 중 두 번째로 작은 값을 구하시오. (SMALL 함수)

제01회 최신기출문제

▷ 시험과목 : 스프레드시트(엑셀)
▷ 시험일자 : 20XX. XX. XX.(X)
▷ 응시자 기재사항 및 감독위원 확인

수 검 번 호	DIS - XXXX -	감독위원 확인
성 명		

응시자 유의사항

1. 응시자는 신분증을 지참하여야 시험에 응시할 수 있으며, 시험이 종료될 때까지 신분증을 제시하지 못할 경우 해당 시험은 0점 처리됩니다.

2. 시스템(PC 작동 여부, 네트워크 상태 등)의 이상 여부를 반드시 확인하여야 하며, 시스템 이상이 있을시 감독위원에게 조치를 받으셔야 합니다.

3. 시험 중 부주의 또는 고의로 시스템을 파손한 경우는 응시자 부담으로 합니다.

4. 답안 전송 프로그램을 통해 다운로드 받은 파일을 이용하여 답안 파일을 작성하시기 바랍니다.

5. 작성한 답안 파일은 답안 전송 프로그램을 통하여 전송됩니다. 감독위원의 지시에 따라 주시기 바랍니다.

6. 다음 사항의 경우 실격(0점) 혹은 부정행위 처리됩니다.
   ❶ 답안 파일을 저장하지 않았거나, 저장한 파일이 손상되었을 경우
   ❷ 답안 파일을 지정된 폴더(바탕화면 – "KAIT" 폴더)에 저장하지 않았을 경우
      ※ 답안 전송 프로그램 로그인 시 바탕화면에 자동 생성됨
   ❸ 답안 파일을 다른 보조기억장치(USB) 혹은 네트워크(메신저, 게시판 등)로 전송할 경우
   ❹ 휴대용 전화기 등 통신기기를 사용할 경우

7. 시트는 반드시 순서대로 작성해야 하며, 순서가 다를 경우 "0"점 처리 됩니다.

8. 시험지에 제시된 글꼴이 응시 프로그램에 없는 경우, 반드시 감독위원에게 해당 내용을 통보한 뒤 조치를 받아야 합니다.

9. 시험의 완료는 작성이 완료된 답안을 저장하고, 답안 전송이 완료된 상태를 확인한 것으로 합니다. 답안 전송 확인 후 문제지는 감독위원에게 제출한 후 퇴실하여야 합니다.

10. 답안 전송이 완료된 경우에는 수정 또는 정정이 불가능합니다.

11. 시험 시행 후 합격자 발표는 홈페이지(www.ihd.or.kr)에서 확인하시기를 바랍니다.
    ※ 합격자 발표 : 20XX. XX. XX.(X)

[문제 2]
데이터 정렬 및 부분합

★실습파일 : 04차시(문제).xlsx   ★완성파일 : 04차시(완성).xlsx

【문제 2】 "부분합" 시트를 참조하여 다음《처리조건》에 맞도록 작업하시오.

《출력형태》

구분	영화명	상영타입	스크린수	관객수	상영횟수	관객비율
코미디	극한직업	디지털2D	2,003	16,265,618	292,584	16.11%
드라마	기생충	디지털2D	1,948	10,085,275	192,855	9.99%
어드벤처	백두산	디지털2D	1,971	6,290,773	99,916	6.23%
액션	조커	디지털2D	1,418	5,247,874	147,380	5.20%
		디지털2D 최대				16.11%
		디지털2D 평균		9,472,385	183,184	
드라마	겨울왕국2	디지털4D	2,648	13,369,075	282,557	13.24%
어드벤처	알라딘	디지털4D	1,409	12,552,283	266,469	12.43%
액션	어벤져스	디지털4D	2,835	13,934,592	242,001	13.80%
코미디	엑시트	디지털4D	1,660	9,426,011	202,223	9.33%
		디지털4D 최대				13.80%
		디지털4D 평균		12,320,490	248,313	
액션	스파이더맨	스크린X	2,142	8,021,145	180,474	7.94%
액션	캡틴 마블	스크린X	2,100	5,802,810	186,382	5.75%
		스크린X 최대				7.94%
		스크린X 평균		6,911,978	183,428	
		전체 최대값				16.11%
		전체 평균		10,099,546	209,284	

< > 박스오피스 **부분합** 필터 시나리오 피벗테이블 차트 +

《처리조건》
▶ 데이터를 '상영타입' 기준으로 오름차순 정렬하시오.
▶ 아래 조건에 맞는 부분합을 작성하시오.
  – '상영타입'으로 그룹화하여 '관객수', '상영횟수'의 평균을 구하는 부분합을 만드시오.
  – '상영타입'으로 그룹화하여 '관객비율'의 최대를 구하는 부분합을 만드시오. (새로운 값으로 대치하지 말 것)
  – [D3:F20] 영역에 셀 서식의 표시 형식–숫자를 이용하여 1000 단위 구분 기호를 표시하시오.
▶ D~F열을 선택하여 그룹을 설정하시오.
▶ 평균과 최대의 부분합 순서는《출력형태》와 다를 수 있음
▶ 지시사항이 없는 경우는 기본 값을 적용하시오.

작업 과정 미리보기

데이터 정렬 ▷ 부분합 작성 및 그룹 설정

Check 01 데이터 정렬 : 상영타입을 기준으로 오름차순 정렬해요!

	A	B	C
2	**구분**	**영화명**	**상영타입**
3	드라마	겨울왕국2	디지털4D
4	코미디	극한직업	디지털2D
5	드라마	기생충	디지털2D
6	어드벤처	백두산	디지털2D
7	액션	스파이더맨	스크린X
8	어드벤처	알라딘	디지털4D
9	액션	어벤져스	디지털4D
10	코미디	엑시트	디지털4D
11	액션	조커	디지털2D
12	액션	캡틴 마블	스크린X

오름차순 정렬 전

	A	B	C
2	**구분**	**영화명**	**상영타입**
3	코미디	극한직업	디지털2D
4	드라마	기생충	디지털2D
5	어드벤처	백두산	디지털2D
6	액션	조커	디지털2D
7	드라마	겨울왕국2	디지털4D
8	어드벤처	알라딘	디지털4D
9	액션	어벤져스	디지털4D
10	코미디	엑시트	디지털4D
11	액션	스파이더맨	스크린X
12	액션	캡틴 마블	스크린X

오름차순 정렬 후

Check 02 부분합 : 조건에 맞추어 부분합을 만들고 그룹으로 설정해요!

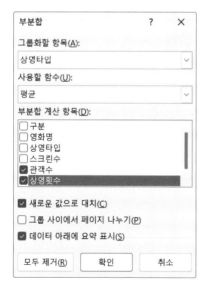

첫 번째 부분합 작성

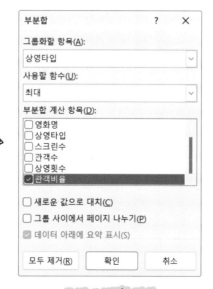

두 번째 부분합 작성

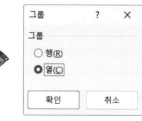

D~F열 그룹 설정

Digital Information Ability Test

PART 03

최신 기출문제

 최신기출문제를 통해 시험을 완벽하게 대비할 수 있습니다.

STEP 01 데이터 정렬하기

▶ 데이터를 '상영타입' 기준으로 오름차순 정렬하시오.

1 엑셀 2021 프로그램을 실행한 후 [04차시] 폴더에서 **04차시(문제).xlsx** 파일을 불러옵니다.

2 파일이 열리면 작업창 아래쪽에서 **[부분합]** 시트를 클릭합니다.

💾 DIAT 스프레드시트 시험은 각 시트마다 데이터가 미리 입력되어 있어요.

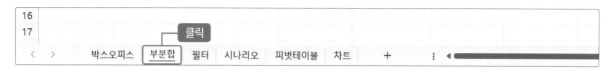

3 데이터를 상영타입 기준으로 정렬하기 위해 **[C2]** 셀을 선택하고 [데이터] 탭에서 **[텍스트 오름차순 정렬]**을 클릭합니다.

4 상영타입 기준으로 오름차순 정렬된 것을 확인합니다.

	A	B	C	D	E	F	G
2	구분	영화명	상영타입	스크린수	관객수	상영횟수	관객비율
3	코미디	극한직업	디지털2D	2003	16265618	292584	16.11%
4	드라마	기생충	디지털2D	1948	10085275	192855	9.99%
5	어드벤처	백두산	디지털2D	1971	6290773	99916	6.23%
6	액션	조커	디지털2D	1418	5247874	147380	5.20%
7	드라마	겨울왕국2	디지털4D	2648	13369075	282557	13.24%
8	어드벤처	알라딘	디지털4D	1409	12552283	266469	12.43%
9	액션	어벤져스	디지털4D	2835	13934592	242001	13.80%
10	코미디	엑시트	디지털4D	1660	9426011	202223	9.33%
11	액션	스파이더맨	스크린X	2142	8021145	180474	7.94%
12	액션	캡틴 마블	스크린X	2100	5802810	186382	5.75%

확인

【문제 5】 "차트" 시트를 참조하여 다음《처리조건》에 맞도록 작업하시오.(30점)

《출력형태》

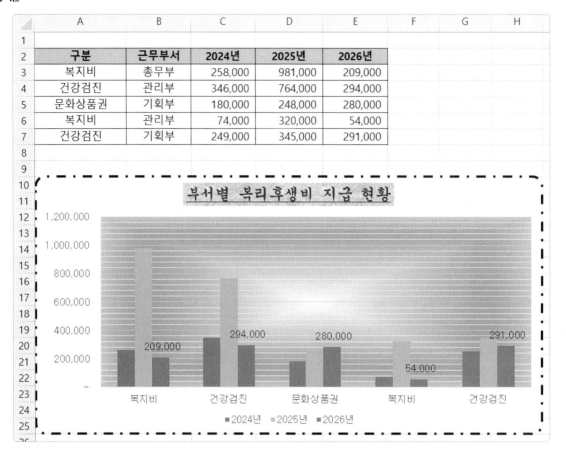

《처리조건》

▶ "차트" 시트에 주어진 표를 이용하여 '묶은 세로 막대형' 차트를 작성하시오.

- 데이터 범위 : 현재 시트 [A2:A7], [C2:E7]의 데이터를 이용하여 작성하고, 행/열 전환은 '열'로 지정

- 차트 위치 : 현재 시트에 [A10:H25] 크기에 정확하게 맞추시오.

- 차트 제목("부서별 복리후생비 지급 현황")

- 차트 스타일 : 색 변경(색상형 – 다양한 색상표 3, 스타일 11)

- 범례 위치 : 아래쪽

- 차트 영역 서식 : 글꼴(굴림, 10pt), 테두리 색(실선, 색 : 진한 파랑), 테두리 스타일(너비 : 2.5pt, 겹선 종류 : 단순형,
　　　　　　　　 대시 종류 : 파선 – 점선, 둥근 모서리)

- 차트 제목 서식 : 글꼴(궁서체, 16pt, 밑줄), 채우기(그림 또는 질감 채우기, 질감 : 편지지)

- 그림 영역 서식 : 채우기(그라데이션 채우기, 그라데이션 미리 설정 : 밝은 그라데이션 – 강조 1, 종류 : 사각형,
　　　　　　　　 방향 : 가운데에서)

- 데이터 레이블 추가 : '2026년' 계열에 "값" 표시

▶ 지시사항이 없는 경우는《출력형태》와 동일하게 작성하시오.

LEVEL UP 오름차순과 내림차순 정렬하기

❶ 오름차순이란?
- 작은 것에서 큰 것 순서로 나열하는 정렬방식
- 숫자 : 1, 2, 3, 4, 5, 6, 7.....999
- 한글 : ㄱ, ㄴ, ㄷ, ㄹ, ㅁ, ㅂ.....ㅎ
- 영문 : A, B, C, D, E, F, G.....Z

❷ 내림차순이란?
- 큰 것에서 작은 것 순서로 나열하는 정렬방식
- 숫자 : 999, 998, 997, 996, 995.....1
- 한글 : ㅎ, ㅍ, ㅌ, ㅋ, ㅊ, ㅈ.....ㄱ
- 영문 : Z, Y, X, W, V, U, T.....A

❸ 아래 <보기>의 단어를 오름차순과 내림차순으로 각각 정렬하기

> <보기> 잡채, milk, 김치찌개, 햄버거, 삼겹살구이, coffee, 냉면, pizza

- 오름차순 정렬 : coffee → milk → pizza → 김치찌개 → 냉면 → 삼겹살구이 → 잡채 → 햄버거
- 내림차순 정렬 : 햄버거 → 잡채 → 삼겹살구이 → 냉면 → 김치찌개 → pizza → milk → coffee

※ 영문과 한글 중에서는 영문이 우선 기준이 됩니다.

 STEP 02 부분합 작성하기

▶ 아래 조건에 맞는 부분합을 작성하시오.
 – '상영타입'으로 그룹화하여 '관객수', '상영횟수'의 평균을 구하는 부분합을 만드시오.
 – '상영타입'으로 그룹화하여 '관객비율'의 최대를 구하는 부분합을 만드시오. (새로운 값으로 대치하지 말 것)
 – [D3:F20] 영역에 셀 서식의 표시 형식–숫자를 이용하여 1000 단위 구분 기호를 표시하시오.
▶ D~F열을 선택하여 그룹을 설정하시오.

1 첫 번째 부분합을 만들기 위해 [A2] 셀을 선택한 후 [데이터] 탭에서 **[부분합]**을 클릭합니다.

➕ 부분합 작업을 위해 데이터 안의 임의의 셀을 선택해 주세요.

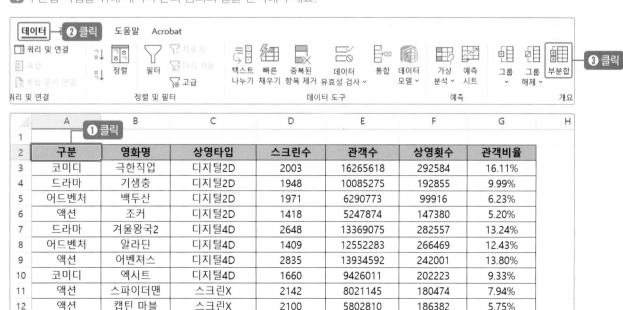

	A	B	C	D	E	F	G	H
1								
2	구분	영화명	상영타입	스크린수	관객수	상영횟수	관객비율	
3	코미디	극한직업	디지털2D	2003	16265618	292584	16.11%	
4	드라마	기생충	디지털2D	1948	10085275	192855	9.99%	
5	어드벤처	백두산	디지털2D	1971	6290773	99916	6.23%	
6	액션	조커	디지털2D	1418	5247874	147380	5.20%	
7	드라마	겨울왕국2	디지털4D	2648	13369075	282557	13.24%	
8	어드벤처	알라딘	디지털4D	1409	12552283	266469	12.43%	
9	액션	어벤져스	디지털4D	2835	13934592	242001	13.80%	
10	코미디	엑시트	디지털4D	1660	9426011	202223	9.33%	
11	액션	스파이더맨	스크린X	2142	8021145	180474	7.94%	
12	액션	캡틴 마블	스크린X	2100	5802810	186382	5.75%	
13								

【문제 4】 "피벗테이블" 시트를 참조하여 다음 《처리조건》에 맞도록 작업하시오.(30점)

《출력형태》

	A	B	C	D	E	F
1						
2						
3			근무부서 ▼			
4	구분 ↙	값	관리부	기획부	인사부	총무부
5	문화상품권	평균 : 2025년	54,000	248,000	**	198,000
6		평균 : 2026년	846,000	280,000	**	746,000
7	복지비	평균 : 2025년	320,000	287,000	128,000	981,000
8		평균 : 2026년	54,000	64,000	287,000	209,000
9	전체 평균 : 2025년		187,000	267,500	128,000	589,500
10	전체 평균 : 2026년		450,000	172,000	287,000	477,500
11						

《처리조건》

▶ "피벗테이블" 시트의 [A2:G12]를 이용하여 새로운 시트에 《출력형태》와 같이 피벗 테이블을 작성 후 시트명을 "피벗테이블 정답"으로 수정하시오.

▶ 구분(행)과 근무부서(열)을 기준으로 하여 출력형태와 같이 구하시오.
  - '2025년', '2026년'의 평균을 구하시오.
  - 피벗 테이블 옵션을 이용하여 레이블이 있는 셀 병합 및 가운데 맞춤하고 빈 셀을 "**"로 표시한 후, 행의 총합계를 감추기 하시오.
  - 피벗 테이블 디자인에서 보고서 레이아웃은 '테이블 형식으로 표시', 피벗 테이블 스타일은 '중간 – 연한 녹색, 피벗 스타일 보통 14'로 표시하시오.
  - 구분(행)은 "문화상품권", "복지비"만 출력되도록 표시하시오.
  - [C5:F10] 데이터는 셀 서식의 표시 형식-숫자를 이용하여 1000 단위 구분 기호 표시하고, 가운데 맞춤하시오.

▶ 구분의 순서는 《출력형태》와 다를 수 있음

▶ 지시사항이 없는 경우는 《출력형태》와 동일하게 작성하시오.

2 [부분합] 대화상자가 표시되면 다음과 같이 설정한 다음 <확인>을 클릭합니다.

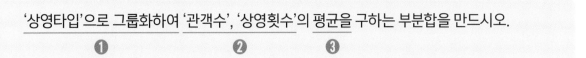

'상영타입'으로 그룹화하여 '관객수', '상영횟수'의 평균을 구하는 부분합을 만드시오.
① ② ③

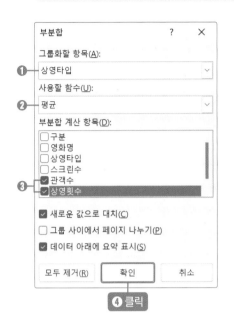

❶ 그룹화할 항목을 '상영타입'으로 선택

❷ 사용할 함수를 '평균'으로 선택

❸ 부분합 계산 항목인 '관객수', '상영횟수'에 체크

➕ 문제에 제시되지 않은 부분합 계산 항목이 있다면 반드시 체크를 해제해 주세요.

3 상영타입(디지털2D, 디지털4D, 스크린X)으로 그룹화하여 **'관객수'**와 **'상영횟수'**의 **평균**이 구해진 것을 확인합니다.

	구분	영화명	상영타입	스크린수	관객수	상영횟수	관객비율
3	코미디	극한직업	디지털2D	2003	16265618	292584	16.11%
4	드라마	기생충	디지털2D	1948	10085275	192855	9.99%
5	어드벤처	백두산	디지털2D	1971	6290773	99916	6.23%
6	액션	조커	디지털2D	1418	5247874	147380	5.20%
7			디지털2D 평균		9472385	183183.75	
8	드라마	겨울왕국2	디지털4D	2648	13369075	282557	13.24%
9	어드벤처	알라딘	디지털4D	1409	12552283	266469	12.43%
10	액션	어벤저스	디지털4D	2835	13934592	242001	13.80%
11	코미디	엑시트	디지털4D	1660	9426011	202223	9.33%
12			디지털4D 평균		12320490.25	248312.5	
13	액션	스파이더맨	스크린X	2142	8021145	180474	7.94%
14	액션	캡틴 마블	스크린X	2100	5802810	186382	5.75%
15			스크린X 평균		6911977.5	183428	
16			전체 평균		10099545.6	209284.1	

(2) 시나리오

《출력형태 – 시나리오》

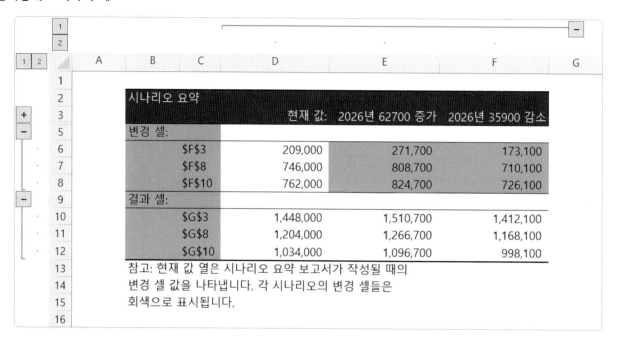

《처리조건》

▶ "시나리오" 시트의 [A2:G12]를 이용하여 '근무부서'가 "총무부"인 경우, '2026년'이 변동할 때 '합계'가 변동하는 가상분석(시나리오)을 작성하시오.

　– 시나리오1 : 시나리오 이름은 "2026년 62700 증가", '2026년'에 62700을 증가시킨 값 설정.

　– 시나리오2 : 시나리오 이름은 "2026년 35900 감소", '2026년'에 35900을 감소시킨 값 설정.

　– "시나리오 요약" 시트를 작성하시오.

▶ 지시사항이 없는 경우는 《출력형태 – 시나리오》와 동일하게 작성하시오.

4 두 번째 부분합을 만들기 위해 [데이터] 탭에서 **[부분합]**을 클릭합니다.

➕ 부분합 작업을 위해 데이터 안의 임의의 셀을 선택해 주세요.

5 [부분합] 대화상자가 표시되면 다음과 같이 설정한 다음 <확인>을 클릭합니다.

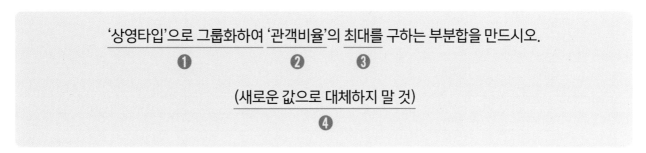

'상영타입'으로 그룹화하여 '관객비율'의 최대를 구하는 부분합을 만드시오.
❶   ❷   ❸

(새로운 값으로 대체하지 말 것)
❹

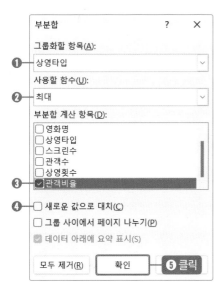

❶ 그룹화할 항목을 '상영타입'으로 선택

❷ 사용할 함수를 '최대'로 선택

❸ 부분합 계산 항목인 '관객비율'에 체크

❹ 새로운 값으로 대치 체크 해제

➕ 처음 부분합을 만들 때 체크했던 '관객수', '상영횟수' 항목은 체크가 해제되어야 해요.

LEVEL UP 부분합을 만들 때 유의해요!

'새로운 값으로 대치' 항목에 체크를 해제하지 않으면 처음 만들었던 부분합이 사라집니다. 《처리조건》에 따라 두 번째 부분합을 만들 때는 반드시 '새로운 값으로 대치' 항목의 체크를 해제하도록 합니다.

【문제 3】 "필터"와 "시나리오" 시트를 참조하여 다음《처리조건》에 맞도록 작업하시오.(60점)

(1) 필터

《출력형태 – 필터》

	A	B	C	D	E	F	G
1							
2	**구분**	**근무부서**	**인원**	**2024년**	**2025년**	**2026년**	**합계**
3	복지비	총무부	29	258,000	981,000	209,000	1,448,000
4	건강검진	관리부	33	346,000	764,000	294,000	1,404,000
5	문화상품권	기획부	58	180,000	248,000	280,000	708,000
6	복지비	관리부	24	74,000	320,000	54,000	448,000
7	건강검진	기획부	39	249,000	345,000	291,000	885,000
8	문화상품권	총무부	22	260,000	198,000	746,000	1,204,000
9	복지비	기획부	42	559,000	287,000	64,000	910,000
10	건강검진	총무부	52	74,000	198,000	762,000	1,034,000
11	문화상품권	관리부	21	426,000	54,000	846,000	1,326,000
12	복지비	인사부	28	127,000	128,000	287,000	542,000
13							
14	**조건**						
15	TRUE						
16							
17							
18	**근무부서**	**2024년**	**2025년**	**2026년**	**합계**		
19	총무부	258,000	981,000	209,000	1,448,000		
20	관리부	74,000	320,000	54,000	448,000		
21	총무부	260,000	198,000	746,000	1,204,000		
22	기획부	559,000	287,000	64,000	910,000		
23	총무부	74,000	198,000	762,000	1,034,000		
24	인사부	127,000	128,000	287,000	542,000		
25							

《처리조건》

▶ "필터" 시트의 [A2:G12]를 아래 조건에 맞게 고급 필터를 사용하여 작성하시오.

 - '구분'이 "복지비"이거나 '근무부서'가 "총무부"인 데이터를 '근무부서', '2024년', '2025년', '2026년', '합계'의 데이터만 필터링하시오.

 - 조건 위치 : 조건 함수는 [A15] 한 셀에 작성(OR 함수 이용)

 - 결과 위치 : [A18]부터 출력

▶ 지시사항이 없는 경우는《출력형태 – 필터》와 동일하게 작성하시오.

6 상영타입(디지털2D, 디지털4D, 스크린X)으로 그룹화하여 '관객비율'의 **최대(최대값)**가 구해진 것을 확인합니다.

	구분	영화명	상영타입	스크린수	관객수	상영횟수	관객비율
3	코미디	극한직업	디지털2D	2003	16265618	292584	16.11%
4	드라마	기생충	디지털2D	1948	10085275	192855	9.99%
5	어드벤처	백두산	디지털2D	1971	6290773	99916	6.23%
6	액션	조커	디지털2D	1418	5247874	147380	5.20%
7			디지털2D 최대				16.11%
8			디지털2D 평균		9472385	183183.75	
9	드라마	겨울왕국2	디지털4D	2648	13369075	282557	13.24%
10	어드벤처	알라딘	디지털4D	1409	12552283	266469	12.43%
11	액션	어벤져스	디지털4D	2835	13934592	242001	13.80%
12	코미디	엑시트	디지털4D	1660	9426011	202223	9.33%
13			디지털4D 최대				13.80%
14			디지털4D 평균		12320490.25	248312.5	
15	액션	스파이더맨	스크린X	2142	8021145	180474	7.94%
16	액션	캡틴 마블	스크린X	2100	5802810	186382	5.75%
17			스크린X 최대				7.94%
18			스크린X 평균		6911977.5	183428	
19			전체 최대값				16.11%
20			전체 평균		10099545.6	209284.1	

◈ **DIAT 꿀팁**

평균과 최대의 부분합 순서는 《출력형태》와 다를 수 있습니다. 최대보다 평균이 먼저 표시될 수도 있으며, 해당 내용은 《처리조건》에도 명시되어 있으므로 데이터만 맞다면 채점 기준과 무관합니다.

7 1000 단위 구분 기호를 표시하기 위해 [D3:F20] 영역을 선택한 다음 [셀 서식]을 클릭합니다.

❖ 영역이 선택된 상태에서 Ctrl + 1 을 눌러 셀 서식 대화상자를 열 수도 있어요.

	A	B	C	D	E	F
2	구분	영화명	상영타입	스크린수	관객수	상영횟수
3	코미디	극한직업	디지털2D	2003	16265618	292584
4	드라마	기생충	디지털2D	1948	10085275	192855
5	어드벤처	백두산	디지털2D	1971	6290773	99916
6	액션	조커	디지털2D	1418	5247874	147380
7			디지털2D 최대			
8			디지털2D 평균		9472385	183183.75
9	드라마	겨울왕국2	디지털4D	2648	13369075	282557
10	어드벤처	알라딘	디지털4D	1409	12552283	266469
11	액션	어벤져스	디지털4D	2835	13934592	242001
12	코미디	엑시트	디지털4D	1660	9426011	202223
13			디지털4D 최대			
14			디지털4D 평균		12320490.25	248312.5
15	액션	스파이더맨	스크린X	2142	8021145	180474
16	액션	캡틴 마블	스크린X	2100	5802810	186382
17			스크린X 최대			
18			스크린X 평균		6911977.5	183428
19			전체 최대값			
20			전체 평균		10099545.6	209284.1

① 드래그
② 우클릭

잘라내기(T)
복사(C)
붙여넣기 옵션:
선택하여 붙여넣기(S)...
스마트 조회(L)
삽입(I)...
삭제(D)...
내용 지우기(N)
번역
빠른 분석(Q)
필터(E)
정렬(O)
표/범위에서 데이터 가져오기(G)...
메모 삽입(M)
셀 서식(F)... ③ 클릭
드롭다운 목록에서 선택(K)...

【문제 2】 "부분합" 시트를 참조하여 다음《처리조건》에 맞도록 작업하시오.(30점)

《출력형태》

구분	근무부서	인원	2024년	2025년	2026년	합계
건강검진	관리부	33	346,000	764,000	294,000	1,404,000
복지비	관리부	24	74,000	320,000	54,000	448,000
문화상품권	관리부	21	426,000	54,000	846,000	1,326,000
	관리부 최소	21				448,000
	관리부 평균			379,333	398,000	
문화상품권	기획부	58	180,000	248,000	280,000	708,000
건강검진	기획부	39	249,000	345,000	291,000	885,000
복지비	기획부	42	559,000	287,000	64,000	910,000
	기획부 최소	39				708,000
	기획부 평균			293,333	211,667	
복지비	인사부	28	127,000	128,000	287,000	542,000
	인사부 최소	28				542,000
	인사부 평균			128,000	287,000	
복지비	총무부	29	258,000	981,000	209,000	1,448,000
문화상품권	총무부	22	260,000	198,000	746,000	1,204,000
건강검진	총무부	52	74,000	198,000	762,000	1,034,000
	총무부 최소	22				1,034,000
	총무부 평균			459,000	572,333	
	전체 최소값	21				448,000
	전체 평균			352,300	383,300	

《처리조건》

▶ 데이터를 '근무부서' 기준으로 오름차순 정렬하시오.

▶ 아래 조건에 맞는 부분합을 작성하시오.

　- '근무부서'로 그룹화하여 '2025년', '2026년'의 평균을 구하는 부분합을 만드시오.

　- '근무부서'로 그룹화하여 '인원', '합계'의 최소를 구하는 부분합을 만드시오.

　　(새로운 값으로 대치하지 말 것)

　- [D3:G22] 영역에 셀 서식의 표시 형식-숫자를 이용하여 1000 단위 구분 기호를 표시하시오.

▶ D~F열을 선택하여 그룹을 설정하시오.

▶ 평균과 최소의 부분합 순서는《출력형태》와 다를 수 있음

▶ 지시사항이 없는 경우는 기본 값을 적용하시오.

8 [표시 형식] 탭-[숫자]를 클릭하고 '1000 단위 구분 기호 사용'을 지정합니다.

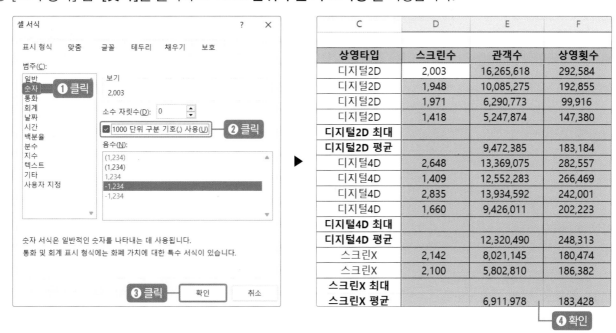

9 D열 머리글부터 F열 머리글을 드래그하고 [데이터] 탭에서 [그룹]을 클릭합니다.

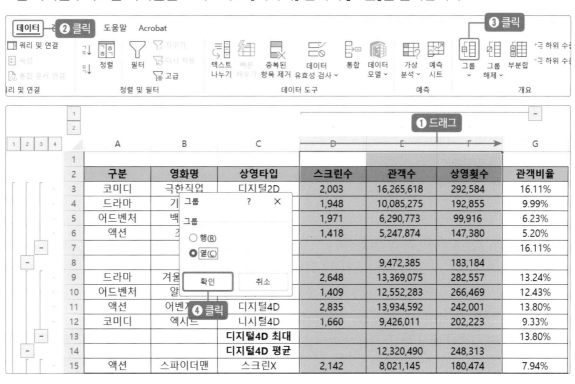

◈ **DIAT 꿀팁**

부분합에서 열에 그룹을 지정하는 문제가 고정적으로 출제됩니다. 작성된 부분합의 그룹, 셀 서식 등이 《출력형태》와 동일한지 반드시 확인하도록 합니다.

10 작업이 완료되면 [저장(💾)]을 클릭하거나 Ctrl+S를 눌러 답안 파일을 저장합니다.

➕ 시험이 진행되는 40분 동안 수시로 저장하여 작업된 내용이 누락되지 않도록 해요.

【문제 1】 "지급현황" 시트를 참조하여 다음《처리조건》에 맞도록 작업하시오.(50점)

《출력형태》

구분	근무부서	인원	2024년	2025년	2026년	합계	순위	비고
복지비	총무부	29명	258,000원	981,000원	209,000원	1,448,000원	1위	
건강검진	관리부	33명	346,000원	764,000원	294,000원	1,404,000원	2위	
문화상품권	기획부	58명	180,000원	248,000원	280,000원	708,000원	8위	
복지비	관리부	24명	74,000원	320,000원	54,000원	448,000원	10위	상품권 지급
건강검진	기획부	39명	249,000원	345,000원	291,000원	885,000원	7위	
문화상품권	총무부	22명	260,000원	198,000원	746,000원	1,204,000원	4위	
복지비	기획부	42명	559,000원	287,000원	64,000원	910,000원	6위	
건강검진	총무부	52명	74,000원	198,000원	762,000원	1,034,000원	5위	
문화상품권	관리부	21명	426,000원	54,000원	846,000원	1,326,000원	3위	
복지비	인사부	28명	127,000원	128,000원	287,000원	542,000원	9위	상품권 지급
'2026년'의 최대값-최소값 차이					792,000원			
'구분'이 "복지비"인 '합계'의 합계					3,348,000원			
'합계' 중 네 번째로 작은 값					885,000원			

제목 부서별 복리후생비 지급 현황

《처리조건》

▶ 1행의 행 높이를 '80'으로 설정하고, 2행~15행의 행 높이를 '18'로 설정하시오.

▶ 제목("부서별 복리후생비 지급 현황") : 기본 도형의 '십자형'을 이용하여 입력하시오.
  - 도형 : 위치([B1:H1]), 도형 스타일(테마 스타일 - 색 채우기 - '회색, 강조 3')
  - 글꼴 : 궁서체, 25pt, 기울임꼴
  - 도형 서식 : 도형 옵션 - 크기 및 속성(텍스트 상자(세로 맞춤 : 정가운데, 텍스트 방향 : 가로))

▶ 셀 서식을 아래 조건에 맞게 작성하시오.
  - [A2:I15] : 테두리(안쪽, 윤곽선 모두 실선, '검정, 텍스트 1'), 전체 가운데 맞춤
  - [A13:D13], [A14:D14], [A15:D15] : 각각 병합하고 가운데 맞춤
  - [A2:I2], [A13:D15] : 채우기 색('주황, 강조 2, 60% 더 밝게'), 글꼴(굵게)
  - [C3:C12] : 셀 서식의 표시 형식-사용자 지정을 이용하여 #"명"자 추가
  - [D3:G12], [E13:G15] : 셀 서식의 표시 형식-사용자 지정을 이용하여 #,##0"원"자 추가
  - [H3:H12] : 셀 서식의 표시 형식-사용자 지정을 이용하여 #"위"자 추가
  - 조건부 서식[A3:I12] : '인원'이 30 이하인 경우 레코드 전체에 글꼴(진한 파랑, 굵게) 적용
  - 지시사항이 없는 경우는 주어진 문제파일의 서식을 그대로 사용하시오.

▶ ① 순위[H3:H12] : '합계'를 기준으로 큰 순으로 순위를 구하시오. (RANK.EQ 함수)

▶ ② 비고[I3:I12] : '합계'가 700000 이하이면 "상품권 지급", 그렇지 않으면 공백으로 구하시오. (IF 함수)

▶ ③ 최대값-최소값[E13:G13] : '2026년'의 최대값과 최소값의 차이를 구하시오. (MAX, MIN 함수)

▶ ④ 합계[E14:G14] : '구분'이 "복지비"인 '합계'의 합계를 구하시오. (DSUM 함수)

▶ ⑤ 순위[E15:G15] : '합계' 중 네 번째로 작은 값을 구하시오. (SMALL 함수)

유형정리

01 "부분합" 시트를 참조하여 《처리조건》에 맞도록 작업하시오.

실습파일 : 04-01(문제).xlsx
완성파일 : 04-01(완성).xlsx

《출력형태》

주문번호	제조사	상품분류	상품명	단가	수량	재고금액
P19-06029	블루블루	간식	츄르	20,800	89	1,851,200
P19-04033	핑크펫	간식	치즈통조림	10,900	121	1,318,900
P19-04041	블루블루	간식	애견소시지	3,500	58	203,000
		간식 평균		11,733		1,124,367
		간식 최대		20,800	121	
P19-06025	바우와우	미용용품	이발기(소)	37,800	32	1,209,600
P19-04027	핑크펫	미용용품	이발기(중)	19,800	15	297,000
P19-04037	핑크펫	미용용품	털제거장갑	3,500	30	105,000
		미용용품 평균		20,367		537,200
		미용용품 최대		37,800	32	
P19-04023	리틀달링	장난감	공	4,800	27	129,600
P19-04031	퍼니펫샵	장난감	일자터널	28,500	17	484,500
P19-06035	핑크펫	장난감	T자터널	16,000	21	336,000
P19-06039	퍼니펫샵	장난감	놀이인형	3,000	16	48,000
		장난감 평균		13,075		249,525
		장난감 최대		28,500	27	
		전체 평균		14,860		598,280
		전체 최대값		37,800	121	

《처리조건》

▶ 데이터를 '상품분류' 기준으로 오름차순 정렬하시오.

▶ 아래 조건에 맞는 부분합을 작성하시오.

  – '상품분류'로 그룹화하여 '단가', '수량'의 최대를 구하는 부분합을 만드시오.

  – '상품분류'로 그룹화하여 '단가', '재고금액'의 평균을 구하는 부분합을 만드시오.
    (새로운 값으로 대치하지 말 것)

  – [E3:G20] 영역에 셀 서식의 표시 형식-숫자를 이용하여 1000 단위 구분 기호를 표시하시오.

▶ E~F열을 선택하여 그룹을 설정하시오.

▶ 최대와 평균의 부분합 순서는 《출력형태》와 다를 수 있음

▶ 지시사항이 없는 경우는 기본 값을 적용하시오.

제10회 실전모의고사

▸ 시험과목 : 스프레드시트(엑셀)
▸ 시험일자 : 20XX. XX. XX.(X)
▸ 응시자 기재사항 및 감독위원 확인

수 검 번 호	DIS - XXXX -	감독위원 확인
성 명		

응시자 유의사항

1. 응시자는 신분증을 지참하여야 시험에 응시할 수 있으며, 시험이 종료될 때까지 신분증을 제시하지 못할 경우 해당 시험은 0점 처리됩니다.

2. 시스템(PC 작동 여부, 네트워크 상태 등)의 이상 여부를 반드시 확인하여야 하며, 시스템 이상이 있을시 감독위원에게 조치를 받으셔야 합니다.

3. 시험 중 부주의 또는 고의로 시스템을 파손한 경우는 응시자 부담으로 합니다.

4. 답안 전송 프로그램을 통해 다운로드 받은 파일을 이용하여 답안 파일을 작성하시기 바랍니다.

5. 작성한 답안 파일은 답안 전송 프로그램을 통하여 전송됩니다. 감독위원의 지시에 따라 주시기 바랍니다.

6. 다음 사항의 경우 실격(0점) 혹은 부정행위 처리됩니다.
   ❶ 답안 파일을 저장하지 않았거나, 저장한 파일이 손상되었을 경우
   ❷ 답안 파일을 지정된 폴더(바탕화면 – "KAIT" 폴더)에 저장하지 않았을 경우
      ※ 답안 전송 프로그램 로그인 시 바탕화면에 자동 생성됨
   ❸ 답안 파일을 다른 보조기억장치(USB) 혹은 네트워크(메신저, 게시판 등)로 전송할 경우
   ❹ 휴대용 전화기 등 통신기기를 사용할 경우

7. 시트는 반드시 순서대로 작성해야 하며, 순서가 다를 경우 "0"점 처리 됩니다.

8. 시험지에 제시된 글꼴이 응시 프로그램에 없는 경우, 반드시 감독위원에게 해당 내용을 통보한 뒤 조치를 받아야 합니다.

9. 시험의 완료는 작성이 완료된 답안을 저장하고, 답안 전송이 완료된 상태를 확인한 것으로 합니다. 답안 전송 확인 후 문제지는 감독위원에게 제출한 후 퇴실하여야 합니다.

10. 답안 전송이 완료된 경우에는 수정 또는 정정이 불가능합니다.

11. 시험 시행 후 합격자 발표는 홈페이지(www.ihd.or.kr)에서 확인하시기를 바랍니다.
   ※ 합격자 발표 : 20XX. XX. XX.(X)

실습파일 : 04-02(문제).xlsx
완성파일 : 04-02(완성).xlsx

《출력형태》

	제품번호	색상	상품분류	상품명	단가	수량	판매금액
3	CS3353-B	블랙계열	운동화	레이시스 런닝화	39,800	21	835,800
4	AS4292-B	블랙계열	운동화	레이시스 런닝화	48,000	38	1,824,000
5	JS3887-B	블랙계열	운동화	콜라보 스니커즈	29,800	16	476,800
6			운동화 요약				3,136,600
7			운동화 평균		39,200	25	1,045,533
8	BS3323-S	실버계열	아쿠아슈즈	루니아쿠아슈즈	24,900	43	1,070,700
9	DS3967-R	레드계열	아쿠아슈즈	워터슈즈	39,000	23	897,000
10	IS3437-B	블랙계열	아쿠아슈즈	워터슈즈	19,900	17	338,300
11			아쿠아슈즈 요약				2,306,000
12			아쿠아슈즈 평균		27,933	28	768,667
13	KS3599-R	레드계열	런닝화	컬러라인 런닝화	46,000	38	1,748,000
14	HS3428-S	실버계열	런닝화	컬러라인 런닝화	64,000	15	960,000
15	AS4093-R	레드계열	런닝화	레드 러너스	49,800	46	2,290,800
16	CS3342-S	실버계열	런닝화	컬러라인 런닝화	45,700	40	1,828,000
17			런닝화 요약				6,826,800
18			런닝화 평균		51,375	35	1,706,700
19			총합계				12,269,400
20			전체 평균		40,690	30	1,226,940

《처리조건》

▶ 데이터를 '상품분류' 기준으로 내림차순 정렬하시오.

▶ 아래 조건에 맞는 부분합을 작성하시오.
- '상품분류'로 그룹화하여 '단가', '수량', '판매금액'의 평균을 구하는 부분합을 만드시오.
- '상품분류'로 그룹화하여 '판매금액'의 합계를 구하는 부분합을 만드시오.
  (새로운 값으로 대치하지 말 것)
- [E3:G20] 영역에 셀 서식의 표시 형식-숫자를 이용하여 1000 단위 구분 기호를 표시하시오.

▶ E~G열을 선택하여 그룹을 설정하시오.

▶ 평균과 합계의 부분합 순서는《출력형태》와 다를 수 있음

▶ 지시사항이 없는 경우는 기본 값을 적용하시오.

【문제 5】 "차트" 시트를 참조하여 다음《처리조건》에 맞도록 작업하시오.(30점)

《출력형태》

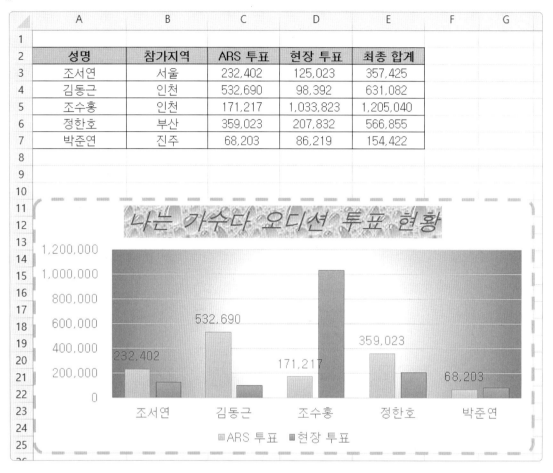

《처리조건》

▶ "차트" 시트에 주어진 표를 이용하여 '묶은 세로 막대형' 차트를 작성하시오.

- 데이터 범위 : 현재 시트 [A2:A7], [C2:D7]의 데이터를 이용하여 작성하고, 행/열 전환은 '열'로 지정

- 차트 위치 : 현재 시트에 [A11:G25] 크기에 정확하게 맞추시오.

- 차트 제목("나는 가수다 오디션 투표 현황")

- 차트 스타일 : 색 변경(단색형 - 단색 색상표 9, 스타일 5)

- 범례 위치 : 아래쪽

- 차트 영역 서식 : 글꼴(돋움, 12pt), 테두리 색(실선, 색 : 주황), 테두리 스타일(너비 : 3.25pt, 겹선 종류 : 단순형, 대시 종류 : 파선, 둥근 모서리)

- 차트 제목 서식 : 글꼴(돋움체, 22pt, 기울임꼴), 채우기(그림 또는 질감 채우기, 질감 : 작은 물방울)

- 그림 영역 서식 : 채우기(그라데이션 채우기, 그라데이션 미리 설정 : 위쪽 스포트라이트 강조 6, 종류 : 방사형, 방향 : 가운데에서)

- 데이터 레이블 추가 : 'ARS 투표' 계열에 "값" 표시

▶ 지시사항이 없는 경우는《출력형태》와 동일하게 작성하시오.

03

"부분합" 시트를 참조하여 《처리조건》에 맞도록 작업하시오.

실습파일 : 04-03(문제).xlsx
완성파일 : 04-03(완성).xlsx

《출력형태》

	주문번호	주문처	상품분류	상품명	판매단가	판매수량	총판매액
	FR-009012	통신판매	커피음료	커피아시아	1,500	219	328,500
	FR-000053	통신판매	커피음료	카페타임	1,400	486	680,400
	FR-000759	통신판매	커피음료	커피매니아	2,300	401	922,300
	FR-200063	통신판매	생수	심해청수	1,300	216	280,800
		통신판매 최대			2,300		922,300
		통신판매 평균			1,625	331	
	FR-008969	편의점	탄산음료	톡톡소다	1,200	463	555,600
	FR-000504	편의점	생수	지리산수	900	341	306,900
	FR-200202	편의점	탄산음료	레몬타임	1,700	236	401,200
		편의점 최대			1,700		555,600
		편의점 평균			1,267	347	
	FR-008966	할인점	생수	시원수	800	519	415,200
	FR-009008	할인점	탄산음료	라임메이드	1,800	369	664,200
	FR-200101	할인점	탄산음료	허리케인	2,100	104	218,400
		할인점 최대			2,100		664,200
		할인점 평균			1,567	331	
		전체 최대값			2,300		922,300
		전체 평균			1,500	335	

《처리조건》

▶ 데이터를 '주문처' 기준으로 오름차순 정렬하시오.

▶ 아래 조건에 맞는 부분합을 작성하시오.

  - '주문처'로 그룹화하여 '판매단가', '판매수량'의 평균을 구하는 부분합을 만드시오.

  - '주문처'로 그룹화하여 '판매단가', '총판매액'의 최대를 구하는 부분합을 만드시오.
   (새로운 값으로 대치하지 말 것)

  - [E3:G20] 영역에 셀 서식의 표시 형식−숫자를 이용하여 1000 단위 구분 기호를 표시하시오.

▶ E~G열을 선택하여 그룹을 설정하시오.

▶ 평균과 최대의 부분합 순서는 《출력형태》와 다를 수 있음

▶ 지시사항이 없는 경우는 기본 값을 적용하시오.

◈ **DIAT 꿀팁**
   부분합 작성이 끝나면 《출력형태》를 참고하여 열 너비를 조절합니다.

【문제 4】 "피벗테이블" 시트를 참조하여 다음《처리조건》에 맞도록 작업하시오.(30점)

《출력형태》

	A	B	C	D	E	F
1						
2						
3	구분	값	참가지역			
4			부산	서울	진주	
5	대학생	최대 : ARS 투표	359,023	283,912	**	
6		최대 : 현장 투표	597,363	103,763	**	
7	일반	최대 : ARS 투표	89,504	296,002	68,203	
8		최대 : 현장 투표	306,732	204,762	86,219	
9	전체 최대 : ARS 투표		359,023	296,002	68,203	
10	전체 최대 : 현장 투표		597,363	204,762	86,219	
11						

《처리조건》

▶ "피벗테이블" 시트의 [A2:G12]를 이용하여 새로운 시트에《출력형태》와 같이 피벗 테이블을 작성 후 시트명을 "피벗테이블 정답"으로 수정하시오.

▶ 구분(행)과 참가지역(열)을 기준으로 하여 출력형태와 같이 구하시오.

 - 'ARS 투표', '현장 투표'의 최대를 구하시오.

 - 피벗 테이블 옵션을 이용하여 레이블이 있는 셀 병합 및 가운데 맞춤하고 빈 셀을 "**"로 표시한 후, 행의 총합계 를 감추기 하시오.

 - 피벗 테이블 디자인에서 보고서 레이아웃은 '테이블 형식으로 표시', 피벗 테이블 스타일은 '중간 – 연한 주황, 피벗 스타일 보통 10'으로 표시하시오.

 - 구분(행)은 "대학생", "일반"만 출력되도록 표시하시오.

 - [C5:E10] 데이터는 셀 서식의 표시 형식-숫자를 이용하여 1000 단위 구분 기호를 표시하고, 가운데 맞춤하시오.

▶ 구분의 순서는《출력형태》와 다를 수 있음

▶ 지시사항이 없는 경우는《출력형태》와 동일하게 작성하시오.

실습파일 : 04-04(문제).xlsx
완성파일 : 04-04(완성).xlsx

《출력형태》

	강좌명	분류	대상	모집인원	기간	수강료	합계
	드론	취미	6학년	20	1	30,000	600,000
	엑셀	컴퓨터	6학년	30	2	18,000	1,080,000
	파워포인트	컴퓨터	6학년	25	2	15,000	750,000
	3		**6학년 개수**				3
			6학년 평균	25		21,000	810,000
	포토샵	컴퓨터	5학년	20	2	17,000	680,000
	일본어회화	어학	5학년	25	3	20,000	1,500,000
	중국어회화	어학	5학년	20	2	16,000	640,000
	3		**5학년 개수**				3
			5학년 평균	22		17,667	940,000
	영어회화	어학	4학년	20	3	16,000	960,000
	바이올린	취미	4학년	25	3	30,000	2,250,000
	축구	취미	4학년	30	1	24,000	720,000
	한글	컴퓨터	4학년	30	1	15,000	450,000
	4		**4학년 개수**				4
			4학년 평균	26		21,250	1,095,000
	10		**전체 개수**				10
			전체 평균	25		20,100	963,000

《처리조건》

▶ 데이터를 '대상' 기준으로 내림차순 정렬하시오.

▶ 아래 조건에 맞는 부분합을 작성하시오.

    – '대상'으로 그룹화하여 '모집인원', '수강료', '합계'의 평균을 구하는 부분합을 만드시오.

    – '대상'으로 그룹화하여 '강좌명'의 개수를 구하는 부분합을 만드시오.
      (새로운 값으로 대치하지 말 것)

    – [D3:G20] 영역에 셀 서식의 표시 형식-숫자를 이용하여 1000 단위 구분 기호를 표시하시오.

▶ F~G열을 선택하여 그룹을 설정하시오.

▶ 평균과 개수의 부분합 순서는 《출력형태》와 다를 수 있음

▶ 지시사항이 없는 경우는 기본 값을 적용하시오.

(2) 시나리오

《출력형태 – 시나리오》

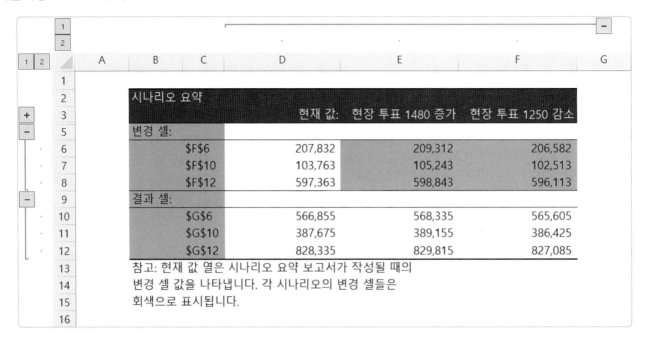

《처리조건》

▶ "시나리오" 시트의 [A2:G12]를 이용하여 '구분'이 "대학생"인 경우, '현장 투표'가 변동할 때 '최종 합계'가 변동하는 가상분석(시나리오)을 작성하시오.

　- 시나리오1 : 시나리오 이름은 "현장 투표 1480 증가", '현장 투표'에 1480을 증가시킨 값 설정.

　- 시나리오2 : 시나리오 이름은 "현장 투표 1250 감소", '현장 투표'에 1250을 감소시킨 값 설정.

　- "시나리오 요약" 시트를 작성하시오.

▶ 지시사항이 없는 경우는《출력형태 – 시나리오》와 동일하게 작성하시오.

★ 실습파일 : 05차시(문제).xlsx ★ 완성파일 : 05차시(완성).xlsx

【문제 3】 "필터"와 "시나리오" 시트를 참조하여 다음 《처리조건》에 맞도록 작업하시오.

《출력형태 – 필터》

	A	B	C	D	E	F	G	H
1								
2	구분	영화명	상영타입	스크린수	관객수	상영횟수	관객비율	
3	드라마	겨울왕국2	디지털4D	2,648	13,369,075	282,557	13.24%	
4	코미디	극한직업	디지털2D	2,003	16,265,618	292,584	16.11%	
5	드라마	기생충	디지털2D	1,948	10,085,275	192,855	9.99%	
6	어드벤처	백두산	디지털2D	1,971	6,290,773	99,916	6.23%	
7	액션	스파이더맨	스크린X	2,142	8,021,145	180,474	7.94%	
8	어드벤처	알라딘	디지털4D	1,409	12,552,283	266,469	12.43%	
9	액션	어벤져스	디지털4D	2,835	13,934,592	242,001	13.80%	
10	코미디	엑시트	디지털4D	1,660	9,426,011	202,223	9.33%	
11	액션	조커	디지털2D	1,418	5,247,874	147,380	5.20%	
12	액션	캡틴 마블	스크린X	2,100	5,802,810	186,382	5.75%	
13								
14	조건							
15	FALSE							
16								
17								
18	구분	영화명	스크린수	관객수				
19	어드벤처	백두산	1,971	6,290,773				
20	어드벤처	알라딘	1,409	12,552,283				
21	액션	조커	1,418	5,247,874				
22								

‹ › 박스오피스 | 부분합 | 필터 | 시나리오 | 피벗테이블 | 차트 | + | ⋮ ◀

《처리조건》

▶ "필터" 시트의 [A2:G12]를 아래 조건에 맞게 고급 필터를 사용하여 작성하시오.
  - '구분'이 "어드벤처"이거나 '스크린수'가 1500 이하인 데이터를 '구분', '영화명', '스크린수', '관객수'의 데이터만 필터링하시오.
  - 조건 위치 : 조건 함수는 [A15] 한 셀에 작성(OR 함수 이용)
  - 결과 위치 : [A18]부터 출력
▶ 지시사항이 없는 경우는 《출력형태 – 필터》와 동일하게 작성하시오.

【문제 3】 "필터"와 "시나리오" 시트를 참조하여 다음《처리조건》에 맞도록 작업하시오.(60점)

(1) 필터

《출력형태 – 필터》

	A	B	C	D	E	F	G
1							
2	참가번호	성명	구분	참가지역	ARS 투표	현장 투표	최종 합계
3	24931-D	조서연	일반	서울	232,402	125,023	357,425
4	12452-S	김동근	청소년	인천	532,690	98,392	631,082
5	18462-S	조수홍	청소년	인천	171,217	1,033,823	1,205,040
6	28113-T	정한호	대학생	부산	359,023	207,832	566,855
7	11234-D	박준연	일반	진주	68,203	86,219	154,422
8	24210-T	박춘열	일반	서울	296,002	204,762	500,764
9	14339-S	정일호	청소년	진주	624,500	96,574	721,074
10	13972-D	김감호	대학생	서울	283,912	103,763	387,675
11	22597-T	이민지	일반	부산	89,504	306,732	396,236
12	13201-S	김민서	대학생	부산	230,972	597,363	828,335
13							
14	조건						
15	FALSE						
16							
17							
18	성명	ARS 투표	현장 투표	최종 합계			
19	김동근	532,690	98,392	631,082			
20	조수홍	171,217	1,033,823	1,205,040			
21	박준연	68,203	86,219	154,422			
22	정일호	624,500	96,574	721,074			

《처리조건》

▶ "필터" 시트의 [A2:G12]를 아래 조건에 맞게 고급 필터를 사용하여 작성하시오.

  - '구분'이 "청소년"이거나 '최종 합계'가 200000 이하인 데이터를 '성명', 'ARS 투표', '현장 투표', '최종 합계'의 데이터만
    필터링하시오.

  - 조건 위치 : 조건 함수는 [A15] 한 셀에 작성(OR 함수 이용)

  - 결과 위치 : [A18]부터 출력

▶ 지시사항이 없는 경우는《출력형태 – 필터》와 동일하게 작성하시오.

조건 함수 작성 ▷ 필드명 복사 ▷ 고급 필터 지정

Check 01 함수 작성 : OR 함수를 이용하여 조건이 될 함수를 작성해요!

5	드라마	기생충	디지털2D	1,948
6	어드벤처	백두산	디지털2D	1,971
7	액션	스파이더맨	스크린X	2,142
8	어드벤처	알라딘	디지털4D	1,409
9	액션	어벤져스	디지털4D	2,835
10	코미디	엑시트	디지털4D	1,660
11	액션	조커	디지털2D	1,418
12	액션	캡틴 마블	스크린X	2,100
13				
14	조건			
15	FALSE			
16				

OR 함수 계산   [A15] 셀에 결과 표시

Check 02 필드명 복사 : 조건에 맞추어 필터링에 필요한 필드명을 복사해요!

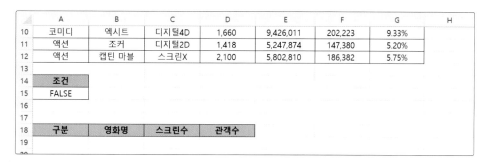

	A	B	C	D	E	F	G	H
10	코미디	엑시트	디지털4D	1,660	9,426,011	202,223	9.33%	
11	액션	조커	디지털2D	1,418	5,247,874	147,380	5.20%	
12	액션	캡틴 마블	스크린X	2,100	5,802,810	186,382	5.75%	
13								
14	조건							
15	FALSE							
16								
17								
18	구분	영화명	스크린수	관객수				
19								

구분, 영화명, 스크린수, 관객수 필드명 복사

Check 03 고급필터 : 범위를 지정하여 필터링해요!

목록 범위 확인   조건 범위 지정   복사 위치 지정

【문제 2】 "부분합" 시트를 참조하여 다음《처리조건》에 맞도록 작업하시오.(30점)

《출력형태》

참가번호	성명	구분	참가지역	ARS 투표	현장 투표	최종 합계
28113-T	정한호	대학생	부산	359,023	207,832	566,855
13972-D	김감호	대학생	서울	283,912	103,763	387,675
13201-S	김민서	대학생	부산	230,972	597,363	828,335
		대학생 최대			597,363	828,335
		대학생 요약		873,907	908,958	
24931-D	조서연	일반	서울	232,402	125,023	357,425
11234-D	박준연	일반	진주	68,203	86,219	154,422
24210-T	박춘열	일반	서울	296,002	204,762	500,764
22597-T	이민지	일반	부산	89,504	306,732	396,236
		일반 최대			306,732	500,764
		일반 요약		686,111	722,736	
12452-S	김동근	청소년	인천	532,690	98,392	631,082
18462-S	조수홍	청소년	인천	171,217	1,033,823	1,205,040
14339-S	정일호	청소년	진주	624,500	96,574	721,074
		청소년 최대			1,033,823	1,205,040
		청소년 요약		1,328,407	1,228,789	
		전체 최대값			1,033,823	1,205,040
		총합계		2,888,425	2,860,483	

《처리조건》

▶ 데이터를 '구분' 기준으로 오름차순 정렬하시오.

▶ 아래 조건에 맞는 부분합을 작성하시오.

 - '구분'으로 그룹화하여 'ARS 투표', '현장 투표'의 합계를 구하는 부분합을 만드시오.

 - '구분'으로 그룹화하여 '현장 투표', '최종 합계'의 최대를 구하는 부분합을 만드시오.

 (새로운 값으로 대치하지 말 것)

 - [E3:G20] 영역에 셀 서식의 표시 형식-숫자를 이용하여 1000 단위 구분 기호를 표시하시오.

▶ E~G열을 선택하여 그룹을 설정하시오.

▶ 합계와 최대의 부분합 순서는《출력형태》와 다를 수 있음

▶ 지시사항이 없는 경우는 기본 값을 적용하시오.

01 조건 함수 작성하기

▶ "필터" 시트의 [A2:G12]를 아래 조건에 맞게 고급 필터를 사용하여 작성하시오.
- '구분'이 "어드벤처"이거나 '스크린수'가 1500 이하인 데이터를 '구분', '영화명', '스크린수', '관객수'의 데이터만 필터링하시오.
- 조건 위치 : 조건 함수는 [A15] 한 셀에 작성(OR 함수 이용)

1 엑셀 2021 프로그램을 실행한 후 [05차시] 폴더에서 **05차시(문제).xlsx** 파일을 불러옵니다.

2 파일이 열리면 작업창 아래쪽에서 **[필터]** 시트를 클릭합니다.

⊕ DIAT 스프레드시트 시험은 각 시트마다 데이터가 미리 입력되어 있어요.

3 조건에 제시된 함수를 작성하기 위해 **[A15]** 셀을 선택하고 fx **(함수 삽입)** 단추를 클릭합니다.

🔷 **DIAT 꿀팁**

DIAT 스프레드시트 시험의 [필터] 시트에서는 《처리조건》에 제시된 함수(AND 함수, OR 함수)를 이용하여 조건을 작성하는 문제가 출제됩니다.
- AND 함수 : 모든 조건을 만족하면 '참(TRUE)'을, 그렇지 않으면 '거짓(FALSE)'을 표시하는 함수
- OR 함수 : 한 개의 조건이라도 만족하면 '참(TRUE)'을 표시하는 함수

【문제 1】 "투표 현황" 시트를 참조하여 다음《처리조건》에 맞도록 작업하시오.(50점)

《출력형태》

참가번호	성명	구분	참가지역	ARS 투표	현장 투표	최종 합계	순위	비고
24931-D	조서연	일반부문	서울	232,402	125,023	357,425	9위	
12452-S	김동근	청소년부문	인천	532,690	98,392	631,082	4위	ARS 우세
18462-S	조수홍	청소년부문	인천	171,217	1,033,823	1,205,040	1위	
28113-T	정한호	대학생부문	부산	359,023	207,832	566,855	5위	ARS 우세
11234-D	박준연	일반부문	진주	68,203	86,219	154,422	10위	
24210-T	박춘열	일반부문	서울	296,002	204,762	500,764	6위	
14339-S	정일호	청소년부문	진주	624,500	96,574	721,074	3위	ARS 우세
13972-D	김감호	대학생부문	서울	283,912	103,763	387,675	8위	
22597-T	이민지	일반부문	부산	89,504	306,732	396,236	7위	
13201-L	김민서	대학생부문	부산	230,972	597,363	828,335	2위	
'참가지역'이 "서울"인 'ARS 투표'의 평균					270,772			
'현장 투표'의 최대값-최소값의 차이					947,604			
'ARS 투표' 중 세 번째로 작은 값					171,217			

《처리조건》

▶ 1행의 행 높이를 '80'으로 설정하고, 2행~15행의 행 높이를 '18'로 설정하시오.

▶ 제목("나는 가수다 오디션 투표 현황") : 기본 도형의 '평행 사변형'을 이용하여 입력하시오.

 - 도형 : 위치([B1:H1]), 도형 채우기(테마 스타일 – 미세 효과 – '황금색, 강조 4')

 - 글꼴 : 굴림체, 28pt, 굵게, 기울임꼴

 - 도형 서식 : 도형 옵션 – 크기 및 속성(텍스트 상자(세로 맞춤 : 정가운데, 텍스트 방향 : 가로))

▶ 셀 서식을 아래 조건에 맞게 작성하시오.

 - [A2:I15] : 테두리(안쪽, 윤곽선 모두 실선, '검정, 텍스트 1'), 전체 가운데 맞춤

 - [A13:D13], [A14:D14], [A15:D15] : 각각 병합하고 가운데 맞춤

 - [A2:I2], [A13:D15] : 채우기 색('파랑, 강조 1, 60% 더 밝게'), 글꼴(굵게)

 - [H3:H12] : 셀 서식의 표시 형식–사용자 지정을 이용하여 #"위"자를 추가

 - [E3:G12], [E13:G15] : 셀 서식의 표시 형식–숫자를 이용하여 1000 단위 구분 기호 표시

 - [C3:C12] : 셀 서식의 표시 형식–사용자 지정을 이용하여 @"부문"자를 추가

 - 조건부 서식[A3:I12] : '최종 합계'가 400000 이하인 경우 레코드 전체에 글꼴(자주, 굵게) 적용

 - 지시사항이 없는 경우는 주어진 문제파일의 서식을 그대로 사용하시오.

▶ ① 순위[H3:H12] : '최종 합계'를 기준으로 큰 순으로 '순위'를 구하시오. (RANK.EQ 함수)

▶ ② 비고[I3:I12] : 'ARS 투표'가 300000 이상이면 "ARS 우세", 그렇지 않으면 공백으로 구하시오. (IF 함수)

▶ ③ 평균[E13:G13] : '참가지역'이 "서울"인 'ARS 투표'의 평균을 구하시오. (DAVERAGE 함수)

▶ ④ 최대값-최소값[E14:G14] : '현장 투표'의 최대값-최소값의 차이를 구하시오. (MAX, MIN함수)

▶ ⑤ 순위[E15:G15] : 'ARS 투표' 중 세 번째로 작은 값을 구하시오. (SMALL 함수)

4 OR 함수를 찾아 Logical1 입력 칸에 아래와 같이 첫 번째 조건을 입력합니다.

➕ '구분'이 "어드벤처"와 관련된 조건이에요.

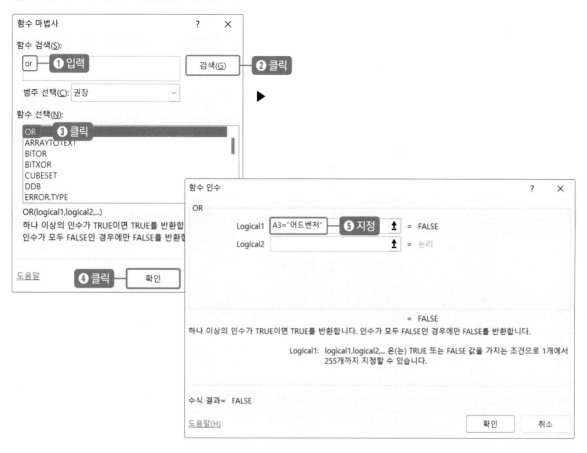

5 Logical2 입력 칸을 클릭하여 두 번째 조건을 입력합니다.

➕ '스크린수'가 1500이하와 관련된 조건이에요.

제09회 실전모의고사

▹ 시험과목 : 스프레드시트(엑셀)
▹ 시험일자 : 20XX. XX. XX.(X)
▹ 응시자 기재사항 및 감독위원 확인

수 검 번 호	DIS - XXXX -	감독위원 확인
성 명		

응시자 유의사항

1. 응시자는 신분증을 지참하여야 시험에 응시할 수 있으며, 시험이 종료될 때까지 신분증을 제시하지 못할 경우 해당 시험은 0점 처리됩니다.

2. 시스템(PC 작동 여부, 네트워크 상태 등)의 이상 여부를 반드시 확인하여야 하며, 시스템 이상이 있을시 감독위원에게 조치를 받으셔야 합니다.

3. 시험 중 부주의 또는 고의로 시스템을 파손한 경우는 응시자 부담으로 합니다.

4. 답안 전송 프로그램을 통해 다운로드 받은 파일을 이용하여 답안 파일을 작성하시기 바랍니다.

5. 작성한 답안 파일은 답안 전송 프로그램을 통하여 전송됩니다. 감독위원의 지시에 따라 주시기 바랍니다.

6. 다음 사항의 경우 실격(0점) 혹은 부정행위 처리됩니다.
   ❶ 답안 파일을 저장하지 않았거나, 저장한 파일이 손상되었을 경우
   ❷ 답안 파일을 지정된 폴더(바탕화면 – "KAIT" 폴더)에 저장하지 않았을 경우
      ※ 답안 전송 프로그램 로그인 시 바탕화면에 자동 생성됨
   ❸ 답안 파일을 다른 보조기억장치(USB) 혹은 네트워크(메신저, 게시판 등)로 전송할 경우
   ❹ 휴대용 전화기 등 통신기기를 사용할 경우

7. 시트는 반드시 순서대로 작성해야 하며, 순서가 다를 경우 "0"점 처리 됩니다.

8. 시험지에 제시된 글꼴이 응시 프로그램에 없는 경우, 반드시 감독위원에게 해당 내용을 통보한 뒤 조치를 받아야 합니다.

9. 시험의 완료는 작성이 완료된 답안을 저장하고, 답안 전송이 완료된 상태를 확인한 것으로 합니다. 답안 전송 확인 후 문제지는 감독위원에게 제출한 후 퇴실하여야 합니다.

10. 답안 전송이 완료된 경우에는 수정 또는 정정이 불가능합니다.

11. 시험 시행 후 합격자 발표는 홈페이지(www.ihd.or.kr)에서 확인하시기를 바랍니다.
    ※ 합격자 발표 : 20XX. XX. XX.(X)

Korea Association for ICT Promotion
한국정보통신진흥협회 KAIT

>	초과	왼쪽 값이 오른쪽보다 큼	<	미만	왼쪽 값이 오른쪽보다 작음
>=	이상	왼쪽 값이 오른쪽보다 크거나 같음	<=	이하	왼쪽 값이 오른쪽보다 작거나 같음
=	같다	왼쪽, 오른쪽 값이 같은지 비교	<>	다르다	왼쪽, 오른쪽 값이 서로 다른지 비교

6 고급 필터의 조건이 되는 함수 작성이 완료되었습니다.

A15	∨ : × ✓ fx	=OR(A3="어드벤처",D3<=1500)	**❶ 확인**				
	A	B	C	D	E	F	G	H
1								
2	구분	영화명	상영타입	스크린수	관객수	상영횟수	관객비율	
3	드라마	겨울왕국2	디지털4D	2,648	13,369,075	282,557	13.24%	
4	코미디	극한직업	디지털2D	2,003	16,265,618	292,584	16.11%	
5	드라마	기생충	디지털2D	1,948	10,085,275	192,855	9.99%	
6	어드벤처	백두산	디지털2D	1,971	6,290,773	99,916	6.23%	
7	액션	스파이더맨	스크린X	2,142	8,021,145	180,474	7.94%	
8	어드벤처	알라딘	디지털4D	1,409	12,552,283	266,469	12.43%	
9	액션	어벤져스	디지털4D	2,835	13,934,592	242,001	13.80%	
10	코미디	엑시트	디지털4D	1,660	9,426,011	202,223	9.33%	
11	액션	조커	디지털2D	1,418	5,247,874	147,380	5.20%	
12	액션	캡틴 마블	스크린X	2,100	5,802,810	186,382	5.75%	
13								
14	조건							
15	FALSE	**❷ 확인**						
16								

함수식 직접 입력하기

함수 마법사를 이용하지 않고 [A15] 셀에 다음과 같이 직접 수식을 입력하면 더 빠르게 값을 구할 수 있습니다.

$$=OR(A3="어드벤처",D3<=1500)$$
❶ ❷ ❸ ❹

❶ 수식은 등호(=)로 시작합니다.
❷ 하나의 조건이라두 만족하면 참(TRUE)을 반환합니다.
❸ 구분(A3)이 "어드벤처"인 조건을 입력합니다.
❹ 스크린수(D3)가 1500 이하인 조건을 입력합니다.

【문제 5】 "차트" 시트를 참조하여 다음《처리조건》에 맞도록 작업하시오.(30점)

《출력형태》

지역	업체명	매출액	변동비	고정비	영업이익
부산	청나래정보통신	30,987	555	920	29,512
서울	정보산업개발	27,729	1,170	806	25,753
부산	공영중공업	16,336	648	769	14,919
광주	HN산업개발	23,667	1,301	850	21,516
서울	이슈정보통신	18,660	268	942	17,450

《처리조건》

▶ "차트" 시트에 주어진 표를 이용하여 '묶은 가로 막대형' 차트를 작성하시오.

 - 데이터 범위 : 현재 시트 [B2:B7], [D2:E7]의 데이터를 이용하여 작성하고, 행/열 전환은 '열'로 지정

 - 차트 위치 : 현재 시트에 [A10:H26] 크기에 정확하게 맞추시오.

 - 차트 제목("기업별 변동비 및 고정비 현황")

 - 차트 스타일 : 색 변경(색상형 – 다양한 색상표 3, 스타일 6)

 - 범례 위치 : 오른쪽

 - 차트 영역 서식 : 글꼴(굴림체, 11pt), 테두리 색(실선, 색 : 진한 빨강), 테두리 스타일(너비 : 2.75pt, 겹선 종류 : 이중,
   대시 종류 : 긴 파선)

 - 차트 제목 서식 : 글꼴(굴림, 18pt, 굵게), 채우기(그림 또는 질감 채우기, 질감 : 분홍 박엽지)

 - 그림 영역 서식 : 채우기(그라데이션 채우기, 그라데이션 미리 설정 : 밝은 그라데이션 – 강조 5, 종류 : 선형,
   방향 : 선형 오른쪽)

 - 데이터 레이블 추가 : '고정비' 계열에 "값" 표시

▶ 지시사항이 없는 경우는《출력형태》와 동일하게 작성하시오.

02 필드명 작성하기

- '구분'이 "어드벤처"이거나 '스크린수'가 1500 이하인 데이터를 '구분', '영화명', '스크린수', '관객수'의 데이터만 필터링하시오.

1 고급 필터를 적용할 필드명을 복사해 보도록 하겠습니다.

2 [A2:B2], [D2:E2] 영역을 범위로 지정한 다음 [Ctrl]+[C]를 눌러 **복사**합니다.

> 🔸 떨어진 셀은 [Ctrl]을 이용해 함께 선택할 수 있어요.

	A	B	C	D	E	F	G	H
1								
2	구분	영화명	상영타입	스크린수	관객수	상영횟수	관객비율	
3	드라마	겨울왕국2	디지털4D	2,648	13,369,075	282,557	13.24%	
4	코미디	극한직업	디지털2D	2,0	,61		16.11%	
5	드라마	기생충	디지털2D	1,948	10,085,275	192,855	9.99%	
6	어드벤처	백두산	디지털2D	1,971	6,290,773	99,916	6.23%	
7	액션	스파이더맨	스크린X	2,142	8,021,145	180,474	7.94%	
8	어드벤처	알라딘	디지털4D	1,409	12,552,283	266,469	12.43%	
9	액션	어벤져스	디지털4D	2,835	13,934,592	242,001	13.80%	
10	코미디	엑시트	디지털4D	1,660	9,426,011	202,223	9.33%	
11	액션	조커	디지털2D	1,418	5,247,874	147,380	5.20%	
12	액션	캡틴 마블	스크린X	2,100	5,802,810	186,382	5.75%	

① 드래그 ② [Ctrl]+드래그 ③ [Ctrl]+[C] (복사)

3 [A18] 셀을 선택한 후 [Ctrl]+[V]를 눌러 복사된 필드명을 **붙여넣어줍니다.**

	A	B	C	D	E	F	G	H
1								
2	구분	영화명	상영타입	스크린수	관객수	상영횟수	관객비율	
3	드라마	겨울왕국2	디지털4D	2,648	13,369,075	282,557	13.24%	
4	코미디	극한직업	디지털2D	2,003	16,265,618	292,584	16.11%	
5	드라마	기생충	디지털2D	1,948	10,085,275	192,855	9.99%	
6	어드벤처	백두산	디지털2D	1,971	6,290,773	99,916	6.23%	
7	액션	스파이더맨	스크린X	2,142	8,021,145	180,474	7.94%	
8	어드벤처	알라딘	디지털4D	1,409	12,552,283	266,469	12.43%	
9	액션	어벤져스	디지털4D	2,835	13,934,592	242,001	13.80%	
10	코미디	엑시트	디지털4D	1,660	9,426,011	202,223	9.33%	
11	액션	조커	디지털2D	1,418	5,247,874	147,380	5.20%	
12	액션	캡틴 마블	스크린X	2,100	5,802,810	186,382	5.75%	
13								
14	조건							
15	FALSE							
16								
17								
18	구분	영화명	스크린수	관객수				
19								

[Ctrl]+[V] (붙여넣기)

🗐 (Ctrl) ▾

 필드명이란 무엇일까요?

엑셀 2021 프로그램에서 필드명은 각각의 데이터 항목의 이름을 나타냅니다. 즉, 각 열의 제목을 뜻한다고 볼 수 있지요. 현재 시트에서의 필드명은 '구분', '영화명', '상영타입', '스크린수', '관객수', '상영횟수', '관객비율'이 있습니다.

【문제 4】 "피벗테이블" 시트를 참조하여 다음《처리조건》에 맞도록 작업하시오.(30점)

《출력형태》

	A	B	C	D	E	F	G
1							
2							
3	지역	값	업종 건설업	금융보험업	부동산업	정보통신업	
4							
5	부산	합계 : 매출액	16,336	***	26,336	30,987	
6		합계 : 영업이익	14,919	***	24,463	29,512	
7	서울	합계 : 매출액	16,203	14,420	27,729	18,660	
8		합계 : 영업이익	14,315	13,105	25,753	17,450	
9	전체 합계 : 매출액		32,539	14,420	54,065	49,647	
10	전체 합계 : 영업이익		29,234	13,105	50,216	46,962	
11							

《처리조건》

▶ "피벗테이블" 시트의 [A2:G12]를 이용하여 새로운 시트에《출력형태》와 같이 피벗 테이블을 작성 후 시트명을 "피벗테이블 정답"으로 수정하시오.

▶ 지역(행)과 업종(열)을 기준으로 하여 출력형태와 같이 구하시오.

- '매출액', '영업이익'의 합계를 구하시오.

- 피벗 테이블 옵션을 이용하여 레이블이 있는 셀 병합 및 가운데 맞춤하고 빈 셀을 "***"로 표시한 후, 행의 총합계를 감추기 하시오.

- 피벗 테이블 디자인에서 보고서 레이아웃은 '테이블 형식으로 표시', 피벗 테이블 스타일은 '어둡게 – 진한 회색, 피벗 스타일 어둡게 4'로 표시하시오.

- 지역(행)은 "부산", "서울"만 출력되도록 표시하시오.

- [C5:F10] 데이터는 셀 서식의 표시 형식-숫자를 이용하여 1000 단위 구분 기호를 표시하고, 가운데 맞춤하시오.

▶ 지역의 순서는《출력형태》와 다를 수 있음

▶ 지시사항이 없는 경우는《출력형태》와 동일하게 작성하시오.

03 고급 필터 지정하기

- 결과 위치 : [A18]부터 출력

1 [A2] 셀을 선택한 후 [데이터] 탭에서 **[고급]**을 클릭합니다.

➕ 고급 필터 작업을 위해 데이터 안의 임의의 셀을 선택해 주세요.

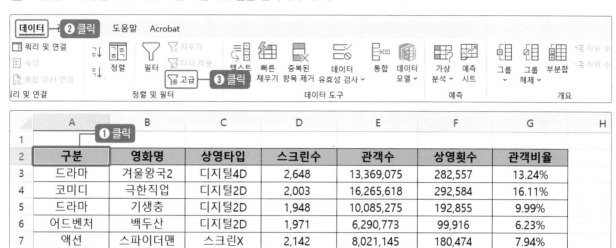

구분	영화명	상영타입	스크린수	관객수	상영횟수	관객비율
드라마	겨울왕국2	디지털4D	2,648	13,369,075	282,557	13.24%
코미디	극한직업	디지털2D	2,003	16,265,618	292,584	16.11%
드라마	기생충	디지털2D	1,948	10,085,275	192,855	9.99%
어드벤처	백두산	디지털2D	1,971	6,290,773	99,916	6.23%
액션	스파이더맨	스크린X	2,142	8,021,145	180,474	7.94%
어드벤처	알라딘	디지털4D	1,409	12,552,283	266,469	12.43%
액션	어벤져스	디지털4D	2,835	13,934,592	242,001	13.80%
코미디	엑시트	디지털4D	1,660	9,426,011	202,223	9.33%
액션	조커	디지털2D	1,418	5,247,874	147,380	5.20%
액션	캡틴 마블	스크린X	2,100	5,802,810	186,382	5.75%
조건						
FALSE						

2 목록 범위가 전체 데이터 영역([A2:G12])으로 선택된 것을 확인합니다.

구분	영화명	상영타입	스크린수	관객수	상영횟수	관객비율
드라마	겨울왕국2	디지털4D	2,648	13,369,075	282,557	13.24%
코미디	극한직업	디지털2D	2,003	16,265,618	292,584	16.11%
드라마	기생충	디지털2D	1,948	10,085,275	192,855	9.99%
어드벤처	백두산	디지털2D	1,971	6,290,773	99,916	6.23%
액션	스파이더맨	스크린X	2,142	8,021,145	180,474	7.94%
어드벤처	알라딘	디지털4D	1,409	12,552,283	266,469	12.43%
액션	어벤져스	디지털4D	2,835	13,934,592	242,001	13.80%
코미디	엑시트	디지털4D	1,660	9,426,011	202,223	9.33%
액션	조커	디지털2D	1,418	5,247,874	147,380	5.20%
액션	캡틴 마블	스크린X	2,100	5,802,810	186,382	5.75%

(2) 시나리오

《출력형태 – 시나리오》

	현재 값:	매출액 1800 증가	매출액 1300 감소
시나리오 요약			
변경 셀:			
$D$4	30,987	32,787	29,687
$D$8	16,336	18,136	15,036
$D$11	26,336	28,136	25,036
결과 셀:			
$G$4	29,512	31,312	28,212
$G$8	14,919	16,719	13,619
$G$11	24,463	26,263	23,163

참고: 현재 값 열은 시나리오 요약 보고서가 작성될 때의
변경 셀 값을 나타냅니다. 각 시나리오의 변경 셀들은
회색으로 표시됩니다.

《처리조건》

▶ "시나리오" 시트의 [A2:G12]를 이용하여 '지역'이 "부산"인 경우, '매출액'이 변동할 때 '영업이익'이 변동하는
　가상분석(시나리오)을 작성하시오.
　 – 시나리오1 : 시나리오 이름은 "매출액 1800 증가", '매출액'에 1800을 증가시킨 값 설정.
　 – 시나리오2 : 시나리오 이름은 "매출액 1300 감소", '매출액'에 1300을 감소시킨 값 설정.
　 – "시나리오 요약" 시트를 작성하시오.
▶ 지시사항이 없는 경우는 《출력형태 – 시나리오》와 동일하게 작성하시오.

3 이번에는 조건 범위 입력 칸을 클릭하여 조건 영역([A14:A15])을 드래그합니다.

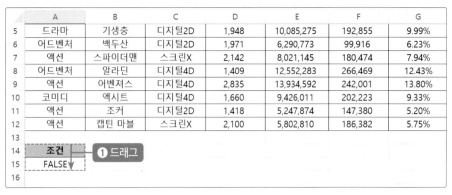

4 필터링 결과를 다른 셀에 출력해야 하므로 '다른 장소에 복사'에 체크한 다음 복사 위치를 [A18:D18] 영역으로 선택합니다.

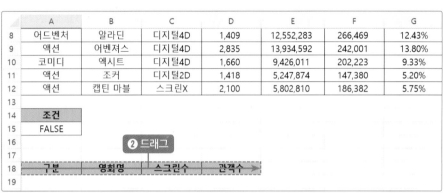

5 고급 필터 결과가 출력된 것을 확인한 후 [저장(🖫)]을 클릭하거나 Ctrl + S 를 눌러 답안 파일을 저장합니다.

➕ 시험이 진행되는 40분 동안 수시로 저장하여 작업된 내용이 누락되지 않도록 해요.

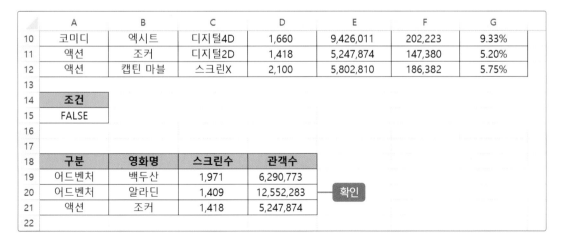

🔶 **DIAT 꿀팁**
DIAT 스프레드시트는 문제지에 결과값이 함께 표시되므로 자신이 작성한 고급 필터의 결과가 《출력형태》와 동일한지 확인하도록 합니다.

【문제 3】 "필터"와 "시나리오" 시트를 참조하여 다음《처리조건》에 맞도록 작업하시오.(60점)

(1) 필터

《출력형태 – 필터》

	A	B	C	D	E	F	G
1							
2	지역	업종	업체명	매출액	변동비	고정비	영업이익
3	서울	건설업	프렌즈건설	16,203	796	1,092	14,315
4	부산	정보통신업	청나래정보통신	30,987	555	920	29,512
5	광주	건설업	용도건설	17,867	809	833	16,225
6	서울	부동산업	정보산업개발	27,729	1,170	806	25,753
7	광주	정보통신업	신기술정보통신	37,415	594	882	35,939
8	부산	건설업	공영중공업	16,336	648	769	14,919
9	광주	부동산업	HN산업개발	23,667	1,301	850	21,516
10	서울	정보통신업	이슈정보통신	18,660	268	942	17,450
11	부산	부동산업	LDC산업개발	26,336	514	1,359	24,463
12	서울	금융보험업	푸른화재	14,420	602	713	13,105
13							
14	조건						
15	TRUE						
16							
17							
18	지역	업체명	매출액	고정비	영업이익		
19	서울	프렌즈건설	16,203	1,092	14,315		
20	광주	용도건설	17,867	833	16,225		
21	광주	신기술정보통신	37,415	882	35,939		
22	부산	공영중공업	16,336	769	14,919		

《처리조건》

▶ "필터" 시트의 [A2:G12]를 아래 조건에 맞게 고급 필터를 사용하여 작성하시오.

　- '업종'이 "건설업"이거나 '영업이익'이 30000 이상인 데이터를 '지역', '업체명', '매출액', '고정비', '영업이익'의
　　데이터만 필터링 하시오.

　- 조건 위치 : 조건 함수는 [A15] 한 셀에 작성(OR 함수 이용)

　- 결과 위치 : [A18]부터 출력

▶ 지시사항이 없는 경우는《출력형태 – 필터》와 동일하게 작성하시오.

01 "필터" 시트를 참조하여 《처리조건》에 맞도록 작업하시오.

실습파일 : 05-01(문제).xlsx
완성파일 : 05-01(완성).xlsx

《출력형태》

	A	B	C	D	E	F	G
1							
2	주문번호	제조사	상품분류	상품명	단가	수량	재고금액
3	P19-04023	리틀달링	장난감	공	4,800	27	129,600
4	P19-06025	바우와우	미용용품	이발기(소)	37,800	32	1,209,600
5	P19-04027	핑크펫	미용용품	이발기(중)	19,800	15	297,000
6	P19-06029	블루블루	간식	츄르	20,800	89	1,851,200
7	P19-04031	퍼니펫샵	장난감	일자터널	28,500	17	484,500
8	P19-04033	핑크펫	간식	치즈통조림	10,900	121	1,318,900
9	P19-06035	핑크펫	장난감	T자터널	16,000	21	336,000
10	P19-04037	바우와우	미용용품	털제거장갑	3,500	30	105,000
11	P19-06039	퍼니펫샵	장난감	놀이인형	3,000	16	48,000
12	P19-04041	블루블루	간식	애견소시지	3,500	58	203,000
13							
14	조건						
15	FALSE						
16							
17							
18	주문번호	상품분류	상품명	수량	재고금액		
19	P19-04027	미용용품	이발기(중)	15	297,000		
20	P19-06035	장난감	T자터널	21	336,000		
21							

《처리조건》

▶ "필터" 시트의 [A2:G12]를 아래 조건에 맞게 고급 필터를 사용하여 작성하시오.

 – '제조사'가 "핑크펫"이고 '단가'가 15000 이상인 데이터를 '주문번호', '상품분류', '상품명', '수량', '재고금액'의 데이터만 필터링하시오.

 – 조건 위치 : 조건 함수는 [A15] 한 셀에 작성(AND 함수 이용)

 – 결과 위치 : [A18]부터 출력

▶ 지시사항이 없는 경우는 《출력형태 – 필터》와 동일하게 작성하시오.

【문제 2】 "부분합" 시트를 참조하여 다음 《처리조건》에 맞도록 작업하시오.(30점)

《출력형태》

지역	업종	업체명	매출액	변동비	고정비	영업이익
서울	건설업	프렌즈건설	16,203	796	1,092	14,315
서울	부동산업	정보산업개발	27,729	1,170	806	25,753
서울	정보통신업	이슈정보통신	18,660	268	942	17,450
서울	금융보험업	푸른화재	14,420	602	713	13,105
서울 요약					3,553	70,623
서울 최소			14,420	268		
부산	정보통신업	청나래정보통신	30,987	555	920	29,512
부산	건설업	공영중공업	16,336	648	769	14,919
부산	부동산업	LDC산업개발	26,336	514	1,359	24,463
부산 요약					3,048	68,894
부산 최소			16,336	514		
광주	건설업	용도건설	17,867	809	833	16,225
광주	정보통신업	신기술정보통신	37,415	594	882	35,939
광주	부동산업	HN산업개발	23,667	1,301	850	21,516
광주 요약					2,565	73,680
광주 최소			17,867	594		
총합계					9,166	213,197
전체 최소값			14,420	268		

《처리조건》

▶ 데이터를 '지역' 기준으로 내림차순 정렬하시오.

▶ 아래 조건에 맞는 부분합을 작성하시오.

 - '지역'으로 그룹화하여 '매출액', '변동비'의 최소를 구하는 부분합을 만드시오.

 - '지역'으로 그룹화하여 '고정비', '영업이익'의 합계를 구하는 부분합을 만드시오.

   (새로운 값으로 대치하지 말 것)

 - [D3:G20] 영역에 셀 서식의 표시 형식-숫자를 이용하여 1000 단위 구분 기호 표시하시오.

▶ D~F열을 선택하여 그룹을 설정하시오.

▶ 최소와 합계의 부분합 순서는 《출력형태》와 다를 수 있음

▶ 지시사항이 없는 경우는 기본 값을 적용하시오.

"필터" 시트를 참조하여 《처리조건》에 맞도록 작업하시오.

실습파일 : 05-02(문제).xlsx
완성파일 : 05-02(완성).xlsx

《출력형태》

	A	B	C	D	E	F	G
1							
2	제품번호	색상	상품분류	상품명	단가	수량	판매금액
3	BS3323-S	실버계열	아쿠아슈즈	루니아쿠아슈즈	24,900	43	1,070,700
4	KS3599-R	레드계열	런닝화	컬러라인 런닝화	46,000	38	1,748,000
5	CS3353-B	블랙계열	운동화	레이시스 런닝화	39,800	21	835,800
6	HS3428-S	실버계열	런닝화	컬러라인 런닝화	64,000	15	960,000
7	AS4292-B	블랙계열	운동화	레이시스 런닝화	48,000	38	1,824,000
8	DS3967-R	레드계열	아쿠아슈즈	워터슈즈	39,000	23	897,000
9	JS3887-B	블랙계열	운동화	콜라보 스니커즈	29,800	16	476,800
10	AS4093-R	레드계열	런닝화	레드 러너스	49,800	46	2,290,800
11	CS3342-S	실버계열	런닝화	컬러라인 런닝화	45,700	40	1,828,000
12	IS3437-B	블랙계열	아쿠아슈즈	워터슈즈	19,900	17	338,300
13							
14	조건						
15	FALSE						
16							
17							
18	제품번호	상품분류	상품명	단가	수량		
19	KS3599-R	런닝화	컬러라인 런닝화	46,000	38		
20	AS4292-B	운동화	레이시스 런닝화	48,000	38		
21	DS3967-R	아쿠아슈즈	워터슈즈	39,000	23		
22	AS4093-R	런닝화	레드 러너스	49,800	46		
23	CS3342-S	런닝화	컬러라인 런닝화	45,700	40		
24							

《처리조건》

▶ "필터" 시트의 [A2:G12]를 아래 조건에 맞게 고급 필터를 사용하여 작성하시오.

  – '색상'이 "레드계열"이거나 '판매금액'이 1500000 이상인 데이터를 '제품번호', '상품분류', '상품명', '단가', '수량'의
  데이터만 필터링하시오.

  – 조건 위치 : 조건 함수는 [A15] 한 셀에 작성(OR 함수 이용)

  – 결과 위치 : [A18]부터 출력

▶ 지시사항이 없는 경우는 《출력형태 – 필터》와 동일하게 작성하시오.

[문제 1] "영업이익" 시트를 참조하여 다음 《처리조건》에 맞도록 작업하시오. (50점)

《출력형태》

지역	업종	업체명	매출액	변동비	고정비	영업이익	순위	비고
\multicolumn{3}{c	}{기업별 영업이익 현황}							
서울	건설업	프렌즈건설	16,203	796	1,092	14,315	9등	고정비초과
부산	정보통신업	청나래정보통신	30,987	555	920	29,512	2등	
광주	건설업	용도건설	17,867	809	833	16,225	7등	
서울	부동산업	정보산업개발	27,729	1,170	806	25,753	3등	
광주	정보통신업	신기술정보통신	37,415	594	882	35,939	1등	
부산	건설업	공영중공업	16,336	648	769	14,919	8등	
광주	부동산업	HN산업개발	23,667	1,301	850	21,516	5등	
서울	정보통신업	이슈정보통신	18,660	268	942	17,450	6등	
부산	부동산업	LDC산업개발	26,336	514	1,359	24,463	4등	고정비초과
서울	금융보험업	푸른화재	14,420	602	713	13,105	10등	
\multicolumn{4}{c	}{'업종'이 "건설업"인 '고정비'의 최대값}				1,092		
\multicolumn{4}{c	}{'변동비'의 최대값-최소값 차이}				1,033		
\multicolumn{4}{c	}{'영업이익' 중 첫 번째로 큰 값}				35,939		

《처리조건》

▶ 1행의 행 높이를 '80'으로 설정하고, 2행~15행의 행 높이를 '18'로 설정하시오.

▶ 제목("기업별 영업이익 현황") : 기본 도형의 '사각형: 빗면'을 이용하여 입력하시오.
 - 도형 : 위치([B1:H1]), 도형 스타일(테마 스타일 - 보통 효과 - '주황, 강조 2')
 - 글꼴 : 굴림체, 24pt, 밑줄
 - 도형 서식 : 도형 옵션 - 크기 및 속성(텍스트 상자(세로 맞춤 : 정가운데, 텍스트 방향 : 가로))

▶ 셀 서식을 아래 조건에 맞게 작성하시오.
 - [A2:I15] : 테두리(안쪽, 윤곽선 모두 실선, '검정, 텍스트 1'), 전체 가운데 맞춤
 - [A13:D13], [A14:D14], [A15:D15] : 각각 병합하고 가운데 맞춤
 - [A2:I2], [A13:D15] : 채우기 색('청회색, 텍스트 2, 60% 더 밝게'), 글꼴(굵게)
 - [D3:G12], [E13:G15] : 셀 서식의 표시 형식-숫자를 이용하여 1000 단위 구분 기호 표시
 - [B3:B12] : 셀 서식의 표시 형식-사용자 지정을 이용하여 @"업"자 추가
 - [H3:H12] : 셀 서식의 표시 형식-사용자 지정을 이용하여 0"등"자 추가
 - 조건부 서식[A3:I12] : '매출액'이 25000 이상인 경우 레코드 전체에 글꼴(빨강, 굵게) 적용
 - 지시사항이 없는 경우는 주어진 문제파일의 서식을 그대로 사용하시오.

▶ ① 순위[H3:H12] : '영업이익'을 기준으로 큰 순으로 순위를 구하시오. (RANK.EQ 함수)
▶ ② 비고[I3:I12] : '고정비'가 1000 이상이면 "고정비초과", 그렇지 않으면 공백으로 구하시오. (IF 함수)
▶ ③ 최대값[E13:G13] : '업종'이 "건설업"인 '고정비'의 최대값을 구하시오. (DMAX 함수)
▶ ④ 최대값-최소값[E14:G14] : '변동비'의 최대값과 최소값의 차이를 구하시오. (MAX, MIN 함수)
▶ ⑤ 순위[E15:G15] : '영업이익' 중 첫 번째로 큰 값을 구하시오. (LARGE 함수)

《출력형태》

	주문번호	주문처	상품분류	상품명	판매단가	판매수량	총판매액
	FR-008966	할인점	생수	시원수	800	519	415,200
	FR-008969	편의점	탄산음료	톡톡소다	1,200	463	555,600
	FR-009012	통신판매	커피음료	커피아시아	1,500	219	328,500
	FR-009008	할인점	탄산음료	라임메이드	1,800	369	664,200
	FR-000053	통신판매	커피음료	카페타임	1,400	486	680,400
	FR-000504	편의점	생수	지리산수	900	341	306,900
	FR-000759	통신판매	커피음료	커피매니아	2,300	401	922,300
	FR-200202	편의점	탄산음료	레몬타임	1,700	236	401,200
	FR-200101	할인점	탄산음료	허리케인	2,100	104	218,400
	FR-200063	통신판매	생수	심해청수	1,300	216	280,800

조건
FALSE

주문번호	상품분류	상품명	판매단가	총판매액
FR-008969	탄산음료	톡톡소다	1,200	555,600
FR-000504	생수	지리산수	900	306,900
FR-200202	탄산음료	레몬타임	1,700	401,200
FR-200101	탄산음료	허리케인	2,100	218,400

《처리조건》

▶ "필터" 시트의 [A2:G12]를 아래 조건에 맞게 고급 필터를 사용하여 작성하시오.

– '주문처'가 "편의점"이거나 '판매수량'이 200 이하인 데이터를 '주문번호', '상품분류', '상품명', '판매단가', '총판매액'의 데이터만 필터링하시오.

– 조건 위치 : 조건 함수는 [A15] 한 셀에 작성(OR 함수 이용)

– 결과 위치 : [A18]부터 출력

▶ 지시사항이 없는 경우는 《출력형태 – 필터》와 동일하게 작성하시오.

제08회 실전모의고사

▸ 시험과목 : 스프레드시트(엑셀)
▸ 시험일자 : 20XX. XX. XX.(X)
▸ 응시자 기재사항 및 감독위원 확인

수 검 번 호	DIS - XXXX -	감독위원 확인
성 명		

응시자 유의사항

1. 응시자는 신분증을 지참하여야 시험에 응시할 수 있으며, 시험이 종료될 때까지 신분증을 제시하지 못할 경우 해당 시험은 0점 처리됩니다.

2. 시스템(PC 작동 여부, 네트워크 상태 등)의 이상 여부를 반드시 확인하여야 하며, 시스템 이상이 있을시 감독위원에게 조치를 받으셔야 합니다.

3. 시험 중 부주의 또는 고의로 시스템을 파손한 경우는 응시자 부담으로 합니다.

4. 답안 전송 프로그램을 통해 다운로드 받은 파일을 이용하여 답안 파일을 작성하시기 바랍니다.

5. 작성한 답안 파일은 답안 전송 프로그램을 통하여 전송됩니다. 감독위원의 지시에 따라 주시기 바랍니다.

6. 다음 사항의 경우 실격(0점) 혹은 부정행위 처리됩니다.
   ❶ 답안 파일을 저장하지 않았거나, 저장한 파일이 손상되었을 경우
   ❷ 답안 파일을 지정된 폴더(바탕화면 – "KAIT" 폴더)에 저장하지 않았을 경우
      ※ 답안 전송 프로그램 로그인 시 바탕화면에 자동 생성됨
   ❸ 답안 파일을 다른 보조기억장치(USB) 혹은 네트워크(메신저, 게시판 등)로 전송할 경우
   ❹ 휴대용 전화기 등 통신기기를 사용할 경우

7. 시트는 반드시 순서대로 작성해야 하며, 순서가 다를 경우 "0"점 처리 됩니다.

8. 시험지에 제시된 글꼴이 응시 프로그램에 없는 경우, 반드시 감독위원에게 해당 내용을 통보한 뒤 조치를 받아야 합니다.

9. 시험의 완료는 작성이 완료된 답안을 저장하고, 답안 전송이 완료된 상태를 확인한 것으로 합니다. 답안 전송 확인 후 문제지는 감독위원에게 제출한 후 퇴실하여야 합니다.

10. 답안 전송이 완료된 경우에는 수정 또는 정정이 불가능합니다.

11. 시험 시행 후 합격자 발표는 홈페이지(www.ihd.or.kr)에서 확인하시기를 바랍니다.
    ※ 합격자 발표 : 20XX. XX. XX.(X)

"필터" 시트를 참조하여 《처리조건》에 맞도록 작업하시오.

실습파일 : 05-04(문제).xlsx
완성파일 : 05-04(완성).xlsx

《출력형태》

	강좌명	분류	대상	모집인원	기간	수강료	합계
3	드론	취미	6학년	20	1	30,000	600,000
4	엑셀	컴퓨터	6학년	30	2	18,000	1,080,000
5	영어회화	어학	4학년	20	3	16,000	960,000
6	포토샵	컴퓨터	5학년	20	2	17,000	680,000
7	일본어회화	어학	5학년	25	3	20,000	1,500,000
8	바이올린	취미	4학년	25	3	30,000	2,250,000
9	파워포인트	컴퓨터	6학년	25	2	15,000	750,000
10	축구	취미	4학년	30	1	24,000	720,000
11	중국어회화	어학	5학년	20	2	16,000	640,000
12	한글	컴퓨터	4학년	30	1	15,000	450,000

조건
FALSE

강좌명	모집인원	기간	수강료
바이올린	25	3	30,000
축구	30	1	24,000

《처리조건》

▶ "필터" 시트의 [A2:G12]를 아래 조건에 맞게 고급 필터를 사용하여 작성하시오.

- '분류'가 "취미"이면서 '대상'이 "4학년"인 데이터를 '강좌명', '모집인원', '기간', '수강료'의 데이터만 필터링하시오.
- 조건 위치 : 조건 함수는 [A15] 한 셀에 작성(AND 함수 이용)
- 결과 위치 : [A18]부터 출력

▶ 지시사항이 없는 경우는 《출력형태 – 필터》와 동일하게 작성하시오

【문제 5】 "차트" 시트를 참조하여 다음《처리조건》에 맞도록 작업하시오.(30점)

《출력형태》

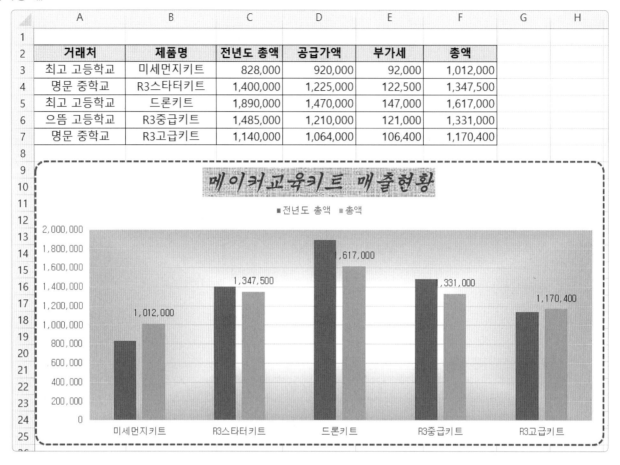

	거래처	제품명	전년도 총액	공급가액	부가세	총액
3	최고 고등학교	미세먼지키트	828,000	920,000	92,000	1,012,000
4	명문 중학교	R3스타터키트	1,400,000	1,225,000	122,500	1,347,500
5	최고 고등학교	드론키트	1,890,000	1,470,000	147,000	1,617,000
6	으뜸 고등학교	R3중급키트	1,485,000	1,210,000	121,000	1,331,000
7	명문 중학교	R3고급키트	1,140,000	1,064,000	106,400	1,170,400

《처리조건》

▶ "차트" 시트에 주어진 표를 이용하여 '묶은 세로 막대형' 차트를 작성하시오.

- 데이터 범위 : 현재 시트 [B2:C7], [F2:F7]의 데이터를 이용하여 작성하고, 행/열 전환은 '열'로 지정

- 차트 위치 : 현재 시트에 [A9:H25] 크기에 정확하게 맞추시오.

- 차트 제목("메이커교육키트 매출현황")

- 차트 스타일 : 색 변경(단색형 – 단색 색상표 6, 스타일 1)

- 범례 위치 : 위쪽

- 차트 영역 서식 : 글꼴(돋움체, 9pt), 테두리 색(실선, 색 : 파랑), 테두리 스타일(너비 : 1.75pt, 겹선 종류 : 단순형,
　　　　　　　　대시 종류 : 사각 점선, 둥근 모서리)

- 차트 제목 서식 : 글꼴(궁서체, 20pt, 기울임꼴), 채우기(그림 또는 질감 채우기, 질감 : 캔버스)

- 그림 영역 서식 : 채우기(그라데이션 채우기, 그라데이션 미리 설정 : 위쪽 스포트라이트 강조 4, 종류 : 사각형,
　　　　　　　　방향 : 가운데에서)

- 데이터 레이블 추가 : '총액' 계열에 "값" 표시

▶ 지시사항이 없는 경우는《출력형태》와 동일하게 작성하시오.

＊실습파일 : 06차시(문제).xlsx   ＊완성파일 : 06차시(완성).xlsx

【문제 3】 "필터"와 "시나리오" 시트를 참조하여 다음《처리조건》에 맞도록 작업하시오.

《출력형태 – 시나리오》

	시나리오 요약			
		현재 값:	관객수 500000 증가	관객수 300000 감소
변경 셀:				
$E$7	8,021,145		8,521,145	7,721,145
$E$9	13,934,592		14,434,592	13,634,592
$E$11	5,247,874		5,747,874	4,947,874
$E$12	5,802,810		6,302,810	5,502,810
결과 셀:				
$G$7	7.94%		8.27%	7.74%
$G$9	13.80%		14.01%	13.66%
$G$11	5.20%		5.58%	4.96%
$G$12	5.75%		6.12%	5.51%

참고: 현재 값 열은 시나리오 요약 보고서가 작성될 때의
변경 셀 값을 나타냅니다. 각 시나리오의 변경 셀들은
회색으로 표시됩니다.

박스오피스 | 부분합 | 필터 | 시나리오 요약 | 시나리오 | 피벗테이블 | 차트 | ＋

《처리조건》

▶ "시나리오" 시트의 [A2:G12]를 이용하여 '구분'이 "액션"인 경우, '관객수'가 변동할 때 '관객비율'이 변동하는 가상분석 (시나리오)을 작성하시오.

  – 시나리오1 : 시나리오 이름은 "관객수 500000 증가", '관객수'에 500000을 증가시킨 값 설정.

  – 시나리오2 : 시나리오 이름은 "관객수 300000 감소", '관객수'에 300000을 감소시킨 값 설정.

  – "시나리오 요약" 시트를 작성하시오.

▶ 지시사항이 없는 경우는《출력형태 – 시나리오》와 동일하게 작성하시오.

【문제 4】 "피벗테이블" 시트를 참조하여 다음《처리조건》에 맞도록 작업하시오.(30점)

《출력형태》

제품명	값	거래처		총합계
		으뜸 고등학교	최고 고등학교	
R3고급키트	평균 : 단가	**	35,000	35,000
	평균 : 총액	**	1,155,000	1,155,000
R3스타터키트	평균 : 단가	35,000	**	35,000
	평균 : 총액	1,078,000	**	1,078,000
드론키트	평균 : 단가	105,000	105,000	105,000
	평균 : 총액	1,039,500	1,617,000	1,328,250
미세먼지키트	평균 : 단가	46,000	46,000	46,000
	평균 : 총액	910,800	1,138,500	1,062,600

《처리조건》

▶ "피벗테이블" 시트의 [A2:F12]를 이용하여 새로운 시트에《출력형태》와 같이 피벗 테이블을 작성 후 시트명을 "피벗테이블 정답"으로 수정하시오.

▶ 제품명(행)과 거래처(열)를 기준으로 하여 출력형태와 같이 구하시오.

　- '단가', '총액'의 평균을 구하시오.

　- 피벗 테이블 옵션을 이용하여 레이블이 있는 셀 병합 및 가운데 맞춤하고 빈 셀을 "**"로 표시한 후, 열의 총합계를 감추기 하시오.

　- 피벗 테이블 디자인에서 보고서 레이아웃은 '테이블 형식으로 표시', 피벗 테이블 스타일은 '중간 – 연한 파랑, 피벗 스타일 보통 2'로 표시하시오.

　- 거래처(열)는 "으뜸 고등학교", "최고 고등학교"만 출력되도록 표시하시오.

　- [C5:E12] 데이터는 셀 서식의 표시 형식-숫자를 이용하여 1000 단위 구분 기호를 표시하고, 가운데 맞춤하시오.

▶ 제품명의 순서는《출력형태》와 다를 수 있음

▶ 지시사항이 없는 경우는《출력형태》와 동일하게 작성하시오.

시나리오1 만들기 ▷ 시나리오2 만들기 ▷ 시나리오 요약

Check 01 시나리오 작성 : 시나리오1과 시나리오2를 순서대로 만들어요!

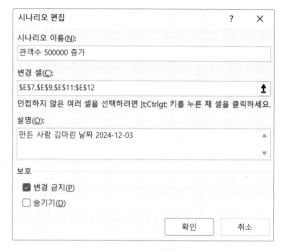

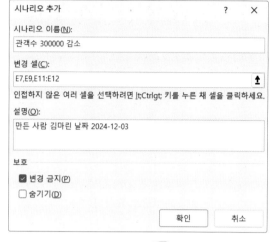

시나리오1 만들기

시나리오2 만들기

Check 02 시나리오 요약 : 시나리오 요약 시트를 만들어 가상으로 증가된 값과 감소된 값을 확인해요!

요약 범위 지정

시나리오 요약			
	현재 값:	관객수 500000 증가	관객수 300000 감소
변경 셀:			
$E$7	8,021,145	8,521,145	7,721,145
$E$9	13,934,592	14,434,592	13,634,592
$E$11	5,247,874	5,747,874	4,947,874
$E$12	5,802,810	6,302,810	5,502,810
결과 셀:			
$G$7	7.94%	8.27%	7.74%
$G$9	13.80%	14.01%	13.66%
$G$11	5.20%	5.58%	4.96%
$G$12	5.75%	6.12%	5.51%

작성된 시나리오 확인

(2) 시나리오

《출력형태 – 시나리오》

	시나리오 요약			
		현재 값:	공급가액 45000 증가	공급가액 47000 감소
변경 셀:				
	$D$4	1,225,000	1,270,000	1,178,000
	$D$7	736,000	781,000	689,000
	$D$10	1,260,000	1,305,000	1,213,000
결과 셀:				
	$F$4	1,347,500	1,397,000	1,295,800
	$F$7	809,600	859,100	757,900
	$F$10	1,386,000	1,435,500	1,334,300

참고: 현재 값 열은 시나리오 요약 보고서가 작성될 때의
변경 셀 값을 나타냅니다. 각 시나리오의 변경 셀들은
회색으로 표시됩니다.

《처리조건》

▶ "시나리오" 시트의 [A2:F12]를 이용하여 '거래처'가 "명문 중학교"인 경우, '공급가액'이 변동할 때 '총액'이 변동하는 가상분석(시나리오)을 작성하시오.

- 시나리오1 : 시나리오 이름은 "공급가액 45000 증가", '공급가액'에 45000을 증가시킨 값 설정.
- 시나리오2 : 시나리오 이름은 "공급가액 47000 감소", '공급가액'에 47000을 감소시킨 값 설정.
- "시나리오 요약" 시트를 작성하시오.

▶ 지시사항이 없는 경우는 《출력형태 – 시나리오》와 동일하게 작성하시오.

▶ "시나리오" 시트의 [A2:G12]를 이용하여 '구분'이 "액션"인 경우, '관객수'가 변동할 때 '관객비율'이 변동하는 가상분석(시나리오)을 작성하시오.
  – 시나리오1 : 시나리오 이름은 "관객수 500000 증가", '관객수'에 500000을 증가시킨 값 설정.

1 엑셀 2021 프로그램을 실행한 후 [06차시] 폴더에서 **06차시(문제).xlsx** 파일을 불러옵니다.

2 파일이 열리면 작업창 아래쪽에서 **[시나리오]** 시트를 클릭합니다.

　📌 DIAT 스프레드시트 시험은 각 시트마다 데이터가 미리 입력되어 있어요.

3 시나리오를 만들기 위해 [데이터] 탭에서 [가상 분석] → **[시나리오 관리자]**를 클릭합니다.

　📌 [시나리오] 시트에서 임의의 셀을 선택한 후 작업하도록 해요.

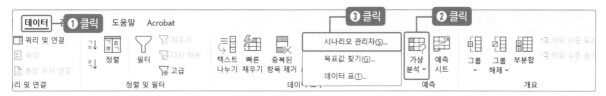

4 [시나리오 관리자] 대화상자가 표시되면 **<추가>**를 클릭합니다.

 LEVEL UP **엑셀에서 시나리오란?**

시나리오는 영화의 각본을 의미하기도 하고, 가상에서 일어날 수 있는 과정이나 결과를 뜻하기도 해요. 엑셀에서 시나리오는 특정 셀 값의 변동에 따라 연결된 셀의 값이 자동으로 바뀌면서 결과값을 예측할 수 있는 기능입니다.

【문제 3】 "필터"와 "시나리오" 시트를 참조하여 다음《처리조건》에 맞도록 작업하시오.(60점)

(1) 필터

《출력형태 – 필터》

	A	B	C	D	E	F
1						
2	거래처	제품명	단가	공급가액	부가세	총액
3	최고 고등학교	미세먼지키트	46,000	920,000	92,000	1,012,000
4	명문 중학교	R3스타터키트	35,000	1,225,000	122,500	1,347,500
5	최고 고등학교	드론키트	105,000	1,470,000	147,000	1,617,000
6	으뜸 고등학교	R3스타터키트	35,000	980,000	98,000	1,078,000
7	명문 중학교	미세먼지키트	46,000	736,000	73,600	809,600
8	으뜸 고등학교	드론키트	105,000	945,000	94,500	1,039,500
9	최고 고등학교	미세먼지키트	46,000	1,150,000	115,000	1,265,000
10	명문 중학교	드론키트	105,000	1,260,000	126,000	1,386,000
11	으뜸 고등학교	미세먼지키트	46,000	828,000	82,800	910,800
12	최고 고등학교	R3스타터키트	35,000	1,050,000	105,000	1,155,000
13						
14	조건					
15	TRUE					
16						
17						
18	거래처	공급가액	부가세	총액		
19	최고 고등학교	920,000	92,000	1,012,000		
20	최고 고등학교	1,150,000	115,000	1,265,000		

《처리조건》

▶ "필터" 시트의 [A2:F12]를 아래 조건에 맞게 고급 필터를 사용하여 작성하시오.

 – '제품명'이 "미세먼지키트"이고 '총액'이 1000000 이상인 데이터를 '거래처', '공급가액', '부가세', '총액'의 데이터 만 필터링하시오.

 – 조건 위치 : 조건 함수는 [A15] 한 셀에 작성(AND 함수 이용)

 – 결과 위치 : [A18]부터 출력

▶ 지시사항이 없는 경우는《출력형태 – 필터》와 동일하게 작성하시오.

5 [시나리오 추가] 대화상자가 표시되면 아래와 같이 시나리오 이름을 입력하고, 변경 셀을 지정합니다.

> ✪ 변경 셀에는 [E7], [E9], [E11:E12] 영역을 지정해요. 이때, 떨어져 있는 셀은 Ctrl 을 이용해 선택하고 연결된 셀은 드래그하여 선택해요.

6 [시나리오 값] 대화상자에 관객수 **500000**이 **증가**된 값을 입력합니다.

7 두 번째 시나리오 작성을 위해 <추가>를 클릭합니다.

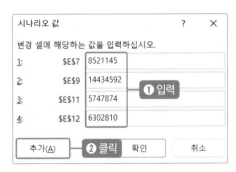

◈ **DIAT 꿀팁**

'변경 셀'과 '관객수 500000이 증가된 값'은 《출력형태》를 확인하여 작업하면 편리합니다.

시나리오 요약				
		현재 값:	관객수 500000 증가	관객수 300000 감소
변경 셀:				
	$E$7	8,021,145	8,521,145	7,721,145
	$E$9	13,934,592	14,434,592	13,634,592
	$E$11	5,247,874	5,747,874	4,947,874
	$E$12	5,802,810	6,302,810	5,502,810
결과 셀:				
	$G$7	7.94%	8.27%	7.74%
	$G$9	13.80%	14.01%	13.66%
	$G$11	5.20%	5.58%	4.96%
	$G$12	5.75%	6.12%	5.51%

【문제 2】 "부분합" 시트를 참조하여 다음《처리조건》에 맞도록 작업하시오.(30점)

《출력형태》

	거래처	제품명	단가	공급가액	부가세	총액
	명문 중학교	R3스타터키트	35,000	1,225,000	122,500	1,347,500
	명문 중학교	미세먼지키트	46,000	736,000	73,600	809,600
	명문 중학교	드론키트	105,000	1,260,000	126,000	1,386,000
	명문 중학교 요약		186,000		322,100	
	명문 중학교 평균			1,073,667		1,181,033
	으뜸 고등학교	R3스타터키트	35,000	980,000	98,000	1,078,000
	으뜸 고등학교	드론키트	105,000	945,000	94,500	1,039,500
	으뜸 고등학교	미세먼지키트	46,000	828,000	82,800	910,800
	으뜸 고등학교 요약		186,000		275,300	
	으뜸 고등학교 평균			917,667		1,009,433
	최고 고등학교	미세먼지키트	46,000	920,000	92,000	1,012,000
	최고 고등학교	드론키트	105,000	1,470,000	147,000	1,617,000
	최고 고등학교	미세먼지키트	46,000	1,150,000	115,000	1,265,000
	최고 고등학교	R3스타터키트	35,000	1,050,000	105,000	1,155,000
	최고 고등학교 요약		232,000		459,000	
	최고 고등학교 평균			1,147,500		1,262,250
	총합계		604,000		1,056,400	
	전체 평균			1,056,400		1,162,040

《처리조건》
▶ 데이터를 '거래처' 기준으로 오름차순 정렬하시오.
▶ 아래 조건에 맞는 부분합을 작성하시오.
 - '거래처'로 그룹화하여 '공급가액', '총액'의 평균을 구하는 부분합을 만드시오.
 - '거래처'로 그룹화하여 '단가', '부가세'의 합계를 구하는 부분합을 만드시오.
  (새로운 값으로 대치하지 말 것)
 - [C3:F20] 영역에 셀 서식의 표시 형식-숫자를 이용하여 1000 단위 구분 기호를 표시하시오.
▶ C~E열을 선택하여 그룹을 설정하시오.
▶ 평균과 합계의 부분합 순서는《출력형태》와 다를 수 있음
▶ 지시사항이 없는 경우는 기본 값을 적용하시오.

02 시나리오2 작성하기

▶ "시나리오" 시트의 [A2:G12]를 이용하여 '구분'이 "액션"인 경우, '관객수'가 변동할 때 '관객비율'이 변동하는 가상분석(시나리오)을 작성하시오.
  – 시나리오2 : 시나리오 이름은 "관객수 300000 감소", '관객수'에 300000을 감소시킨 값 설정.

1 [시나리오 추가] 대화상자가 표시되면 두 번째 시나리오 이름을 입력하고, 변경 셀이 [E7], [E9], [E11:E12]로 지정된 것을 확인합니다.

➕ 시나리오2에서는 변경 셀을 별도로 지정하지 않고 눈으로 확인해도 돼요!

2 [시나리오 값] 대화상자에 관객수 **300000이 감소**된 값을 입력한 다음 <확인>을 클릭합니다.

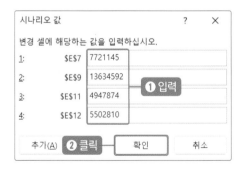

◈ DIAT 꿀팁
'변경 셀'과 '관객수 300000이 감소된 값'은 《출력형태》를 확인하여 작업하면 편리합니다.

시나리오 요약				
		현재 값:	관객수 500000 증가	관객수 300000 감소
변경 셀:				
	$E$7	8,021,145	8,521,145	7,721,145
	$E$9	13,934,592	14,434,592	13,634,592
	$E$11	5,247,874	5,747,874	4,947,874
	$E$12	5,802,810	6,302,810	5,502,810
결과 셀:				

【문제 1】 "매출내역" 시트를 참조하여 다음《처리조건》에 맞도록 작업하시오.(50점)

《출력형태》

주문번호	거래처	제품명	단가	공급가액	부가세	총액	순위	비고
		메이커교육키트 매출현황						
200102-0007	최고 고등학교	미세먼지키트	46,000	920,000	92,000	1,012,000원	8	
200103-1708	명문 중학교	R3스타터키트	35,000	1,225,000	122,500	1,347,500원	3	
200108-2563	최고 고등학교	드론키트	105,000	1,470,000	147,000	1,617,000원	1	
200112-1035	으뜸 고등학교	R3스타터키트	35,000	980,000	98,000	1,078,000원	6	
200115-3230	명문 중학교	미세먼지키트	46,000	736,000	73,600	809,600원	10	매출부진
200120-0224	으뜸 고등학교	드론키트	105,000	945,000	94,500	1,039,500원	7	
200120-0411	최고 고등학교	미세먼지키트	46,000	1,150,000	115,000	1,265,000원	4	
200123-3031	명문 중학교	드론키트	105,000	1,260,000	126,000	1,386,000원	2	
200124-3010	으뜸 고등학교	미세먼지키트	46,000	828,000	82,800	910,800원	9	매출부진
200125-2308	최고 고등학교	R3스타터키트	35,000	1,050,000	105,000	1,155,000원	5	
'거래처'가 "최고 고등학교"인 '총액'의 합계				5,049,000원				
'단가'의 최대값-최소값 차이				70,000원				
'공급가액' 중 세 번째로 작은 값				920,000원				

《처리조건》

▶ 1행의 행 높이를 '80'으로 설정하고, 2행~15행의 행 높이를 '18'로 설정하시오.

▶ 제목("메이커교육키트 매출현황") : 순서도의 '순서도: 다중 문서'를 이용하여 입력하시오.

　- 도형 : 위치([B1:H1]), 도형 스타일(테마 스타일 – 색 채우기 – '녹색, 강조 6')

　- 글꼴 : 돋움체, 26pt, 굵게

　- 도형 서식 : 도형 옵션 – 크기 및 속성(텍스트 상자(세로 맞춤 : 정가운데, 텍스트 방향 : 가로))

▶ 셀 서식을 아래 조건에 맞게 작성하시오.

　- [A2:I15] : 테두리(안쪽, 윤곽선 모두 실선, '검정, 텍스트 1'), 전체 가운데 맞춤

　- [A13:D13], [A14:D14], [A15:D15] : 각각 병합하고 가운데 맞춤

　- [A2:I2], [A13:D15] : 채우기 색('황금색, 강조 4, 60% 더 밝게'), 글꼴(굵게)

　- [D3:F12] : 셀 서식의 표시 형식-숫자를 이용하여 1000 단위 구분 기호 표시

　- [G3:G12], [E13:G15] : 셀 서식의 표시 형식-사용자 지정을 이용하여 #,##0"원"자 추가

　- [C3:C12] : 셀 서식의 표시 형식-사용자 지정을 이용하여 @"키트"자 추가

　- 조건부 서식[A3:I12] : '단가'가 40000 이하인 경우 레코드 전체에 글꼴(진한 빨강, 굵게) 적용

　- 지시사항이 없는 경우는 주어진 문제파일의 서식을 그대로 사용하시오.

▶ ① 순위[H3:H12] : '총액'을 기준으로 큰 순으로 순위를 구하시오. (RANK.EQ 함수)

▶ ② 비고[I3:I12] : '총액'이 1000000 이하이면 "매출부진", 그렇지 않으면 공백으로 구하시오. (IF 함수)

▶ ③ 합계[E13:G13] : '거래처'가 "최고 고등학교"인 '총액'의 합계를 구하시오. (DSUM 함수)

▶ ④ 최대값-최소값[E14:G14] : '단가'의 최대값과 최소값의 차이를 구하시오. (MAX, MIN 함수)

▶ ⑤ 순위[E15:G15] : '공급가액' 중 세 번째로 작은 값을 구하시오. (SMALL 함수)

STEP 03 시나리오 요약 시트 작성하기

- "시나리오 요약" 시트를 작성하시오.

1 [시나리오 관리자] 대화상자가 표시되면 <요약>을 클릭합니다.

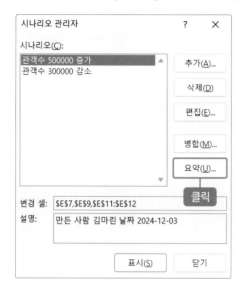

LEVEL UP 요약 전 살펴보세요!

시나리오 목록에 작성한 시나리오 이름 2개가 표시되는 것을 확인합니다. 이름이 잘못 입력되었다면 수정할 시나리오를 선택하고 <편집>을 클릭해 수정이 가능해요.

2 [시나리오 요약] 대화상자가 표시되면 아래와 같이 지정한 다음 <확인>을 클릭해요.

➕ 결과 셀에는 [G7], [G9], [G11:G12] 영역을 지정해요. 이때, 떨어져 있는 셀은 Ctrl을 이용해 선택하고 연결된 셀은 드래그하여 선택해요.

◈ **DIAT 꿀팁**

시나리오 요약의 '결과 셀'은 《출력형태》를 확인하여 작업하면 편리합니다.

시나리오 요약				
		현재 값:	관객수 500000 증가	관객수 300000 감소
변경 셀:				
	$E$7	8,021,145	8,521,145	7,721,145
	$E$9	13,934,592	14,434,592	13,634,592
	$E$11	5,247,874	5,747,874	4,947,874
	$E$12	5,802,810	6,302,810	5,502,810
결과 셀:				
	$G$7	7.94%	8.27%	7.74%
	$G$9	13.80%	14.01%	13.66%
	$G$11	5.20%	5.58%	4.96%
	$G$12	5.75%	6.12%	5.51%

제07회 실전모의고사

▷ 시험과목 : 스프레드시트(엑셀)
▷ 시험일자 : 20XX. XX. XX.(X)
▷ 응시자 기재사항 및 감독위원 확인

수 검 번 호	DIS - XXXX -	감독위원 확인
성 명		

응시자 유의사항

1. 응시자는 신분증을 지참하여야 시험에 응시할 수 있으며, 시험이 종료될 때까지 신분증을 제시하지 못할 경우 해당 시험은 0점 처리됩니다.

2. 시스템(PC 작동 여부, 네트워크 상태 등)의 이상 여부를 반드시 확인하여야 하며, 시스템 이상이 있을시 감독위원에게 조치를 받으셔야 합니다.

3. 시험 중 부주의 또는 고의로 시스템을 파손한 경우는 응시자 부담으로 합니다.

4. 답안 전송 프로그램을 통해 다운로드 받은 파일을 이용하여 답안 파일을 작성하시기 바랍니다.

5. 작성한 답안 파일은 답안 전송 프로그램을 통하여 전송됩니다. 감독위원의 지시에 따라 주시기 바랍니다.

6. 다음 사항의 경우 실격(0점) 혹은 부정행위 처리됩니다.
   ❶ 답안 파일을 저장하지 않았거나, 저장한 파일이 손상되었을 경우
   ❷ 답안 파일을 지정된 폴더(바탕화면 – "KAIT" 폴더)에 저장하지 않았을 경우
      ※ 답안 전송 프로그램 로그인 시 바탕화면에 자동 생성됨
   ❸ 답안 파일을 다른 보조기억장치(USB) 혹은 네트워크(메신저, 게시판 등)로 전송할 경우
   ❹ 휴대용 전화기 등 통신기기를 사용할 경우

7. 시트는 반드시 순서대로 작성해야 하며, 순서가 다를 경우 "0"점 처리 됩니다.

8. 시험지에 제시된 글꼴이 응시 프로그램에 없는 경우, 반드시 감독위원에게 해당 내용을 통보한 뒤 조치를 받아야 합니다.

9. 시험의 완료는 작성이 완료된 답안을 저장하고, 답안 전송이 완료된 상태를 확인한 것으로 합니다. 답안 전송 확인 후 문제지는 감독위원에게 제출한 후 퇴실하여야 합니다.

10. 답안 전송이 완료된 경우에는 수정 또는 정정이 불가능합니다.

11. 시험 시행 후 합격자 발표는 홈페이지(www.ihd.or.kr)에서 확인하시기를 바랍니다.
    ※ 합격자 발표 : 20XX. XX. XX.(X)

3 시나리오가 작성된 것을 확인합니다.

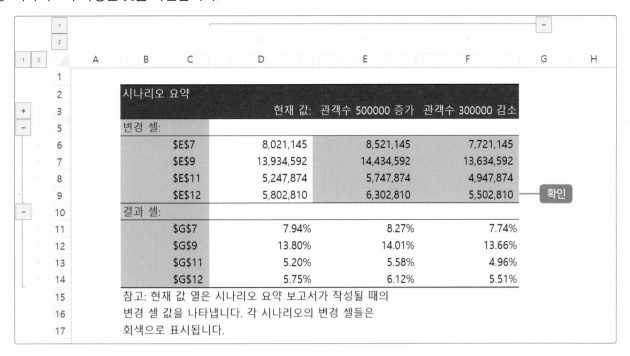

4 《처리조건》에 따라 [시나리오 요약] 시트가 생성된 것을 확인하고, 《출력형태》와 동일하게 시나리오가 만들어졌는지 검토합니다.

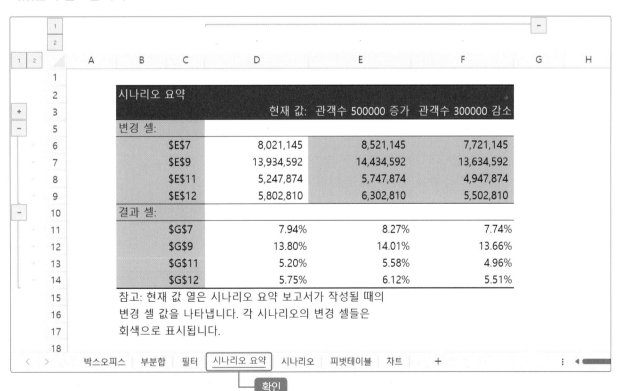

【문제 5】 "차트" 시트를 참조하여 다음《처리조건》에 맞도록 작업하시오.(30점)

《출력형태》

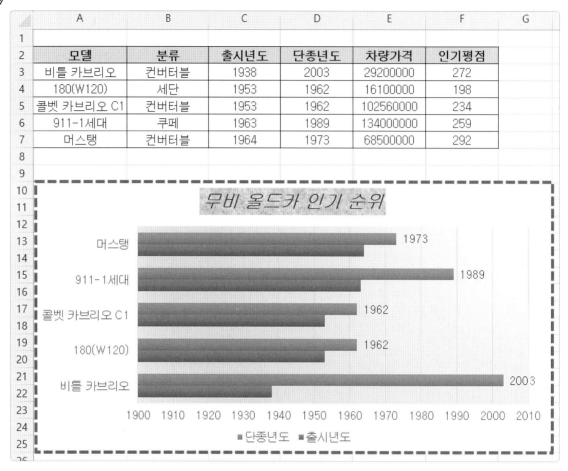

모델	분류	출시년도	단종년도	차량가격	인기평점
비틀 카브리오	컨버터블	1938	2003	29200000	272
180(W120)	세단	1953	1962	16100000	198
콜벳 카브리오 C1	컨버터블	1953	1962	102560000	234
911-1세대	쿠페	1963	1989	134000000	259
머스탱	컨버터블	1964	1973	68500000	292

《처리조건》

▶ "차트" 시트에 주어진 표를 이용하여 '묶은 가로 막대형' 차트를 작성하시오.

－데이터 범위 : 현재 시트 [A2:A7], [C2:D7]의 데이터를 이용하여 작성하고, 행/열 전환은 '열'로 지정

－차트 위치 : 현재 시트에 [A10:G25] 크기에 정확하게 맞추시오.

－차트 제목("무비 올드카 인기 순위")

－차트 스타일 : 색 변경(색상형 – 다양한 색상표 2, 스타일 5)

－범례 위치 : 아래쪽

－차트 영역 서식 : 글꼴(굴림, 11pt), 테두리 색(실선, 색 : 빨강), 테두리 스타일(너비 : 3pt, 겹선 종류 : 단순형,
대시 종류 : 사각 점선)

－차트 제목 서식 : 글꼴(굴림, 18pt, 기울임꼴), 채우기(그림 또는 질감 채우기, 질감 : 꽃다발)

－그림 영역 서식 : 채우기(그라데이션 채우기, 그라데이션 미리 설정 : 밝은 그라데이션 – 강조 4, 종류 : 방사형,
방향 : 오른쪽 위 모서리에서)

－데이터 레이블 추가 : '단종년도' 계열에 "값" 표시

▶ 지시사항이 없는 경우는《출력형태》와 동일하게 작성하시오.

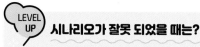

시나리오가 잘못 되었을 때는?

셀 선택 또는 값이 잘못 입력되어 시나리오 요약 내용이 《출력형태》와 맞지 않을 경우에는 아래와 같이 작업합니다.

❶ [시나리오 요약] 시트를 삭제하고 [시나리오] 시트 클릭

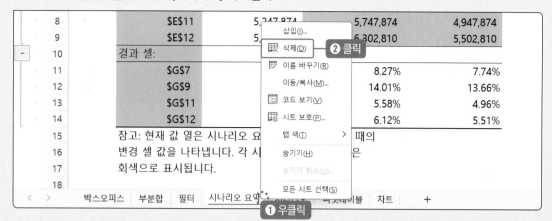

❷ [데이터] 탭-[가상 분석] → [시나리오 관리자] 클릭

❸ 두 개의 시나리오 목록 중 수정할 내용을 선택 후 〈편집〉을 클릭하여 수정

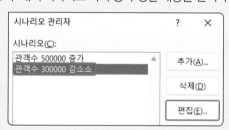

❹ 수정이 완료되면 〈요약〉을 클릭하여 [시나리오 요약] 시트 재생성

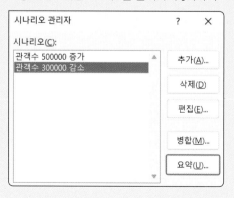

5 작업이 완료되면 [저장(💾)]을 클릭하거나 Ctrl + S 를 눌러 답안 파일을 저장합니다.

➕ 시험이 진행되는 40분 동안 수시로 저장하여 작업된 내용이 누락되지 않도록 해요.

【문제 4】 "피벗테이블" 시트를 참조하여 다음《처리조건》에 맞도록 작업하시오.(30점)

《출력형태》

	A	B	C	D	E
2					
3	분류 ▾	값	브랜드 ⬇		
4			지엠	포르쉐	폭스바겐
5	밴	최소 : 차량가격	*	*	34,440,000
6		최소 : 인기평점	*	*	365
7	컨버터블	최소 : 차량가격	102,560,000	*	29,200,000
8		최소 : 인기평점	234	*	272
9	쿠페	최소 : 차량가격	*	36,031,650	*
10		최소 : 인기평점	*	227	*
11	전체 최소 : 차량가격		102,560,000	36,031,650	29,200,000
12	전체 최소 : 인기평점		234	227	272
13					

《처리조건》

▶ "피벗테이블" 시트의 [A2:G12]를 이용하여 새로운 시트에《출력형태》와 같이 피벗 테이블을 작성 후 시트명을 "피벗테이블 정답"으로 수정하시오.

▶ 분류(행)와 브랜드(열)를 기준으로 하여 출력형태와 같이 구하시오.

- '차량가격', '인기평점'의 최소를 구하시오.

- 피벗 테이블 옵션을 이용하여 레이블이 있는 셀 병합 및 가운데 맞춤하고 빈 셀을 "*"로 표시한 후, 행의 총합계를 감추기 하시오.

- 피벗 테이블 디자인에서 보고서 레이아웃은 '테이블 형식으로 표시', 피벗 테이블 스타일은 '어둡게 – 밤색, 피벗 스타일 어둡게 3'으로 표시하시오.

- 브랜드(열)는 "지엠", "포르쉐", "폭스바겐"만 출력되도록 표시하시오.

- [C5:E12] 데이터는 셀 서식의 표시 형식-숫자를 이용하여 1000 단위 구분 기호를 표시하고, 가운데 맞춤하시오.

▶ 분류의 순서는《출력형태》와 다를 수 있음

▶ 지시사항이 없는 경우는《출력형태》와 동일하게 작성하시오.

유형정리

01 "시나리오" 시트를 참조하여 《처리조건》에 맞도록 작업하시오.

실습파일 : 06-01(문제).xlsx
완성파일 : 06-01(완성).xlsx

《출력형태》

			현재 값:	단가 1540 증가	단가 1280 감소
시나리오 요약					
변경 셀:					
	$E$6	20,800		22,340	19,520
	$E$8	10,900		12,440	9,620
	$E$12	3,500		5,040	2,220
결과 셀:					
	$G$6	1,851,200		1,988,260	1,737,280
	$G$8	1,318,900		1,505,240	1,164,020
	$G$12	203,000		292,320	128,760

참고: 현재 값 열은 시나리오 요약 보고서가 작성될 때의
변경 셀 값을 나타냅니다. 각 시나리오의 변경 셀들은
회색으로 표시됩니다.

《처리조건》

▶ "시나리오" 시트의 [A2:G12]를 이용하여 '상품분류'가 "간식"인 경우, '단가'가 변동할 때 '재고금액'이 변동하는 가상분석(시나리오)을 작성하시오.

　– 시나리오1 : 시나리오 이름은 "단가 1540 증가", '단가'에 1540을 증가시킨 값 설정.

　– 시나리오2 : 시나리오 이름은 "단가 1280 감소", '단가'에 1280을 감소시킨 값 설정.

　– "시나리오 요약" 시트를 작성하시오.

▶ 지시사항이 없는 경우는 《출력형태 – 시나리오》와 동일하게 작성하시오.

(2) 시나리오

《출력형태 – 시나리오》

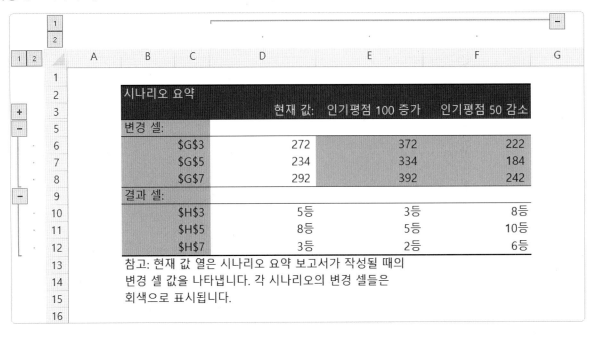

	현재 값	인기평점 100 증가	인기평점 50 감소
시나리오 요약			
변경 셀:			
$G$3	272	372	222
$G$5	234	334	184
$G$7	292	392	242
결과 셀:			
$H$3	5등	3등	8등
$H$5	8등	5등	10등
$H$7	3등	2등	6등

참고: 현재 값 열은 시나리오 요약 보고서가 작성될 때의
변경 셀 값을 나타냅니다. 각 시나리오의 변경 셀들은
회색으로 표시됩니다.

《처리조건》

▶ "시나리오" 시트의 [A2:H12]를 이용하여 '분류'가 "컨버터블"인 경우, '인기평점'이 변동할 때 '순위'가 변동하는
가상분석(시나리오)을 작성하시오.

- 시나리오1 : 시나리오 이름은 "인기평점 100 증가", '인기평점'에 100을 증가시킨 값 설정.

- 시나리오2 : 시나리오 이름은 "인기평점 50 감소", '인기평점'에 50을 감소시킨 값 설정.

- "시나리오 요약" 시트를 작성하시오.

▶ 지시사항이 없는 경우는 《출력형태 – 시나리오》와 동일하게 작성하시오.

실습파일 : 06-02(문제).xlsx
완성파일 : 06-02(완성).xlsx

《출력형태》

	A	B	C	D	E	F	G
2	시나리오 요약						
3				현재 값:	단가 1550 증가	단가 2150 감소	
5	변경 셀:						
6			$E$4	46,000	47,550	43,850	
7			$E$8	39,000	40,550	36,850	
8			$E$10	49,800	51,350	47,650	
9	결과 셀:						
10			$G$4	1,748,000	1,806,900	1,666,300	
11			$G$8	897,000	932,650	847,550	
12			$G$10	2,290,800	2,362,100	2,191,900	
13	참고: 현재 값 열은 시나리오 요약 보고서가 작성될 때의						
14	변경 셀 값을 나타냅니다. 각 시나리오의 변경 셀들은						
15	회색으로 표시됩니다.						

《처리조건》

▶ "시나리오" 시트의 [A2:G12]를 이용하여 '색상'이 "레드계열"인 경우, '단가'가 변동할 때 '판매금액'이 변동하는 가상분석(시나리오)을 작성하시오.

  – 시나리오1 : 시나리오 이름은 "단가 1550 증가", '단가'에 1550을 증가시킨 값 설정.

  – 시나리오2 : 시나리오 이름은 "단가 2150 감소", '단가'에 2150을 감소시킨 값 설정.

  – "시나리오 요약" 시트를 작성하시오.

▶ 지시사항이 없는 경우는 《출력형태 – 시나리오》와 동일하게 작성하시오.

【문제 3】 "필터"와 "시나리오" 시트를 참조하여 다음《처리조건》에 맞도록 작업하시오.(60점)

(1) 필터

《출력형태 – 필터》

	A	B	C	D	E	F	G
1							
2	브랜드	모델	분류	출시년도	단종년도	차량가격	인기평점
3	폭스바겐	비틀 카브리오	컨버터블	1938	2003	29200000	272
4	메르세데스 벤츠	180(W120)	세단	1953	1962	16100000	198
5	지엠	콜벳 카브리오 C1	컨버터블	1953	1962	102560000	234
6	포르쉐	911-1세대	쿠페	1963	1989	134000000	259
7	포드	머스탱	컨버터블	1964	1973	68500000	292
8	포드	머스탱 쿠페	세단	1964	1973	54090000	413
9	메르세데스 벤츠	200(W114/115)	세단	1967	1976	14790000	281
10	폭스바겐	마이크로버스T2	밴	1967	1979	34440000	365
11	메르세데스 벤츠	S클래스 280	세단	1972	1980	20030000	246
12	포르쉐	911-2세대	쿠페	1973	1989	36031650	227
13							
14	조건						
15	FALSE						
16							
17							
18	브랜드	모델	출시년도	단종년도			
19	폭스바겐	마이크로버스T2	1967	1979			
20	메르세데스 벤츠	S클래스 280	1972	1980			
21	포르쉐	911-2세대	1973	1989			
22							

《처리조건》

▶ "필터" 시트의 [A2:G12]를 아래 조건에 맞게 고급 필터를 사용하여 작성하시오.

- '분류'가 "밴"이거나 '출시년도'가 1970 이상인 데이터를 '브랜드', '모델', '출시년도', '단종년도'의 데이터만 필터링 하시오.

- 조건 위치 : 조건 함수는 [A15] 한 셀에 작성(OR 함수 이용)

- 결과 위치 : [A18]부터 출력

▶ 지시사항이 없는 경우는《출력형태 – 필터》와 동일하게 작성하시오.

03 "시나리오" 시트를 참조하여 《처리조건》에 맞도록 작업하시오.

실습파일 : 06-03(문제).xlsx
완성파일 : 06-03(완성).xlsx

《출력형태》

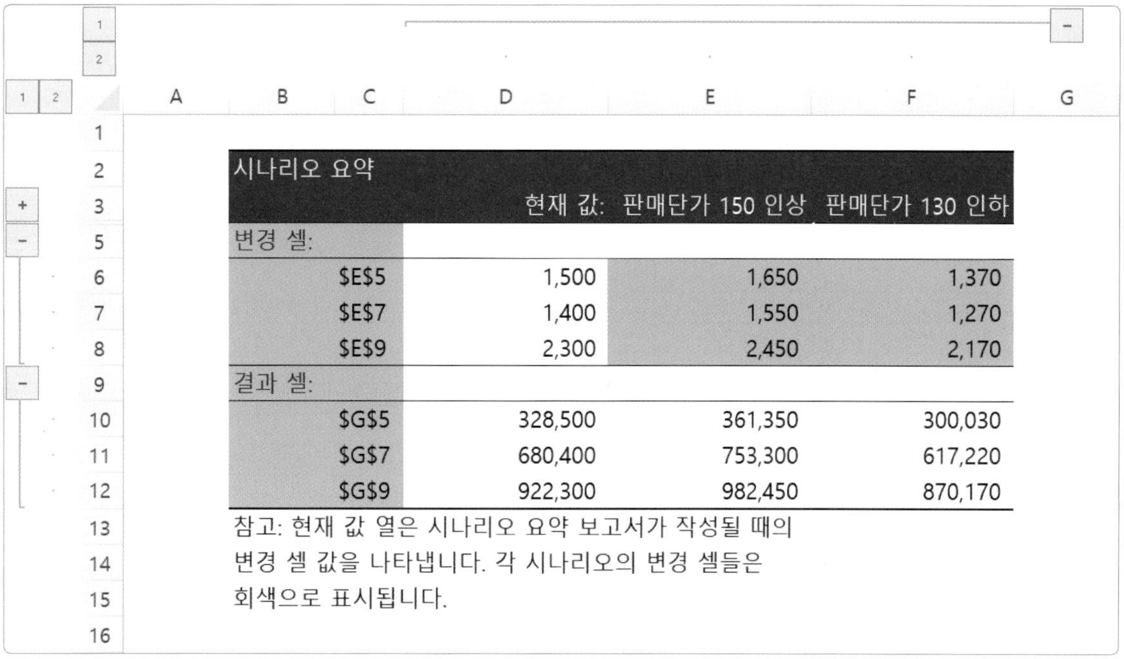

	A	B	C	D	E	F	G
1							
2		시나리오 요약					
3				현재 값:	판매단가 150 인상	판매단가 130 인하	
5		변경 셀:					
6			$E$5	1,500	1,650	1,370	
7			$E$7	1,400	1,550	1,270	
8			$E$9	2,300	2,450	2,170	
9		결과 셀:					
10			$G$5	328,500	361,350	300,030	
11			$G$7	680,400	753,300	617,220	
12			$G$9	922,300	982,450	870,170	
13		참고: 현재 값 열은 시나리오 요약 보고서가 작성될 때의					
14		변경 셀 값을 나타냅니다. 각 시나리오의 변경 셀들은					
15		회색으로 표시됩니다.					
16							

《처리조건》

▶ "시나리오" 시트의 [A2:G12]를 이용하여 '상품분류'가 "커피음료"인 경우, '판매단가'가 변동할 때 '총판매액'이 변동하는 가상분석(시나리오)을 작성하시오.

- 시나리오1 : 시나리오 이름은 "판매단가 150 인상", '판매단가'에 150을 증가시킨 값 설정.
- 시나리오2 : 시나리오 이름은 "판매단가 130 인하", '판매단가'에 130을 감소시킨 값 설정.
- "시나리오 요약" 시트를 작성하시오.

▶ 지시사항이 없는 경우는 《출력형태 – 시나리오》와 동일하게 작성하시오.

【문제 2】 "부분합" 시트를 참조하여 다음《처리조건》에 맞도록 작업하시오.(30점)

《출력형태》

브랜드	모델	분류	출시년도	단종년도	차량가격	인기평점
포르쉐	911-1세대	쿠페	1963	1989	134,000,000	259
포르쉐	911-2세대	쿠페	1973	1989	36,031,650	227
		쿠페 평균			85,015,825	243
		쿠페 최대	1973	1989		
폭스바겐	비틀 카브리오	컨버터블	1938	2003	29,200,000	272
지엠	콜벳 카브리오 C1	컨버터블	1953	1962	102,560,000	234
포드	머스탱	컨버터블	1964	1973	68,500,000	292
		컨버터블 평균			66,753,333	266
		컨버터블 최대	1964	2003		
메르세데스 벤츠	180(W120)	세단	1953	1962	16,100,000	198
포드	머스탱 쿠페	세단	1964	1973	54,090,000	413
메르세데스 벤츠	200(W114/115)	세단	1967	1976	14,790,000	281
메르세데스 벤츠	S클래스 280	세단	1972	1980	20,030,000	246
		세단 평균			26,252,500	285
		세단 최대	1972	1980		
폭스바겐	마이크로버스T2	밴	1967	1979	34,440,000	365
		밴 평균			34,440,000	365
		밴 최대	1967	1979		
		전체 평균			50,974,165	279
		전체 최대값	1973	2003		

《처리조건》

▶ 데이터를 '분류' 기준으로 내림차순 정렬하시오.
▶ 아래 조건에 맞는 부분합을 작성하시오.
 - '분류'로 그룹화하여 '출시년도', '단종년도'의 최대를 구하는 부분합을 만드시오.
 - '분류'로 그룹화하여 '차량가격', '인기평점'의 평균을 구하는 부분합을 만드시오.
　(새로운 값으로 대치하지 말 것)
 - [F3:G22] 영역에 셀 서식의 표시 형식-숫자를 이용하여 1000 단위 구분 기호를 표시하시오.
▶ D~F열을 선택하여 그룹을 설정하시오.
▶ 최대와 평균의 부분합 순서는《출력형태》와 다를 수 있음
▶ 지시사항이 없는 경우는 기본 값을 적용하시오.

04 "시나리오" 시트를 참조하여 《처리조건》에 맞도록 작업하시오.

실습파일 : 06-04(문제).xlsx
완성파일 : 06-04(완성).xlsx

《출력형태》

	A	B	C	D	E	F	G
1							
2		시나리오 요약					
3				현재 값:	수강료 15670 증가	수강료 13720 감소	
5		변경 셀:					
6			$F$4	18,000	33,670	4,280	
7			$F$6	17,000	32,670	3,280	
8			$F$9	15,000	30,670	1,280	
9			$F$12	15,000	30,670	1,280	
10		결과 셀:					
11			$G$4	1,080,000	2,020,200	256,800	
12			$G$6	680,000	1,306,800	131,200	
13			$G$9	750,000	1,533,500	64,000	
14			$G$12	450,000	920,100	38,400	
15		참고: 현재 값 열은 시나리오 요약 보고서가 작성될 때의					
16		변경 셀 값을 나타냅니다. 각 시나리오의 변경 셀들은					
17		회색으로 표시됩니다.					
18							

《처리조건》

▶ "시나리오" 시트의 [A2:G12]를 이용하여 '분류'가 "컴퓨터"인 경우, '수강료'가 변동할 때 '합계'가 변동하는 가상분석(시나리오)을 작성하시오.

- 시나리오1 : 시나리오 이름은 "수강료 15670 증가", '수강료'에 15670을 증가시킨 값 설정.
- 시나리오2 : 시나리오 이름은 "수강료 13720 감소", '수강료'에 13720을 감소시킨 값 설정.
- "시나리오 요약" 시트를 작성하시오.

▶ 지시사항이 없는 경우는《출력형태 – 시나리오》와 동일하게 작성하시오.

【문제 1】"인기순위" 시트를 참조하여 다음《처리조건》에 맞도록 작업하시오.(50점)

《출력형태》

브랜드	모델	분류	출시년도	단종년도	차량가격	인기평점	순위	비고
				무비 올드카 인기 순위				
폭스바겐	비틀 카브리오	컨버터블	1938년	2003년	29,200,000	272	5	
메르세데스 벤츠	180(W120)	세단	1953년	1962년	16,100,000	198	10	조달불가
지엠	콜벳 카브리오 C1	컨버터블	1953년	1962년	102,560,000	234	8	조달불가
포르쉐	911-1세대	쿠페	1963년	1989년	134,000,000	259	6	
포드	머스탱	컨버터블	1964년	1973년	68,500,000	292	3	
포드	머스탱 쿠페	세단	1964년	1973년	54,090,000	413	1	
메르세데스 벤츠	200(W114/115)	세단	1967년	1976년	14,790,000	281	4	
폭스바겐	마이크로버스T2	밴	1967년	1979년	34,440,000	365	2	
메르세데스 벤츠	S클래스 280	세단	1972년	1980년	20,030,000	246	7	
포르쉐	911-2세대	쿠페	1973년	1989년	36,031,650	227	9	
'분류'가 "컨버터블"인 '차량가격'의 평균					66,753,333원			
'차량가격'의 최대값-최소값 차이					119,210,000원			
'인기평점' 중 두 번째로 큰 값					365			

《처리조건》

▶ 1행의 행 높이를 '80'으로 설정하고, 2행~15행의 행 높이를 '18'로 설정하시오.

▶ 제목("무비 올드카 인기 순위") : 별 및 현수막의 '별: 꼭짓점 10개'를 이용하여 입력하시오.

　- 도형 : 위치([B1:H1]), 도형 스타일(테마 스타일 - 강한 효과 - '파랑, 강조 5')

　- 글꼴 : 궁서, 28pt, 밑줄

　- 도형 서식 : 도형 옵션 - 크기 및 속성(텍스트 상자(세로 맞춤 : 정가운데, 텍스트 방향 : 가로))

▶ 셀 서식을 아래 조건에 맞게 작성하시오.

　- [A2:I15] : 테두리(안쪽, 윤곽선 모두 실선, '검정, 텍스트 1'), 전체 가운데 맞춤

　- [A13:D13], [A14:D14], [A15:D15] : 각각 병합하고 가운데 맞춤

　- [A2:I2], [A13:D15] : 채우기 색('파랑, 강조 5, 80% 더 밝게'), 글꼴(굵게)

　- [F3:F12] : 셀 서식의 표시 형식-숫자를 이용하여 1000 단위 구분 기호 표시

　- [D3:E12] : 셀 서식의 표시 형식-사용자 지정을 이용하여 #"년"자를 추가

　- [E13:G14] : 셀 서식의 표시 형식-사용자 지정을 이용하여 #,###"원"자를 추가

　- 조건부 서식[A3:I12] : '차량가격'이 100000000 이상인 경우 레코드 전체에 글꼴(파랑, 굵은 기울임꼴) 적용

　- 지시사항이 없는 경우는 주어진 문제파일의 서식을 그대로 사용하시오.

▶ ① 순위[H3:H12] : '인기평점'을 기준으로 큰 순으로 순위를 구하시오. (RANK.EQ 함수)

▶ ② 비고[I3:I12] : '단종년도'가 1970 이하이면 "조달불가", 그렇지 않으면 공백으로 구하시오. (IF 함수)

▶ ③ 평균[E13:G13] : '분류'가 "컨버터블"인 '차량가격'의 평균을 구하시오. (DAVERAGE 함수)

▶ ④ 최대값-최소값[E14:G14] : '차량가격'의 최대값과 최소값의 차이를 구하시오. (MAX, MIN 함수)

▶ ⑤ 순위[E15:G15] : '인기평점' 중 두 번째로 큰 값을 구하시오. (LARGE 함수)

[문제 4]
피벗테이블 작성

★ 실습파일 : 07차시(문제).xlsx   ★ 완성파일 : 07차시(완성).xlsx

【문제 4】 "피벗테이블" 시트를 참조하여 다음 《처리조건》에 맞도록 작업하시오.

《출력형태》

	구분 🔽	값	상영타입 🔽 디지털2D	디지털4D	스크린X
	액션	평균 : 스크린수	1,418	2,835	2,121
		평균 : 관객수	5,247,874	13,934,592	6,911,978
	어드벤처	평균 : 스크린수	1,971	1,409	***
		평균 : 관객수	6,290,773	12,552,283	***
	코미디	평균 : 스크린수	2,003	1,660	***
		평균 : 관객수	16,265,618	9,426,011	***
	전체 평균 : 스크린수		1,797	1,968	2,121
	전체 평균 : 관객수		9,268,088	11,970,962	6,911,978

시나리오 요약 | 시나리오 | 피벗테이블 정답 | 피벗테이블 | 차트

《처리조건》
▶ "피벗테이블" 시트의 [A2:G12]를 이용하여 새로운 시트에 《출력형태》와 같이 피벗테이블을 작성 후 시트명을 "피벗테이블 정답"으로 수정하시오.
▶ 구분(행)과 상영타입(열)을 기준으로 하여 출력형태와 같이 구하시오.
  – '스크린수', '관객수'의 평균을 구하시오.
  – 피벗테이블 옵션을 이용하여 레이블이 있는 셀 병합 및 가운데 맞춤하고 빈 셀을 "***"로 표시한 후, 행의 총합계를 감추기 하시오.
  – 피벗테이블 디자인에서 보고서 레이아웃은 '테이블 형식으로 표시', 피벗테이블 스타일은 '중간 – 연한 녹색, 피벗 스타일 보통 14'로 표시하시오.
  – 구분(행)은 "액션", "어드벤처", "코미디"만 출력되도록 표시하시오.
  – [C5:E12] 데이터는 셀 서식의 표시 형식–숫자를 이용하여 1000 단위 구분 기호를 표시하고, 가운데 맞춤하시오.
▶ 구분의 순서는 《출력형태》와 다를 수 있음
▶ 지시사항이 없는 경우는 《출력형태》와 동일하게 작성하시오.

제06회 실전모의고사

▸ 시험과목 : 스프레드시트(엑셀)
▸ 시험일자 : 20XX. XX. XX.(X)
▸ 응시자 기재사항 및 감독위원 확인

수검번호	DIS - XXXX -	감독위원 확인
성 명		

응시자 유의사항

1. 응시자는 신분증을 지참하여야 시험에 응시할 수 있으며, 시험이 종료될 때까지 신분증을 제시하지 못할 경우 해당 시험은 0점 처리됩니다.

2. 시스템(PC 작동 여부, 네트워크 상태 등)의 이상 여부를 반드시 확인하여야 하며, 시스템 이상이 있을시 감독위원에게 조치를 받으셔야 합니다.

3. 시험 중 부주의 또는 고의로 시스템을 파손한 경우는 응시자 부담으로 합니다.

4. 답안 전송 프로그램을 통해 다운로드 받은 파일을 이용하여 답안 파일을 작성하시기 바랍니다.

5. 작성한 답안 파일은 답안 전송 프로그램을 통하여 전송됩니다. 감독위원의 지시에 따라 주시기 바랍니다.

6. 다음 사항의 경우 실격(0점) 혹은 부정행위 처리됩니다.
    ❶ 답안 파일을 저장하지 않았거나, 저장한 파일이 손상되었을 경우
    ❷ 답안 파일을 지정된 폴더(바탕화면 – "KAIT" 폴더)에 저장하지 않았을 경우
        ※ 답안 전송 프로그램 로그인 시 바탕화면에 자동 생성됨
    ❸ 답안 파일을 다른 보조기억장치(USB) 혹은 네트워크(메신저, 게시판 등)로 전송할 경우
    ❹ 휴대용 전화기 등 통신기기를 사용할 경우

7. 시트는 반드시 순서대로 작성해야 하며, 순서가 다를 경우 "0"점 처리 됩니다.

8. 시험지에 제시된 글꼴이 응시 프로그램에 없는 경우, 반드시 감독위원에게 해당 내용을 통보한 뒤 조치를 받아야 합니다.

9. 시험의 완료는 작성이 완료된 답안을 저장하고, 답안 전송이 완료된 상태를 확인한 것으로 합니다. 답안 전송 확인 후 문제지는 감독위원에게 제출한 후 퇴실하여야 합니다.

10. 답안 전송이 완료된 경우에는 수정 또는 정정이 불가능합니다.

11. 시험 시행 후 합격자 발표는 홈페이지(www.ihd.or.kr)에서 확인하시기를 바랍니다.
    ※ 합격자 발표 : 20XX. XX. XX.(X)

피벗테이블 작성 및 시트명 수정 ▷ 옵션 및 디자인 지정 ▷ 필터링 ▷ 셀 서식 지정

Check 01 피벗테이블 추가 : 피벗테이블을 만들어요!

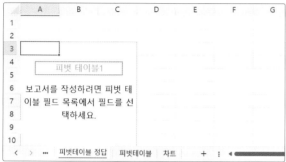

피벗테이블 작성 & 시트명 수정

필드 목록 지정

Check 02 피벗테이블 편집 : 조건에 맞추어 피벗테이블을 편집해요!

피벗테이블 옵션 변경

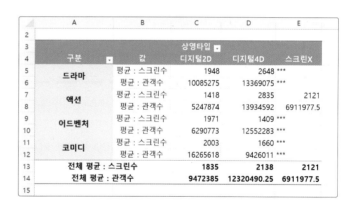

피벗테이블 디자인 지정

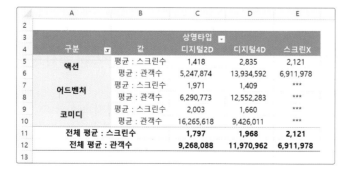

행 값 필터링 & 셀 서식 지정

【문제 5】 "차트" 시트를 참조하여 다음《처리조건》에 맞도록 작업하시오.(30점)

《출력형태》

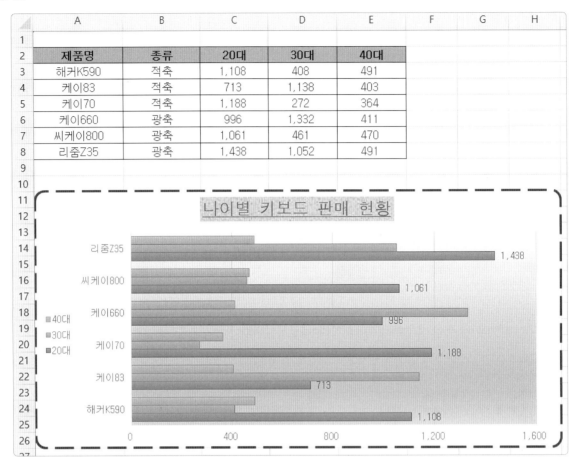

《처리조건》

▶ "차트" 시트에 주어진 표를 이용하여 '묶은 가로 막대형' 차트를 작성하시오.

- 데이터 범위 : 현재 시트 [A2:A8], [C2:E8]의 데이터를 이용하여 작성하고, 행/열 전환은 '열'로 지정

- 차트 위치 : 현재 시트에 [A11:H26] 크기에 정확하게 맞추시오.

- 차트 제목("나이별 키보드 판매 현황")

- 차트 스타일 : 색 변경(색상형 - 다양한 색상표 1, 스타일 4)

- 범례 위치 : 왼쪽

- 차트 영역 서식 : 글꼴(굴림체, 10pt), 테두리 색(실선, 색 : 자주), 테두리 스타일(너비 : 2.5pt, 겹선 종류 : 단순형, 대시 종류 : 긴 파선, 둥근 모서리)

- 차트 제목 서식 : 글꼴(돋움체, 17pt, 밑줄), 채우기(그림 또는 질감 채우기, 질감 : 재생지)

- 그림 영역 서식 : 채우기(그라데이션 채우기, 그라데이션 미리 설정 : 밝은 그라데이션 - 강조 6, 종류 : 선형, 방향 : 선형 아래쪽)

- 데이터 레이블 추가 : '20대' 계열에 "값" 표시

▶ 지시사항이 없는 경우는《출력형태》와 동일하게 작성하시오.

01 피벗테이블 삽입 후 시트명 수정하기

▶ "피벗테이블" 시트의 [A2:G12]를 이용하여 새로운 시트에 《출력형태》와 같이 피벗테이블을 작성 후 시트명을 "피벗테이블 정답"으로 수정하시오.

1 엑셀 2021 프로그램을 실행한 후 [07차시] 폴더에서 **07차시(문제).xlsx** 파일을 불러옵니다.

2 파일이 열리면 작업창 아래쪽에서 [**피벗테이블**] 시트를 클릭합니다.

➕ DIAT 스프레드시트 시험은 각 시트마다 데이터가 미리 입력되어 있어요.

3 [A2] 셀을 클릭한 후 [삽입] 탭에서 [**피벗테이블**]을 클릭합니다.

➕ 피벗테이블 작성을 위해 데이터 안의 임의의 셀을 선택해 주세요.

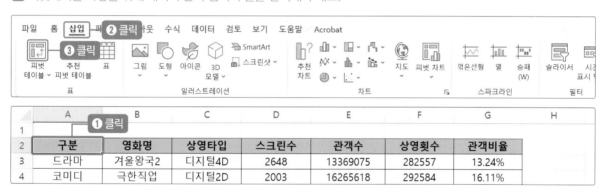

4 표/범위와 '새 워크시트'로 선택된 것을 확인한 후 피벗테이블을 만들어줍니다.

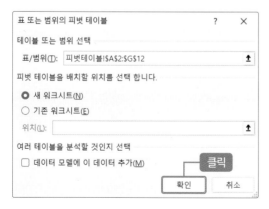

5 [피벗테이블] 시트 앞에 생성된 [Sheet1] 시트 탭을 더블클릭하여 '**피벗테이블 정답**'으로 수정합니다.

【문제 4】 "피벗테이블" 시트를 참조하여 다음《처리조건》에 맞도록 작업하시오.(30점)

《출력형태》

	A	B	C	D	E
1					
2					
3			구분 🔽		
4	종류 🔽	값	무선	블루투스	
5	광축	평균 : 20대	**	1,438	
6		평균 : 30대	**	1,052	
7	멤브레인	평균 : 20대	462	427	
8		평균 : 30대	467	1,188	
9	적축	평균 : 20대	713	**	
10		평균 : 30대	1,138	**	
11	전체 평균 : 20대		546	764	
12	전체 평균 : 30대		690	1,143	
13				.	

《처리조건》

▶ "피벗테이블" 시트의 [A2:G12]를 이용하여 새로운 시트에《출력형태》와 같이 피벗 테이블을 작성 후 시트명을 "피벗테이블 정답"으로 수정하시오.

▶ 종류(행)와 구분(열)을 기준으로 하여 출력형태와 같이 구하시오.

　- '20대', '30대'의 평균을 구하시오.

　- 피벗 테이블 옵션을 이용하여 레이블이 있는 셀 병합 및 가운데 맞춤하고, 빈 셀을 "**"로 표시한 후, 행의 총합계를 감추기 하시오.

　- 피벗 테이블 디자인에서 보고서 레이아웃은 '테이블 형식으로 표시', 피벗 테이블 스타일은 '중간 – 연한 노랑, 피벗 스타일 보통 12'로 표시하시오.

　- 구분(열)은 "무선", "블루투스"만 출력되도록 표시하시오.

　- [C5:D12] 데이터는 셀 서식의 표시 형식-숫자를 이용하여 1000 단위 구분 기호를 표시하고, 오른쪽 맞춤하시오.

▶ 종류의 순서는《출력형태》와 다를 수 있음

▶ 지시사항이 없는 경우는《출력형태》와 동일하게 작성하시오.

STEP 02 피벗테이블 필드 항목 추가하기

▶ 구분(행)과 상영타입(열)을 기준으로 하여 출력형태와 같이 구하시오.
  – '스크린수', '관객수'의 평균을 구하시오.

1 필드 목록에서 **'구분'**을 행 레이블로 드래그합니다.

➕ 만약 [피벗테이블 필드] 창이 보이지 않을 경우 [A3] 셀을 우클릭 후 [필드 목록 표시]를 선택해요.

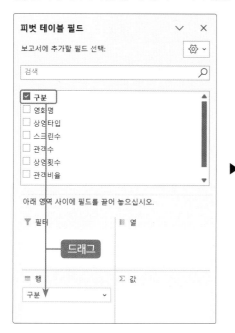 ▶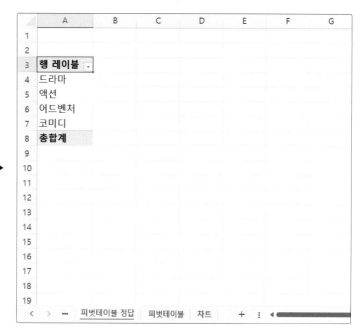

2 이번에는 **'상영타입'**을 열 레이블로 드래그합니다.

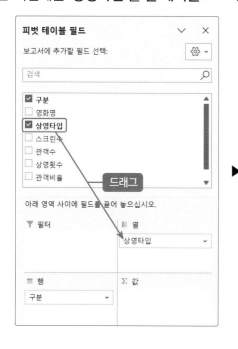 ▶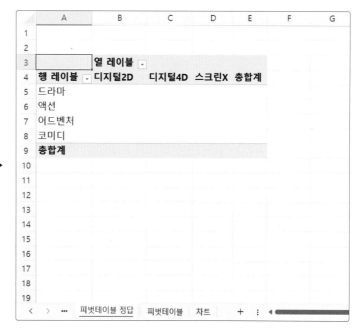

(2) 시나리오

《출력형태 – 시나리오》

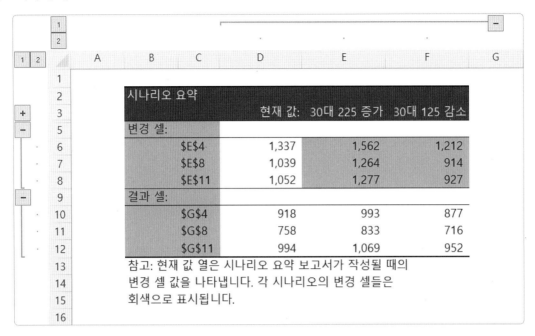

《처리조건》

▶ "시나리오" 시트의 [A2:G12]를 이용하여 '구분'이 "블루투스"인 경우, '30대'가 변동할 때 '평균'이 변동하는 가상분석 (시나리오)을 작성하시오.

  - 시나리오1 : 시나리오 이름은 "30대 225 증가", '30대'에 225을 증가시킨 값 설정.

  - 시나리오2 : 시나리오 이름은 "30대 125 감소", '30대'에 125을 감소시킨 값 설정.

  - "시나리오 요약" 시트를 작성하시오.

▶ 지시사항이 없는 경우는《출력형태 – 시나리오》와 동일하게 작성하시오.

3 '**스크린수**'와 '**관객수**' 두 필드 항목을 **값으로** 드래그합니다.

➕ 값 필드로 드래그할 때는 《처리조건》에 제시된 순서대로 추가해 주세요.

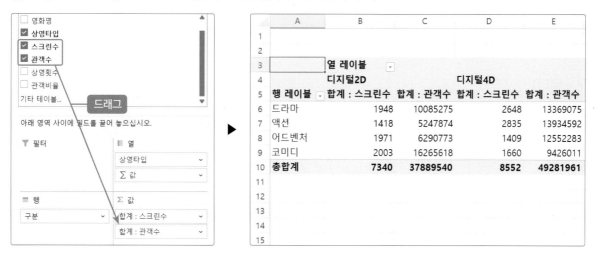

4 《처리조건》에 따라 '**값 필드**'의 합계를 '**평균**'으로 바꿔줍니다.

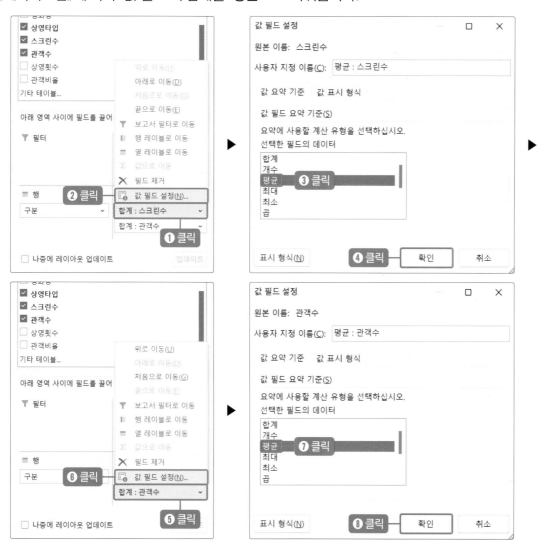

【문제 3】 "필터"와 "시나리오" 시트를 참조하여 다음《처리조건》에 맞도록 작업하시오.(60점)

(1) 필터

《출력형태 – 필터》

	A	B	C	D	E	F	G
1							
2	제품명	구분	종류	20대	30대	40대	평균
3	해커K590	유선	적축	1,108	408	491	669
4	크래프트	블루투스	멤브레인	355	1,337	1,063	918
5	케이83	무선	적축	713	1,138	403	751
6	케이70	유선	적축	1,188	272	364	608
7	케이660	유선	광축	996	1,332	411	913
8	케이380	블루투스	멤브레인	499	1,039	735	593
9	올인원미디어	무선	멤브레인	469	494	816	593
10	씨케이800	유선	광축	1,061	461	470	664
11	리줌Z35	블루투스	광축	1,438	1,052	491	994
12	레트로48	무선	멤브레인	455	439	1,405	766
13							
14	조건						
15	FALSE						
16							
17							
18	제품명	구분	20대	30대	40대		
19	케이70	유선	1,188	272	364		
20	케이660	유선	996	1,332	411		
21	씨케이800	유선	1,061	461	470		
22	리줌Z35	블루투스	1,438	1,052	491		

《처리조건》

▶ "필터" 시트의 [A2:G12]를 아래 조건에 맞게 고급 필터를 사용하여 작성하시오.

　– '종류'가 "광축"이거나 '40대'가 400 이하인 데이터를 '제품명', '구분', '20대', '30대', '40대'의 데이터만 필터링
　　하시오.

　– 조건 위치 : 조건 함수는 [A15] 한 셀에 작성(OR 함수 이용)

　– 결과 위치 : [A18]부터 출력

▶ 지시사항이 없는 경우는《출력형태 – 필터》와 동일하게 작성하시오.

필드 삭제하기

필드 배치가 잘못된 경우, 불필요한 필드를 선택하여 [필드 제거]를 클릭하여 삭제할 수 있습니다.

5 《출력형태》와 동일하게 만들기 위해 '**값**'을 행 레이블로 드래그하여 이동시킵니다.

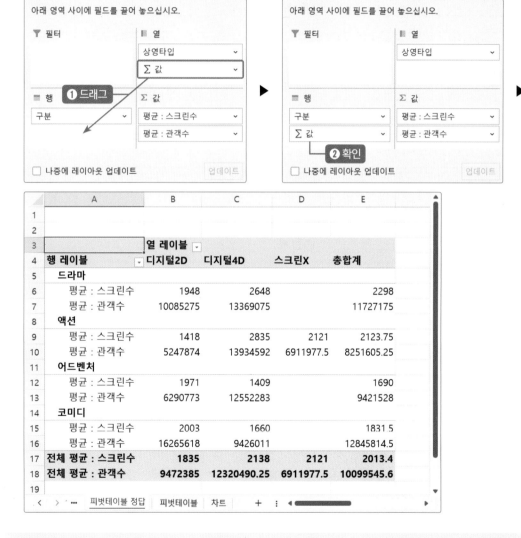

DIAT 꿀팁

값 필드는 《출력형태》를 확인하여 행 또는 열 레이블로 지정합니다. 현재까지는 값 필드를 행 레이블로 이동하는 유형의 문제만 출제되고 있습니다.

【문제 2】 "부분합" 시트를 참조하여 다음《처리조건》에 맞도록 작업하시오.(30점)

《출력형태》

제품명	구분	종류	20대	30대	40대	평균
해커K590	유선	적축	1,108	408	491	669
케이83	무선	적축	713	1,138	403	751
케이70	유선	적축	1,188	272	364	608
		적축 최소				608
		적축 요약	3,009	1,818	1,258	
크래프트	블루투스	멤브레인	355	1,337	1,063	918
케이380	블루투스	멤브레인	499	1,039	735	593
올인원미디어	무선	멤브레인	469	494	816	593
레트로48	무선	멤브레인	455	439	1,405	766
		멤브레인 최소				593
		멤브레인 요약	1,778	3,309	4,019	
케이660	유선	광축	996	1,332	411	913
씨케이800	유선	광축	1,061	461	470	664
리줌Z35	블루투스	광축	1,438	1,052	491	994
		광축 최소				664
		광축 요약	3,495	2,845	1,372	
		전체 최소값				593
		총합계	8,282	7,972	6,649	

《처리조건》

▶ 데이터를 '종류' 기준으로 내림차순 정렬하시오.

▶ 아래 조건에 맞는 부분합을 작성하시오.

  – '종류'로 그룹화하여 '20대', '30대', '40대'의 합계를 구하는 부분합을 만드시오.

  – '종류'로 그룹화하여 '평균'의 최소를 구하는 부분합을 만드시오.

    (새로운 값으로 대치하지 말 것)

  – [D3:G20] 영역에 셀 서식의 표시 형식–숫자를 이용하여 1000 단위 구분 기호를 표시하시오.

▶ D~F열을 선택하여 그룹을 설정하시오.

▶ 합계와 최소의 부분합 순서는《출력형태》와 다를 수 있음

▶ 지시사항이 없는 경우는 기본 값을 적용하시오.

STEP 03 피벗테이블 옵션 변경하기

– 피벗테이블 옵션을 이용하여 레이블이 있는 셀 병합 및 가운데 맞춤하고 빈 셀을 "***"로 표시한 후, 행의 총합계를 감추기 하시오.

1 피벗테이블이 선택된 상태에서 [피벗테이블 분석] 탭 – [옵션]을 찾아 클릭합니다.

➕ 셀 위에서 마우스 오른쪽 버튼을 눌러 [피벗테이블 옵션]을 선택하는 방법도 있어요.

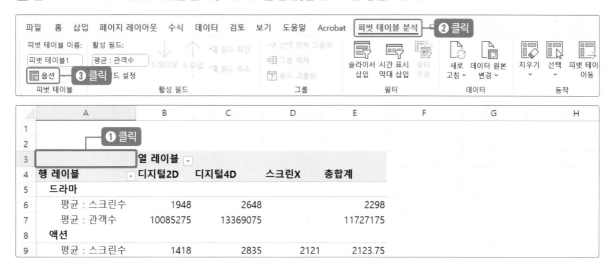

2 [레이아웃 및 서식] 탭에서 **레이블이 있는 셀 병합 및 가운데 맞춤**에 체크하고, **빈 셀 표시 항목에 ***을 입력**합니다.

3 [요약 및 필터] 탭을 선택한 다음 **행 총합계 표시 항목에 체크를 해제**한 후 <확인>을 클릭합니다.

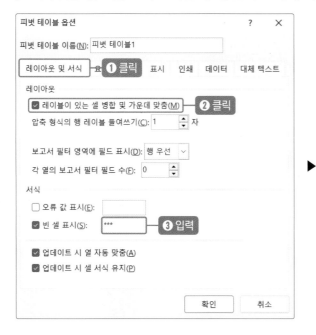
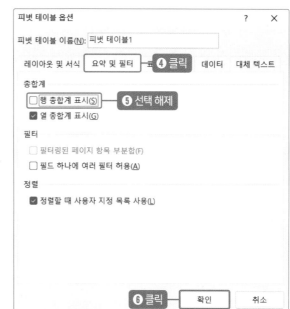

【문제 1】"판매현황" 시트를 참조하여 다음《처리조건》에 맞도록 작업하시오.(50점)

《출력형태》

제품명	구분	종류	20대	30대	40대	평균	순위	비고
해커K590	유선	적축	1,108명	408명	491명	669대	6	
크래프트	블루투스	멤브레인	355명	1,337명	1,063명	918대	2	인기상품
케이83	무선	적축	713명	1,138명	403명	751대	5	
케이70	유선	적축	1,188명	272명	364명	608대	8	
케이660	유선	광축	996명	1,332명	411명	913대	3	인기상품
케이380	블루투스	멤브레인	499명	1,039명	735명	593대	9	
올인원미디어	무선	멤브레인	469명	494명	816명	593대	9	
씨케이800	유선	광축	1,061명	461명	470명	664대	7	
리줌Z35	블루투스	광축	1,438명	1,052명	491명	994대	1	인기상품
레트로48	무선	멤브레인	455명	439명	1,405명	766대	4	
'종류'가 "적축"인 '40대'의 평균				419				
'20대'의 최대값-최소값 차이				1,083				
'30대' 중 네 번째로 작은 값				461				

제목: 나이별 키보드 판매 현황

《처리조건》
▶ 1행의 행 높이를 '80'으로 설정하고, 2행~15행의 행 높이를 '18'로 설정하시오.
▶ 제목("나이별 키보드 판매 현황") : 기본 도형의 '정육면체'를 이용하여 입력하시오.
 - 도형 : 위치([B1:H1]), 도형 스타일(테마 스타일 - 미세 효과 - '파랑, 강조 1')
 - 글꼴 : 굴림체, 30pt, 기울임꼴
 - 도형 서식 : 도형 옵션 - 크기 및 속성(텍스트 상자(세로 맞춤 : 정가운데, 텍스트 방향 : 가로))
▶ 셀 서식을 아래 조건에 맞게 작성하시오.
 - [A2:I15] : 테두리(안쪽, 윤곽선 모두 실선, '검정, 텍스트 1'), 전체 가운데 맞춤
 - [A13:D13], [A14:D14], [A15:D15] : 각각 병합하고 가운데 맞춤
 - [A2:I2], [A13:D15] : 채우기 색('주황, 강조 2, 40% 더 밝게'), 글꼴(굵게)
 - [D3:F12] : 셀 서식의 표시 형식-사용자 지정을 이용하여 #,##0"명"자를 추가
 - [G3:G12] : 셀 서식의 표시 형식-사용자 지정을 이용하여 #"대"자를 추가
 - [E13:G15] : 셀 서식의 표시 형식-숫자를 이용하여 1000 단위 구분 기호 표시
 - 조건부 서식[A3:I12] : '종류'가 "적축"인 경우 레코드 전체에 글꼴(파랑, 굵게) 적용
 - 지시사항이 없는 경우는 주어진 문제파일의 서식을 그대로 사용하시오.
▶ ① 순위[H3:H12] : '평균'을 기준으로 큰 순으로 순위를 구하시오. (RANK.EQ 함수)
▶ ② 비고[I3:I12] : '평균'이 800 이상이면 "인기상품", 그렇지 않으면 공백으로 구하시오. (IF 함수)
▶ ③ 평균[E13:G13] : '종류'가 "적축"인 '40대'의 평균을 구하시오. (DAVERAGE 함수)
▶ ④ 최대값-최소값[E14:G14] : '20대'의 최대값과 최소값의 차이를 구하시오. (MAX, MIN 함수)
▶ ⑤ 순위[E15:G15] : '30대' 중 네 번째로 작은 값을 구하시오. (SMALL 함수)

4 설정한 피벗테이블 옵션이 적용된 것을 확인합니다.

	A	B	C	D	E	F	G	H
1								
2								
3		열 레이블 ⊽						
4	행 레이블 ⊽	디지털2D	디지털4D	스크린X				
5	드라마							
6	평균 : 스크린수	1948	2648 ***					
7	평균 : 관객수	10085275	13369075 ***					
8	액션							
9	평균 : 스크린수	1418	2835	2121				
10	평균 : 관객수	5247874	13934592	6911977.5				
11	어드벤처							
12	평균 : 스크린수	1971	1409 ***					

 STEP 04 보고서 레이아웃 및 스타일 지정하기

– 피벗테이블 디자인에서 보고서 레이아웃은 '테이블 형식으로 표시', 피벗테이블 스타일은 '중간 – 연한 녹색, 피벗 스타일 보통 14'로 표시하시오.

1 [디자인] 탭에서 [보고서 레이아웃] → [테이블 형식으로 표시]를 클릭합니다.

💿 작성된 피벗테이블이 선택된 상태에서 작업해요.

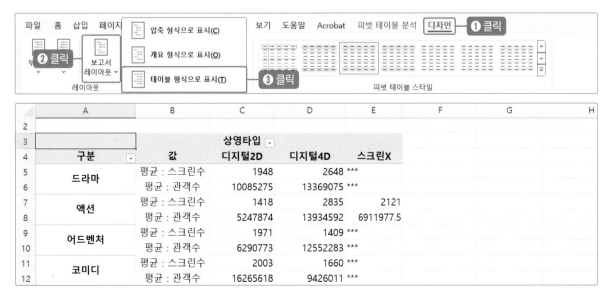

제05회 실전모의고사

▹ 시험과목 : 스프레드시트(엑셀)
▹ 시험일자 : 20XX. XX. XX.(X)
▹ 응시자 기재사항 및 감독위원 확인

수 검 번 호	DIS - XXXX -	감독위원 확인
성 명		

응시자 유의사항

1. 응시자는 신분증을 지참하여야 시험에 응시할 수 있으며, 시험이 종료될 때까지 신분증을 제시하지 못할 경우 해당 시험은 0점 처리됩니다.

2. 시스템(PC 작동 여부, 네트워크 상태 등)의 이상 여부를 반드시 확인하여야 하며, 시스템 이상이 있을시 감독위원에게 조치를 받으셔야 합니다.

3. 시험 중 부주의 또는 고의로 시스템을 파손한 경우는 응시자 부담으로 합니다.

4. 답안 전송 프로그램을 통해 다운로드 받은 파일을 이용하여 답안 파일을 작성하시기 바랍니다.

5. 작성한 답안 파일은 답안 전송 프로그램을 통하여 전송됩니다. 감독위원의 지시에 따라 주시기 바랍니다.

6. 다음 사항의 경우 실격(0점) 혹은 부정행위 처리됩니다.
   ❶ 답안 파일을 저장하지 않았거나, 저장한 파일이 손상되었을 경우
   ❷ 답안 파일을 지정된 폴더(바탕화면 – "KAIT" 폴더)에 저장하지 않았을 경우
      ※ 답안 전송 프로그램 로그인 시 바탕화면에 자동 생성됨
   ❸ 답안 파일을 다른 보조기억장치(USB) 혹은 네트워크(메신저, 게시판 등)로 전송할 경우
   ❹ 휴대용 전화기 등 통신기기를 사용할 경우

7. 시트는 반드시 순서대로 작성해야 하며, 순서가 다를 경우 "0"점 처리 됩니다.

8. 시험지에 제시된 글꼴이 응시 프로그램에 없는 경우, 반드시 감독위원에게 해당 내용을 통보한 뒤 조치를 받아야 합니다.

9. 시험의 완료는 작성이 완료된 답안을 저장하고, 답안 전송이 완료된 상태를 확인한 것으로 합니다. 답안 전송 확인 후 문제지는 감독위원에게 제출한 후 퇴실하여야 합니다.

10. 답안 전송이 완료된 경우에는 수정 또는 정정이 불가능합니다.

11. 시험 시행 후 합격자 발표는 홈페이지(www.ihd.or.kr)에서 확인하시기를 바랍니다.
    ※ 합격자 발표 : 20XX. XX. XX.(X)

2 이번에는 피벗테이블에 디자인을 지정해 보도록 하겠습니다.

3 [디자인] 탭에서 자세히 단추(⌄)를 눌러 **[중간 – 연한 녹색, 피벗 스타일 보통 14]**를 선택합니다.

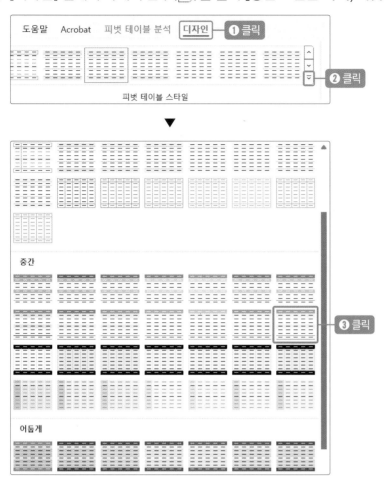

4 피벗테이블 스타일이 적용된 것을 확인합니다.

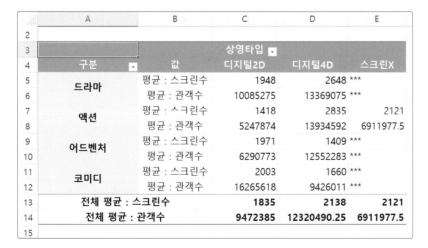

⬥ **DIAT 꿀팁**

피벗테이블의 스타일은 [중간]과 [어둡게] 그룹에서 주로 출제되고 있습니다.

【문제 5】 "차트" 시트를 참조하여 다음《처리조건》에 맞도록 작업하시오.(30점)

《출력형태》

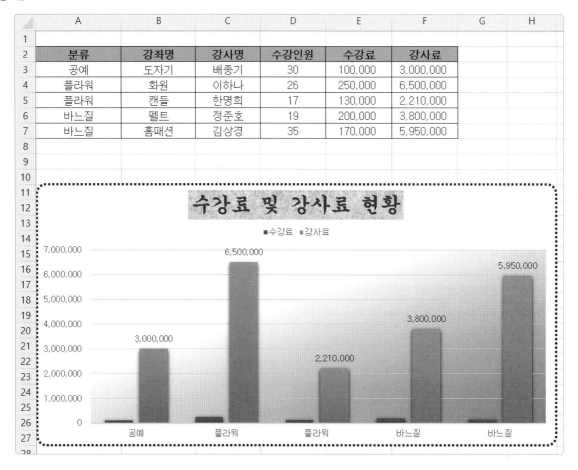

《처리조건》

▶ "차트" 시트에 주어진 표를 이용하여 '묶은 세로 막대형' 차트를 작성하시오.

- 데이터 범위 : 현재 시트 [A2:A7], [E2:F7]의 데이터를 이용하여 작성하고, 행/열 전환은 '열'로 지정

- 차트 위치 : 현재 시트에 [A11:H27] 크기에 정확하게 맞추시오.

- 차트 제목("수강료 및 강사료 현황")

- 차트 스타일 : 색 변경(색상형 – 다양한 색상표 2, 스타일 14)

- 범례 위치 : 위쪽

- 차트 영역 서식 : 글꼴(굴림, 9pt), 테두리 색(실선, 색 : 진한 파랑), 테두리 스타일(너비 : 2.25pt,
　　　　　　　　겹선 종류 : 단순형, 대시 종류 : 둥근 점선, 둥근 모서리)

- 차트 제목 서식 : 글꼴(궁서체, 22pt, 굵게), 채우기(그림 또는 질감 채우기, 질감 : 꽃다발)

- 그림 영역 서식 : 채우기(그라데이션 채우기, 그라데이션 미리 설정 : 위쪽 스포트라이트 강조 2, 종류 : 선형,
　　　　　　　　방향 : 선형 대각선 – 왼쪽 위에서 오른쪽 아래로)

- 데이터 레이블 추가 : '강사료' 계열에 "값" 표시

▶ 지시사항이 없는 경우는《출력형태》와 동일하게 작성하시오.

– 구분(행)은 "액션", "어드벤처", "코미디"만 출력되도록 표시하시오.

1 구분(행)에서 필터 목록 단추(▼)를 클릭한 후 모두 선택을 해제하고 필요한 항목에 체크합니다.

2 체크된 항목(액션, 어드벤처, 코미디)만 표시되는 것을 확인합니다.

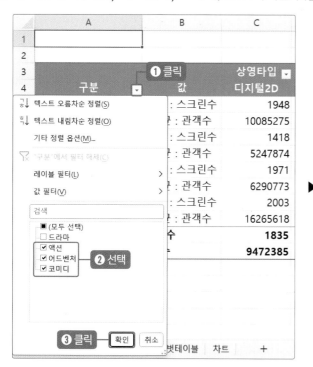

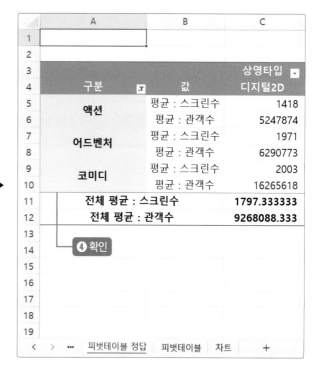

◇ **DIAT 꿀팁**

필터링을 통해 필요한 항목만 표시하는 문제는 고정적으로 출제되고 있어요. 《출력형태》 및 《처리조건》을 참고해 행 레이블 또는 열 레이블 중 필터를 적용하여 제시된 값만 표시되도록 설정합니다.

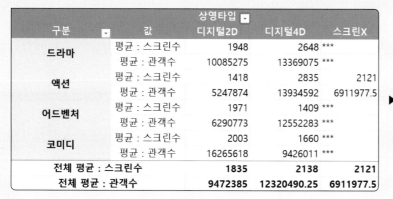

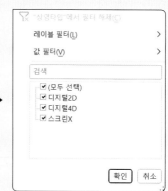

【문제 4】 "피벗테이블" 시트를 참조하여 다음《처리조건》에 맞도록 작업하시오.(30점)

《출력형태》

	A	B	C	D	E
2					
3			분류 ▼		
4	강좌명 ▼	값	공예	플라워	
5	도자기	합계 : 수강료	100,000	*	
6		합계 : 강사료	3,000,000	*	
7	자이언트	합계 : 수강료	*	230,000	
8		합계 : 강사료	*	5,750,000	
9	캔들	합계 : 수강료	*	130,000	
10		합계 : 강사료	*	2,210,000	
11	전체 합계 : 수강료		100,000	360,000	
12	전체 합계 : 강사료		3,000,000	7,960,000	
13					
14					

《처리조건》

▶ "피벗테이블" 시트의 [A2:G12]를 이용하여 새로운 시트에《출력형태》와 같이 피벗 테이블을 작성 후 시트명을 "피벗테이블 정답"으로 수정하시오.

▶ 강좌명(행)과 분류(열)를 기준으로 하여 출력형태와 같이 구하시오.

  – '수강료', '강사료'의 합계를 구하시오.

  – 피벗 테이블 옵션을 이용하여 레이블이 있는 셀 병합 및 가운데 맞춤하고 빈 셀을 "*"로 표시한 후, 행의 총합계를 감추기 하시오.

  – 피벗 테이블 디자인에서 보고서 레이아웃은 '테이블 형식으로 표시', 피벗 테이블 스타일은 '어둡게 – 진한 파랑, 피벗 스타일 어둡게 6'으로 표시하시오.

  – 강좌명(행)은 "도자기", "자이언트", "캔들"만 출력되도록 표시하시오.

  – [C5:D12] 데이터는 셀 서식의 표시 형식–숫자를 이용하여 1000 단위 구분 기호를 표시하고, 가운데 맞춤하시오.

▶ 강좌명의 순서는《출력형태》와 다를 수 있음

▶ 지시사항이 없는 경우는《출력형태》와 동일하게 작성하시오.

06 셀 서식 지정하기

– [C5:E12] 데이터는 셀 서식의 표시 형식–숫자를 이용하여 1000 단위 구분 기호를 표시하고, 가운데 맞춤하시오.

1 셀 서식을 지정할 [C5:E12] 영역을 범위로 지정한 후 마우스 오른쪽 버튼을 눌러 [셀 서식]을 클릭합니다.

📌 영역이 선택된 상태에서 Ctrl+1을 눌러 셀 서식 대화상자를 열 수도 있어요.

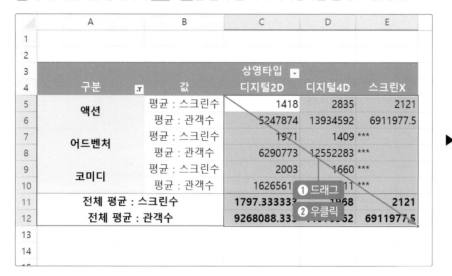

2 [표시 형식] 탭–[숫자]를 클릭하고 '1000 단위 구분 기호 사용'을 지정합니다.

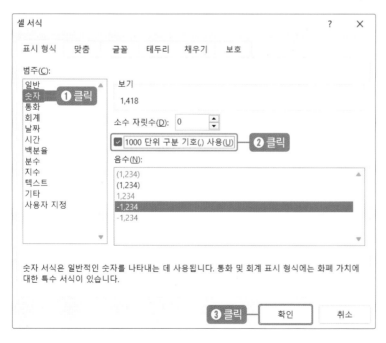

(2) 시나리오

《출력형태-시나리오》

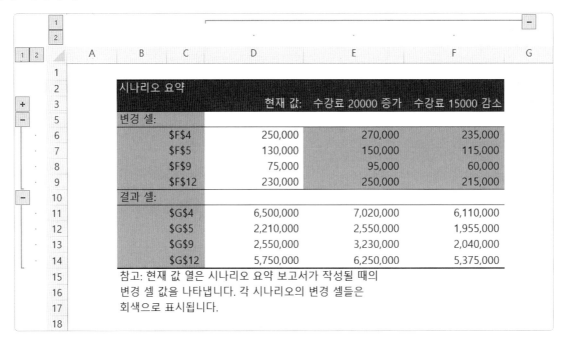

《처리조건》

▶ "시나리오" 시트의 [A2:G12]를 이용하여 '분류'가 "플라워"인 경우, '수강료'가 변동할 때 '강사료'가 변동하는 가상분석(시나리오)을 작성하시오.

　- 시나리오1 : 시나리오 이름은 "수강료 20000 증가", '수강료'에 20000을 증가시킨 값 설정.

　- 시나리오2 : 시나리오 이름은 "수강료 15000 감소", '수강료'에 15000을 감소시킨 값 설정.

　- "시나리오 요약" 시트를 작성하시오.

▶ 지시사항이 없는 경우는 《출력형태 - 시나리오》와 동일하게 작성하시오.

3 1000 단위 구분 기호가 적용된 것을 확인한 다음 [홈] 탭에서 **[가운데 맞춤]**을 지정합니다.

💬 만약 1000 단위 구분 기호 적용 후 셀에 값이 ###으로 표시된다면 열 너비를 조절해 주세요.

4 《출력형태》와 비교하여 열 너비를 비슷하게 조절합니다.

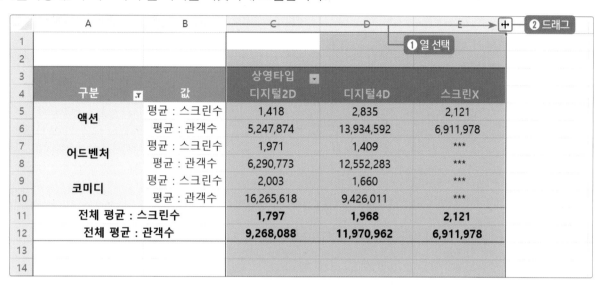

◈ **DIAT 꿀팁**

피벗테이블 작성이 끝나면 《출력형태》와 비교해 잘못된 부분이 없는지 확인합니다. 단, 《처리조건》에 따라 '구분'의 순서는 《출력형태》와 다를 수 있으니 참고해주세요.

5 작업이 완료되면 [저장(💾)]을 클릭하거나 Ctrl + S 를 눌러 답안 파일을 저장합니다.

💬 시험이 진행되는 40분 동안 수시로 저장하여 작업된 내용이 누락되지 않도록 해요.

【문제 3】 "필터"와 "시나리오" 시트를 참조하여 다음《처리조건》에 맞도록 작업하시오.(60점)

(1) 필터

《출력형태 – 필터》

	A	B	C	D	E	F	G
1							
2	분류	강좌명	강사명	개설시간	수강인원	수강료	강사료
3	공예	도자기	배종기	주간	30	100,000	3,000,000
4	플라워	화원	이하나	야간	26	250,000	6,500,000
5	플라워	캔들	한명희	야간	17	130,000	2,210,000
6	바느질	펠트	정준호	주간	19	200,000	3,800,000
7	바느질	홈패션	김상경	주간	35	170,000	5,950,000
8	공예	라탄	정수경	주간	28	80,000	2,240,000
9	플라워	생화 트리	이다희	야간	34	75,000	2,550,000
10	서예	명언 쓰기	임선옥	야간	10	50,000	500,000
11	서예	기본학습	함소원	주간	60	25,000	1,500,000
12	플라워	자이언트	정예린	야간	25	230,000	5,750,000
13							
14	조건						
15	FALSE						
16							
17							
18	강좌명	강사명	수강료	강사료			
19	캔들	한명희	130,000	2,210,000			
20	자이언트	정예린	230,000	5,750,000			

《처리조건》

▶ "필터" 시트의 [A2:G12]를 아래 조건에 맞게 고급 필터를 사용하여 작성하시오.

　- '분류'가 "플라워"이면서 '수강인원'이 25 이하인 데이터를 '강좌명', '강사명', '수강료', '강사료'의 데이터만 필터링 하시오.

　- 조건 위치 : 조건 함수는 [A15] 한 셀에 작성(AND 함수 이용)

　- 결과 위치 : [A18]부터 출력

▶ 지시사항이 없는 경우는《출력형태 – 필터》와 동일하게 작성하시오.

01 "피벗테이블" 시트를 참조하여 《처리조건》에 맞도록 작업하시오.

실습파일 : 07-01(문제).xlsx
완성파일 : 07-01(완성).xlsx

《출력형태》

	A	B	C	D	E
1					
2					
3			제조사 🔽		
4	상품분류 🔽	값	리틀달링	바우와우	블루블루
5	간식	평균 : 단가	***	***	12,150
6		평균 : 재고금액	***	***	1,027,100
7	미용용품	평균 : 단가	***	20,650	***
8		평균 : 재고금액	***	657,300	***
9	장난감	평균 : 단가	4,800	***	***
10		평균 : 재고금액	129,600	***	***
11	전체 평균 : 단가		4,800	20,650	12,150
12	전체 평균 : 재고금액		129,600	657,300	1,027,100
13					

《처리조건》

▶ "피벗테이블" 시트의 [A2:G12]를 이용하여 새로운 시트에 《출력형태》와 같이 피벗 테이블을 작성 후 시트명을 "피벗테이블 정답"으로 수정하시오.

▶ 상품분류(행)와 제조사(열)를 기준으로 하여 출력형태와 같이 구하시오.

 - '단가', '재고금액'의 평균을 구하시오.

 - 피벗 테이블 옵션을 이용하여 레이블이 있는 셀 병합 및 가운데 맞춤하고 빈 셀을 "***"로 표시한 후, 행의 총합계를 감추기 하시오.

 - 피벗 테이블 디자인에서 보고서 레이아웃은 '테이블 형식으로 표시', 피벗 테이블 스타일은 '중간 – 연한 노랑, 피벗 스타일 보통 12'로 표시하시오.

 - 제조사(열)는 "리틀달링", "바우와우", "블루블루"만 출력되도록 표시하시오.

 - [C5:E12] 데이터는 셀 서식의 표시 형식-숫자를 이용하여 1000 단위 구분 기호를 표시하고, 가운데 맞춤하시오.

▶ 상품분류의 순서는 《출력형태》와 다를 수 있음

▶ 지시사항이 없는 경우는 《출력형태》와 동일하게 작성하시오.

【문제 2】 "부분합" 시트를 참조하여 다음《처리조건》에 맞도록 작업하시오.(30점)

《출력형태》

	A	B	C	D	E	F	G
2	분류	강좌명	강사명	개설시간	수강인원	수강료	강사료
3	공예	도자기	배종기	주간	30	100,000	3,000,000
4	공예	라탄	정수경	주간	28	80,000	2,240,000
5	공예 평균					90,000	2,620,000
6	공예 최대				30	100,000	
7	바느질	펠트	정준호	주간	19	200,000	3,800,000
8	바느질	홈패션	김상경	주간	35	170,000	5,950,000
9	바느질 평균					185,000	4,875,000
10	바느질 최대				35	200,000	
11	서예	명언 쓰기	임선옥	야간	10	50,000	500,000
12	서예	기본학습	함소원	주간	60	25,000	1,500,000
13	서예 평균					37,500	1,000,000
14	서예 최대				60	50,000	
15	플라워	화원	이하나	야간	26	250,000	6,500,000
16	플라워	캔들	한명희	야간	17	130,000	2,210,000
17	플라워	생화 트리	이다희	야간	34	75,000	2,550,000
18	플라워	자이언트	정예린	야간	25	230,000	5,750,000
19	플라워 평균					171,250	4,252,500
20	플라워 최대				34	250,000	
21	전체 평균					131,000	3,400,000
22	전체 최대값				60	250,000	

《처리조건》

▶ 데이터를 '분류'를 기준으로 오름차순 정렬하시오.

▶ 아래 조건에 맞는 부분합을 작성하시오.
　- '분류'로 그룹화하여 '수강인원', '수강료'의 최대를 구하는 부분합을 만드시오.
　- '분류'로 그룹화하여 '수강료', '강사료'의 평균을 구하는 부분합을 만드시오.
　 (새로운 값으로 대치하지 말 것)
　- [F3:G22] 영역에 셀 서식의 표시 형식-숫자를 이용하여 1000 단위 구분 기호를 표시하시오.

▶ D~E열을 선택하여 그룹을 설정하시오.

▶ 최대와 평균의 부분합 순서는《출력형태》와 다를 수 있음

▶ 지시사항이 없는 경우는 기본 값을 적용하시오.

《출력형태》

	A	B	C	D	E
1					
2					
3			상품분류 ▾		
4	상품명 ▾	값	런닝화	아쿠아슈즈	운동화
5	루니아쿠아슈즈	최대 : 단가	**	24,900	**
6		최대 : 판매금액	**	1,070,700	**
7	컬러라인 런닝화	최대 : 단가	64,000	**	**
8		최대 : 판매금액	1,828,000	**	**
9	콜라보 스니커즈	최대 : 단가	**	**	29,800
10		최대 : 판매금액	**	**	476,800
11	전체 최대 : 단가		64,000	24,900	29,800
12	전체 최대 : 판매금액		1,828,000	1,070,700	476,800
13					

《처리조건》

▶ "피벗테이블" 시트의 [A2:G12]를 이용하여 새로운 시트에 《출력형태》와 같이 피벗 테이블을 작성 후 시트명을 "피벗테이블 정답"으로 수정하시오.

▶ 상품명(행)과 상품분류(열)를 기준으로 하여 출력형태와 같이 구하시오.

 – '단가', '판매금액'의 최대를 구하시오.

 – 피벗 테이블 옵션을 이용하여 레이블이 있는 셀 병합 및 가운데 맞춤하고 빈 셀을 "**"로 표시한 후, 행의 총합계를 감추기 하시오.

 – 피벗 테이블 디자인에서 보고서 레이아웃은 '테이블 형식으로 표시', 피벗 테이블 스타일은 '어둡게 – 진한 회색, 피벗 스타일 어둡게 13'으로 표시하시오.

 – 상품명(행)은 "루니아쿠아슈즈", "컬러라인 런닝화", "콜라보 스니커즈"만 출력되도록 표시하시오.

 – [C5:E12] 데이터는 셀 서식의 표시 형식–숫자를 이용하여 1000 단위 구분 기호를 표시하고, 가운데 맞춤하시오.

▶ 상품명의 순서는 《출력형태》와 다를 수 있음

▶ 지시사항이 없는 경우는 《출력형태》와 동일하게 작성하시오.

【문제 1】 "강좌현황" 시트를 참조하여 다음 《처리조건》에 맞도록 작업하시오.(50점)

《출력형태》

분류	강좌명	강사명	개설시간	수강인원	수강료	강사료	순위	비고
공예	도자기	배종기	주간	30	100,000	3,000,000	4	인기강좌
플라워	화원	이하나	야간	26	250,000	6,500,000	6	
플라워	캔들	한명희	야간	17	130,000	2,210,000	9	
바느질	펠트	정준호	주간	19	200,000	3,800,000	8	
바느질	홈패션	김상경	주간	35	170,000	5,950,000	2	인기강좌
공예	라탄	정수경	주간	28	80,000	2,240,000	5	
플라워	생화 트리	이다희	야간	34	75,000	2,550,000	3	인기강좌
서예	명언 쓰기	임선욱	야간	10	50,000	500,000	10	
서예	기본학습	함소원	주간	60	25,000	1,500,000	1	인기강좌
플라워	자이언트	정예린	야간	25	230,000	5,750,000	7	
'개설시간'이 "주간"인 '강사료'의 합계				16,490,000원				
'수강료'의 최대값-최소값 차이				225,000원				
'강사료' 중 세 번째로 큰 값				5,750,000원				

제목: 홈플러스 문화센터 강좌현황

《처리조건》

▶ 1행의 행 높이를 '80'으로 설정하고, 2행~15행의 행 높이를 '18'로 설정하시오.

▶ 제목("홈플러스 문화센터 강좌현황") : 기본 도형의 '구름'을 이용하여 입력하시오.
  - 도형 : 위치([B1:H1]), 도형 스타일(테마 스타일 - '밝은 색 1 윤곽선, 색 채우기 - 파랑, 강조 1')
  - 글꼴 : 궁서체, 22pt, 굵게, 기울임꼴
  - 도형 서식 : 도형 옵션 - 크기 및 속성(텍스트 상자(세로 맞춤 : 정가운데, 텍스트 방향 : 가로))

▶ 셀 서식을 아래 조건에 맞게 작성하시오.
  - [A2:I15] : 테두리(안쪽, 윤곽선 모두 실선, '검정, 텍스트 1'), 전체 가운데 맞춤
  - [A13:D13], [A14:D14], [A15:D15] : 각각 병합하고 가운데 맞춤
  - [A2:I2], [A13:D15] : 채우기 색('연한 녹색'), 글꼴(굵게)
  - [D3:D12] : 셀 서식의 표시 형식-사용자 지정을 이용하여 @"간"자를 추가
  - [F3:G12] : 셀 서식의 표시 형식-숫자를 이용하여 1000 단위 구분 기호 표시
  - [E13:G15] : 셀 서식의 표시 형식-사용자 지정을 이용하여 #,###"원"자를 추가
  - 조건부 서식[A3:I12] : '수강료'가 80000 이하인 경우 레코드 전체에 글꼴(진한 빨강, 굵은 기울임꼴) 적용
  - 지시사항이 없는 경우는 주어진 문제파일의 서식을 그대로 사용하시오.

▶ ① 순위[H3:H12] : '수강인원'을 기준으로 큰 순으로 '순위'를 구하시오. (RANK.EQ 함수)

▶ ② 비고[I3:I12] : '수강인원'이 30명 이상이면 "인기강좌", 그렇지 않으면 공백을 구하시오. (IF 함수)

▶ ③ 합계[E13:G13] : '개설시간'이 "주간"인 '강사료'의 합계를 구하시오. (DSUM 함수)

▶ ④ 최대값-최소값[E14:G14] : '수강료'의 최대값과 최소값의 차이를 구하시오. (MAX, MIN 함수)

▶ ⑤ 순위[E15:G15] : '강사료' 중 세 번째로 큰 값을 구하시오. (LARGE 함수)

《출력형태》

	주문처	값	상품명 레몬타임	시원수	커피매니아
	통신판매	최소 : 판매단가	*	*	2,300
		최소 : 판매수량	*	*	401
		최소 : 총판매액	*	*	922,300
	편의점	최소 : 판매단가	1,700	*	*
		최소 : 판매수량	236	*	*
		최소 : 총판매액	401,200	*	*
	할인점	최소 : 판매단가	*	800	*
		최소 : 판매수량	*	519	*
		최소 : 총판매액	*	415,200	*
	전체 최소 : 판매단가		1,700	800	2,300
	전체 최소 : 판매수량		236	519	401
	전체 최소 : 총판매액		401,200	415,200	922,300

《처리조건》

▶ "피벗테이블" 시트의 [A2:G12]를 이용하여 새로운 시트에《출력형태》와 같이 피벗 테이블을 작성 후 시트명을 "피벗테이블 정답"으로 수정하시오.

▶ 주문처(행)와 상품명(열)을 기준으로 하여 출력형태와 같이 구하시오.

 - '판매단가', '판매수량', '총판매액'의 최소를 구하시오.

 - 피벗 테이블 옵션을 이용하여 레이블이 있는 셀 병합 및 가운데 맞춤하고 빈 셀을 "*"로 표시한 후, 행의 총합계를 감추기 하시오.

 - 피벗 테이블 디자인에서 보고서 레이아웃은 '테이블 형식으로 표시', 피벗 테이블 스타일은 '밝게 - 연한 파랑, 피벗 스타일 밝게 16'으로 표시하시오.

 - 상품명(열)은 "레몬타임", "시원수", "커피매니아"만 출력되도록 표시하시오.

 - [C5:E16] 데이터는 셀 서식의 표시 형식-숫자를 이용하여 1000 단위 구분 기호를 표시하고, 가운데 맞춤하시오.

▶ 주문처의 순서는《출력형태》와 다를 수 있음

▶ 지시사항이 없는 경우는《출력형태》와 동일하게 작성하시오.

제04회 실전모의고사

▸ 시험과목 : 스프레드시트(엑셀)
▸ 시험일자 : 20XX. XX. XX.(X)
▸ 응시자 기재사항 및 감독위원 확인

수 검 번 호	DIS - XXXX -	감독위원 확인
성 명		

응시자 유의사항

1. 응시자는 신분증을 지참하여야 시험에 응시할 수 있으며, 시험이 종료될 때까지 신분증을 제시하지 못할 경우 해당 시험은 0점 처리됩니다.

2. 시스템(PC 작동 여부, 네트워크 상태 등)의 이상 여부를 반드시 확인하여야 하며, 시스템 이상이 있을시 감독위원에게 조치를 받으셔야 합니다.

3. 시험 중 부주의 또는 고의로 시스템을 파손한 경우는 응시자 부담으로 합니다.

4. 답안 전송 프로그램을 통해 다운로드 받은 파일을 이용하여 답안 파일을 작성하시기 바랍니다.

5. 작성한 답안 파일은 답안 전송 프로그램을 통하여 전송됩니다. 감독위원의 지시에 따라 주시기 바랍니다.

6. 다음 사항의 경우 실격(0점) 혹은 부정행위 처리됩니다.
   ❶ 답안 파일을 저장하지 않았거나, 저장한 파일이 손상되었을 경우
   ❷ 답안 파일을 지정된 폴더(바탕화면 – "KAIT" 폴더)에 저장하지 않았을 경우
      ※ 답안 전송 프로그램 로그인 시 바탕화면에 자동 생성됨
   ❸ 답안 파일을 다른 보조기억장치(USB) 혹은 네트워크(메신저, 게시판 등)로 전송할 경우
   ❹ 휴대용 전화기 등 통신기기를 사용할 경우

7. 시트는 반드시 순서대로 작성해야 하며, 순서가 다를 경우 "0"점 처리 됩니다.

8. 시험지에 제시된 글꼴이 응시 프로그램에 없는 경우, 반드시 감독위원에게 해당 내용을 통보한 뒤 조치를 받아야 합니다.

9. 시험의 완료는 작성이 완료된 답안을 저장하고, 답안 전송이 완료된 상태를 확인한 것으로 합니다. 답안 전송 확인 후 문제지는 감독위원에게 제출한 후 퇴실하여야 합니다.

10. 답안 전송이 완료된 경우에는 수정 또는 정정이 불가능합니다.

11. 시험 시행 후 합격자 발표는 홈페이지(www.ihd.or.kr)에서 확인하시기를 바랍니다.
   ※ 합격자 발표 : 20XX. XX. XX.(X)

"피벗테이블" 시트를 참조하여 《처리조건》에 맞도록 작업하시오.

실습파일 : 07-04(문제).xlsx
완성파일 : 07-04(완성).xlsx

《출력형태》

	A	B	C	D	E
3	강좌명	값	분류		
4			어학	취미	컴퓨터
5	드론	평균 : 모집인원	**	20	**
6		평균 : 수강료	**	30,000	**
7		평균 : 합계	**	600,000	**
8	바이올린	평균 : 모집인원	**	25	**
9		평균 : 수강료	**	30,000	**
10		평균 : 합계	**	2,250,000	**
11	영어회화	평균 : 모집인원	20	**	**
12		평균 : 수강료	16,000	**	**
13		평균 : 합계	960,000	**	**
14	한글	평균 : 모집인원	**	**	30
15		평균 : 수강료	**	**	15,000
16		평균 : 합계	**	**	450,000
17	전체 평균 : 모집인원		20	23	30
18	전체 평균 : 수강료		16,000	30,000	15,000
19	전체 평균 : 합계		960,000	1,425,000	450,000

《처리조건》

▶ "피벗테이블" 시트의 [A2:G12]를 이용하여 새로운 시트에 《출력형태》와 같이 피벗 테이블을 작성 후 시트명을 "피벗테이블 정답"으로 수정하시오.

▶ 강좌명(행)과 분류(열)를 기준으로 하여 출력형태와 같이 구하시오.

 – '모집인원', '수강료', '합계'의 평균을 구하시오.

 – 피벗 테이블 옵션을 이용하여 레이블이 있는 셀 병합 및 가운데 맞춤하고 빈 셀을 "**"로 표시한 후, 행의 총합계를 감추기 하시오.

 – 피벗 테이블 디자인에서 보고서 레이아웃은 '테이블 형식으로 표시', 피벗 테이블 스타일은 '밝게 – 연한 녹색, 피벗 스타일 밝게 14'로 표시하시오.

 – 강좌명(행)은 "드론", "바이올린", "영어회화", "한글"만 출력되도록 표시하시오.

 – [C5:E19] 데이터는 셀 서식의 표시 형식-숫자를 이용하여 1000 단위 구분 기호를 표시하고, 오른쪽 맞춤하시오.

▶ 강좌명의 순서는 《출력형태》와 다를 수 있음

▶ 지시사항이 없는 경우는 《출력형태》와 동일하게 작성하시오.

【문제 5】 "차트" 시트를 참조하여 다음《처리조건》에 맞도록 작업하시오.(30점)

《출력형태》

《처리조건》

▶ "차트" 시트에 주어진 표를 이용하여 '묶은 가로 막대형' 차트를 작성하시오.
- 데이터 범위 : 현재 시트 [A2:A7], [C2:E7]의 데이터를 이용하여 작성하고, 행/열 전환은 '열'로 지정
- 차트 위치 : 현재 시트에 [A9:G25] 크기에 정확하게 맞추시오.
- 차트 제목("에스케이네트워크 매출현황")
- 차트 스타일 : 색 변경(색상형 – 다양한 색상표 3, 스타일 5)
- 범례 위치 : 위쪽
- 차트 영역 서식 : 글꼴(돋움체, 10pt), 테두리 색(실선, 색 : 녹색), 테두리 스타일(너비 : 1.5pt, 겹선 종류 : 단순형, 대시 종류 : 사각 점선, 둥근 모서리)
- 차트 제목 서식 : 글꼴(굴림, 15pt, 기울임꼴), 채우기(그림 또는 질감 채우기, 질감 : 신문 용지)
- 그림 영역 서식 : 채우기(그라데이션 채우기, 그라데이션 미리 설정 : 밝은 그라데이션 – 강조 1, 종류 : 선형, 방향 : 선형 위쪽)
- 데이터 레이블 추가 : '5월' 계열에 "값" 표시

▶ 지시사항이 없는 경우는《출력형태》와 동일하게 작성하시오.

[문제 5]
차트 작성 및 편집

※ 실습파일 : 08차시(문제).xlsx　※ 완성파일 : 08차시(완성).xlsx

문제 미리보기

【문제 5】 "차트" 시트를 참조하여 다음《처리조건》에 맞도록 작업하시오.

《출력형태》

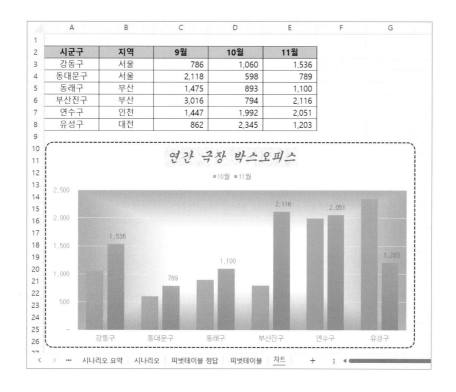

《처리조건》

▶ "차트" 시트에 주어진 표를 이용하여 '묶은 세로 막대형' 차트를 작성하시오.

　– 데이터 범위 : 현재 시트 [A2:A8], [D2:E8]의 데이터를 이용하여 작성하고, 행/열 전환은 '열'로 지정

　– 차트 위치 : 현재 시트에 [A10:G26] 크기에 정확하게 맞추시오.

　– 차트 제목("연간 극장 박스오피스")

　– 차트 스타일 : 색 변경(색상형 – 다양한 색상표 4, 스타일 6)

　– 범례 위치 : 위쪽

　– 차트 영역 서식 : 글꼴(돋움체, 9pt), 테두리 색(실선, 색 : 진한 파랑), 테두리 스타일(너비 : 1.5pt, 겹선 종류 : 단순형,
　　　　　　　　　　 대시 종류 : 사각 점선, 둥근 모서리)

　– 차트 제목 서식 : 글꼴(궁서체, 18pt, 기울임꼴), 채우기(그림 또는 질감 채우기, 질감 : 파랑 박엽지)

　– 그림 영역 서식 : 채우기(그라데이션 채우기, 그라데이션 미리 설정 : 위쪽 스포트라이트 강조 3, 종류 : 사각형,
　　　　　　　　　　 방향 : 가운데에서)

　– 데이터 레이블 추가 : '11월' 계열에 "값" 표시

▶ 지시사항이 없는 경우는《출력형태》와 동일하게 작성하시오.

【문제 4】 "피벗테이블" 시트를 참조하여 다음 《처리조건》에 맞도록 작업하시오.(30점)

《출력형태》

	A	B	C	D	E	F
1						
2						
3			지사명			
4	구분	값	경기지사	서울지사	인천지사	
5	교환	최소 : 5월	5,354,950	6,020,180	**	
6		최소 : 6월	7,952,590	5,686,140	**	
7	이동통신	최소 : 5월	**	6,183,770	7,892,120	
8		최소 : 6월	**	8,948,800	7,155,460	
9	전체 최소 : 5월		5,354,950	6,020,180	7,892,120	
10	전체 최소 : 6월		7,952,590	5,686,140	7,155,460	
11						

《처리조건》

▶ "피벗테이블" 시트의 [A2:G12]를 이용하여 새로운 시트에 《출력형태》와 같이 피벗 테이블을 작성 후 시트명을 "피벗테이블 정답"으로 수정하시오.

▶ 구분(행)과 지사명(열)을 기준으로 하여 출력형태와 같이 구하시오.

  - '5월', '6월'의 최소를 구하시오.

  - 피벗 테이블 옵션을 이용하여 레이블이 있는 셀 병합 및 가운데 맞춤하고 빈 셀을 "**"로 표시한 후, 행의 총합계 를 감추기 하시오.

  - 피벗 테이블 디자인에서 보고서 레이아웃은 '테이블 형식으로 표시', 피벗 테이블 스타일은 '밝게 - 연한 주황, 피벗 스타일 밝게 17'로 표시하시오.

  - 구분(행)은 "교환", "이동통신"만 출력되도록 표시하시오.

  - [C5:E10] 데이터는 셀 서식의 표시 형식-숫자를 이용하여 1000 단위 구분 기호를 표시하고, 가운데 맞춤하시오.

▶ 구분의 순서는 《출력형태》와 다를 수 있음

▶ 지시사항이 없는 경우는 《출력형태》와 동일하게 작성하시오.

작업 과정 미리보기

차트 삽입 ▷ 크기 및 위치 지정 ▷ 차트 편집

Check 01 차트 추가 : 묶은 세로 막대형 차트를 삽입하고 크기 및 위치를 지정해요!

	A	B	C	D	E
1					
2	시군구	지역	9월	10월	11월
3	강동구	서울	786	1,060	1,536
4	동대문구	서울	2,118	598	789
5	동래구	부산	1,475	893	1,100
6	부산진구	부산	3,016	794	2,116
7	연수구	인천	1,447	1,992	2,051
8	유성구	대전	862	2,345	1,203
9					

차트 범위 선택   묶은 세로 막대형 차트 삽입

Check 02 차트 편집 : 조건에 맞추어 차트를 편집해요!

색 변경 & 스타일 지정

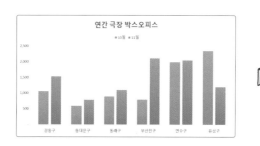

범례 위치 변경

차트 영역 서식 지정

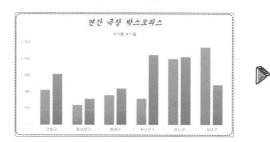

차트 제목 서식 지정

그림 영역 서식 지정

데이터 레이블 추가

(2) 시나리오

《출력형태 – 시나리오》

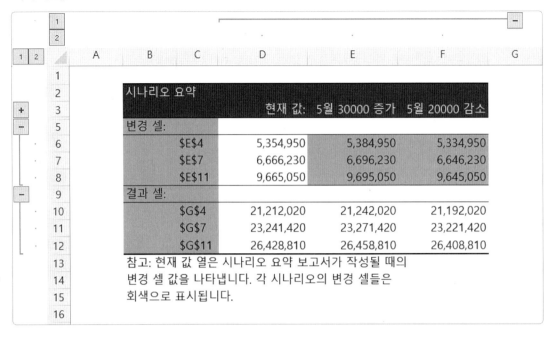

《처리조건》

▶ "시나리오" 시트의 [A2:G12]를 이용하여 '지사명'이 "경기지사"인 경우, '5월'이 변동할 때 '총액'이 변동하는 가상분석(시나리오)을 작성하시오.

　- 시나리오1 : 시나리오 이름은 "5월 30000 증가", '5월'에 30000을 증가시킨 값 설정.

　- 시나리오2 : 시나리오 이름은 "5월 20000 감소", '5월'에 20000을 감소시킨 값 설정.

　- "시나리오 요약" 시트를 작성하시오.

▶ 지시사항이 없는 경우는 《출력형태 – 시나리오》와 동일하게 작성하시오.

STEP 01 차트 삽입하고 위치 지정하기

▶ "차트" 시트에 주어진 표를 이용하여 '묶은 세로 막대형' 차트를 작성하시오.
  - 데이터 범위 : 현재 시트 [A2:A8], [D2:E8]의 데이터를 이용하여 작성하고, 행/열 전환은 '열'로 지정
  - 차트 위치 : 현재 시트에 [A10:G26] 크기에 정확하게 맞추시오.

1 엑셀 2021 프로그램을 실행한 후 [08차시] 폴더에서 **08차시(문제).xlsx** 파일을 불러옵니다.

2 파일이 열리면 작업창 아래쪽에서 **[차트]** 시트를 클릭합니다.

➕ DIAT 스프레드시트 시험은 각 시트마다 데이터가 미리 입력되어 있어요.

3 차트 작성에 이용할 데이터 범위인 **[A2:A8], [D2:E8]**을 선택합니다.

➕ 《처리조건》을 참고하여 차트에 필요한 데이터 범위를 확인할 수 있어요.

	A	B	C	D	E
1					
2	**시군구**	**지역**	**9월**	**10월**	**11월**
3	강동구	서울	786	1,060	1,536
4	동대문구	서울	2,118	598	789
5	동래구	부산	1,475	893	
6	부산진구	부산	3,016	794	2,116
7	연수구	인천	1,447	1,992	2,051
8	유성구	대전	862	2,345	1,203

❶ 드래그   ❷ Ctrl + 드래그

4 [삽입] 탭에서 [세로 또는 가로 막대형 차트 삽입]을 클릭하여 [2차원 세로 막대형 – 묶은 세로 막대형]을 선택합니다.

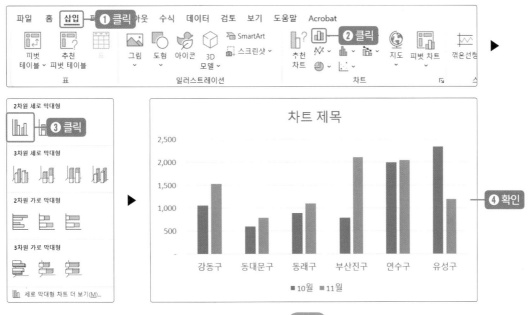

【문제 3】 "필터"와 "시나리오" 시트를 참조하여 다음《처리조건》에 맞도록 작업하시오.(60점)

(1) 필터

《출력형태 – 필터》

	A	B	C	D	E	F	G
1							
2	구분	장비명	지사명	4월	5월	6월	총액
3	이동통신	교환기	인천지사	6,209,680	7,892,120	7,155,460	21,257,260
4	교환	G/W	경기지사	7,128,650	5,354,950	8,728,420	21,212,020
5	이동통신	교환기	서울지사	5,261,840	6,183,770	8,948,800	20,394,410
6	기업망	보안장비	인천지사	6,750,280	5,079,530	6,402,290	18,232,100
7	교환	라우터	경기지사	8,622,600	6,666,230	7,952,590	23,241,420
8	기업망	무선랜	서울지사	6,456,120	5,699,940	7,465,700	19,621,760
9	이동통신	기지국	인천지사	9,049,260	7,982,660	7,853,670	24,885,590
10	교환	스위치	서울지사	6,085,820	7,522,730	5,686,140	19,294,690
11	기업망	VPN	경기지사	8,986,970	9,665,050	7,776,790	26,428,810
12	교환	VoIP	서울지사	5,935,430	6,020,180	6,795,260	18,750,870
13							
14	조건						
15	FALSE						
16							
17							
18	장비명	지사명	6월	총액			
19	교환기	서울지사	8,948,800	20,394,410			
20	기지국	인천지사	7,853,670	24,885,590			
21							

《처리조건》

▶ "필터" 시트의 [A2:G12]를 아래 조건에 맞게 고급 필터를 사용하여 작성하시오.

　– '구분'이 "이동통신"이고 '6월'이 7500000 이상인 데이터를 '장비명', '지사명', '6월', '총액'의 데이터만 필터링하시오.

　– 조건 위치 : 조건 함수는 [A15] 한 셀에 작성(AND 함수 이용)

　– 결과 위치 : [A18]부터 출력

▶ 지시사항이 없는 경우는《출력형태 – 필터》와 동일하게 작성하시오.

5 Alt 를 누른 채 차트 위치를 [A10] 셀까지 드래그하여 맞춰줍니다.

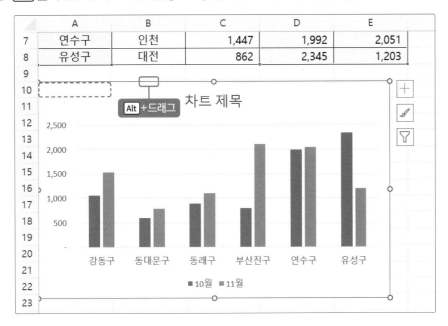

6 계속해서 Alt 를 누른 채 오른쪽 아래 크기 조절점을 드래그하여 [G26] 셀에 맞춰줍니다.

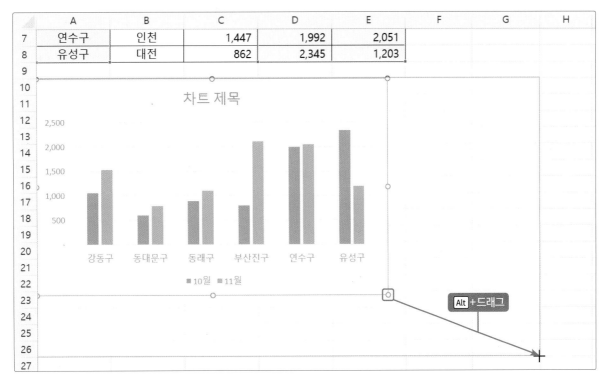

【문제 2】 "부분합" 시트를 참조하여 다음《처리조건》에 맞도록 작업하시오.(30점)

《출력형태》

	구분	장비명	지사명	4월	5월	6월	총액
3	이동통신	교환기	인천지사	6,209,680	7,892,120	7,155,460	21,257,260
4	기업망	보안장비	인천지사	6,750,280	5,079,530	6,402,290	18,232,100
5	이동통신	기지국	인천지사	9,049,260	7,982,660	7,853,670	24,885,590
6			인천지사 평균				21,458,317
7			인천지사 최소	6,209,680	5,079,530	6,402,290	
8	이동통신	교환기	서울지사	5,261,840	6,183,770	8,948,800	20,394,410
9	기업망	무선랜	서울지사	6,456,120	5,699,940	7,465,700	19,621,760
10	교환	스위치	서울지사	6,085,820	7,522,730	5,686,140	19,294,690
11	교환	VoIP	서울지사	5,935,430	6,020,180	6,795,260	18,750,870
12			서울지사 평균				19,515,433
13			서울지사 최소	5,261,840	5,699,940	5,686,140	
14	교환	G/W	경기지사	7,128,650	5,354,950	8,728,420	21,212,020
15	교환	라우터	경기지사	8,622,600	6,666,230	7,952,590	23,241,420
16	기업망	VPN	경기지사	8,986,970	9,665,050	7,776,790	26,428,810
17			경기지사 평균				23,627,417
18			경기지사 최소	7,128,650	5,354,950	7,776,790	
19			전체 평균				21,331,893
20			전체 최소값	5,261,840	5,079,530	5,686,140	

《처리조건》

▶ 데이터를 '지사명' 기준으로 내림차순 정렬하시오.

▶ 아래 조건에 맞는 부분합을 작성하시오.

  – '지사명'으로 그룹화하여 '4월', '5월', '6월'의 최소를 구하는 부분합을 만드시오.

  – '지사명'으로 그룹화하여 '총액'의 평균을 구하는 부분합을 만드시오.

    (새로운 값으로 대치하지 말 것)

  – [D3:G20] 영역에 셀 서식의 표시 형식–숫자를 이용하여 1000 단위 구분 기호 표시하시오.

▶ D~F열을 선택하여 그룹을 설정하시오.

▶ 최소와 평균의 부분합 순서는《출력형태》와 다를 수 있음

▶ 지시사항이 없는 경우는 기본 값을 적용하시오.

STEP 02 차트 제목, 차트 스타일, 범례 위치 지정하기

- 차트 제목("연간 극장 박스오피스")
- 차트 스타일 : 색 변경(색상형 – 다양한 색상표 4, 스타일 6)
- 범례 위치 : 위쪽

1 차트가 선택된 상태에서 차트 제목 부분을 클릭합니다. 이어서, 차트 제목을 블록으로 지정한 후 '연간 극장 박스오피스'를 입력합니다.

💡 제목을 입력한 후 Esc를 눌러 입력 상태를 종료해요.

▼

▼

LEVEL UP 차트의 구성 알아보기

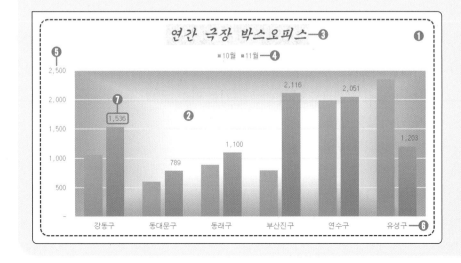

❶ 차트 영역
❷ 그림 영역
❸ 차트 제목
❹ 범례
❺ 세로 축
❻ 가로 축
❼ 데이터 레이블

【문제 1】 "매출현황" 시트를 참조하여 다음《처리조건》에 맞도록 작업하시오.(50점)

《출력형태》

구분	장비명	지사명	4월	5월	6월	총액	순위	비고
이동통신	교환기	인천지사	6,209,680	7,892,120	7,155,460	21,257,260	4등	
교환	G/W	경기지사	7,128,650	5,354,950	8,728,420	21,212,020	5등	
이동통신	교환기	서울지사	5,261,840	6,183,770	8,948,800	20,394,410	6등	
기업망	보안장비	인천지사	6,750,280	5,079,530	6,402,290	18,232,100	10등	매출부진
교환	라우터	경기지사	8,622,600	6,666,230	7,952,590	23,241,420	3등	
기업망	무선랜	서울지사	6,456,120	5,699,940	7,465,700	19,621,760	7등	매출부진
이동통신	기지국	인천지사	9,049,260	7,982,660	7,853,670	24,885,590	2등	
교환	스위치	서울지사	6,085,820	7,522,730	5,686,140	19,294,690	8등	매출부진
기업망	VPN	경기지사	8,986,970	9,665,050	7,776,790	26,428,810	1등	
교환	VoIP	서울지사	5,935,430	6,020,180	6,795,260	18,750,870	9등	매출부진
'구분'이 "이동통신"인 '총액'의 최소값				20,394,410				
'5월'의 최대값-최소값 차이				4,585,520				
'6월' 중 첫 번째로 작은 값				5,686,140				

《처리조건》

▶ 1행의 행 높이를 '80'으로 설정하고, 2행~15행의 행 높이를 '18'로 설정하시오.

▶ 제목("에스케이네트워크 매출현황") : 순서도의 '순서도: 문서'를 이용하여 입력하시오.
  - 도형 : 위치([B1:H1]), 도형 스타일(테마 스타일 – 강한 효과 – '주황, 강조 2')
  - 글꼴 : 돋움체, 28pt, 밑줄
  - 도형 서식 : 도형 옵션 – 크기 및 속성(텍스트 상자(세로 맞춤 : 정가운데, 텍스트 방향 : 가로))

▶ 셀 서식을 아래 조건에 맞게 작성하시오.
  - [A2:I15] : 테두리(안쪽, 윤곽선 모두 실선, '검정, 텍스트 1'), 전체 가운데 맞춤
  - [A13:D13], [A14:D14], [A15:D15] : 각각 병합하고 가운데 맞춤
  - [A2:I2], [A13:D15] : 채우기 색('녹색, 강조 6, 60% 더 밝게'), 글꼴(굵게)
  - [D3:G12], [E13:G15] : 셀 서식의 표시 형식–숫자를 이용하여 1000 단위 구분 기호 표시
  - [C3:C12] : 셀 서식의 표시 형식–사용자 지정을 이용하여 @"지사" 추가
  - [H3:H12] : 셀 서식의 표시 형식–사용자 지정을 이용하여 0"등"자 추가
  - 조건부 서식[A3:I12] : '총액'이 22000000 이상인 경우 레코드 전체에 글꼴(진한 파랑, 굵게) 적용
  - 지시사항이 없는 경우는 주어진 문제파일의 서식을 그대로 사용하시오.

▶ ① 순위[H3:H12] : '총액'을 기준으로 큰 순으로 순위를 구하시오. (RANK.EQ 함수)

▶ ② 비고[I3:I12] : '총액'이 20000000 이하면 "매출부진", 그렇지 않으면 공백으로 구하시오. (IF 함수)

▶ ③ 최소값[E13:G13] : '구분'이 "이동통신"인 '총액'의 최소값을 구하시오. (DMIN 함수)

▶ ④ 최대값-최소값[E14:G14] : '5월'의 최대값-최소값의 차이를 구하시오. (MAX, MIN 함수)

▶ ⑤ 순위[E15:G15] : '6월' 중 첫 번째로 작은 값을 구하시오. (SMALL 함수)

2 차트 색상을 변경하기 [차트 디자인] 탭에서 [색 변경] → **[색상형 – 다양한 색상표 4]**를 클릭합니다.

➕ 차트가 선택된 상태에서만 [차트 디자인] 탭이 활성화 돼요.

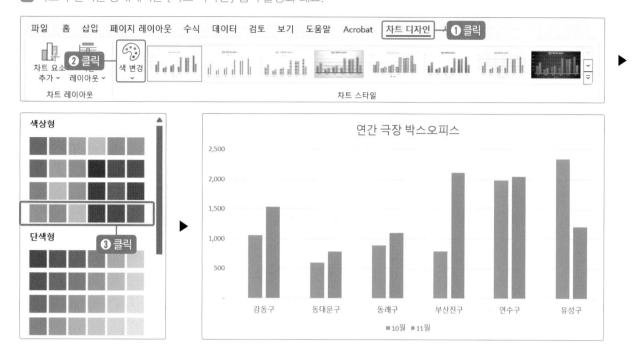

3 이번에는 [차트 디자인] 탭에서 **[스타일 6]**을 선택하여 차트의 전반적인 스타일을 변경합니다.

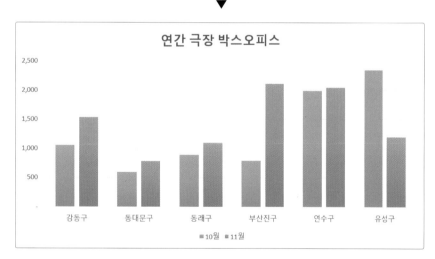

◈ **DIAT 꿀팁**
반드시 《처리조건》의 작업 순서에 따라 차트를 편집합니다.

제03회 실전모의고사

▹ 시험과목 : 스프레드시트(엑셀)
▹ 시험일자 : 20XX. XX. XX.(X)
▹ 응시자 기재사항 및 감독위원 확인

수 검 번 호	DIS - XXXX -	감독위원 확인
성 명		

응시자 유의사항

1. 응시자는 신분증을 지참하여야 시험에 응시할 수 있으며, 시험이 종료될 때까지 신분증을 제시하지 못할 경우 해당 시험은 0점 처리됩니다.

2. 시스템(PC 작동 여부, 네트워크 상태 등)의 이상 여부를 반드시 확인하여야 하며, 시스템 이상이 있을시 감독위원에게 조치를 받으셔야 합니다.

3. 시험 중 부주의 또는 고의로 시스템을 파손한 경우는 응시자 부담으로 합니다.

4. 답안 전송 프로그램을 통해 다운로드 받은 파일을 이용하여 답안 파일을 작성하시기 바랍니다.

5. 작성한 답안 파일은 답안 전송 프로그램을 통하여 전송됩니다. 감독위원의 지시에 따라 주시기 바랍니다.

6. 다음 사항의 경우 실격(0점) 혹은 부정행위 처리됩니다.
   ❶ 답안 파일을 저장하지 않았거나, 저장한 파일이 손상되었을 경우
   ❷ 답안 파일을 지정된 폴더(바탕화면 – "KAIT" 폴더)에 저장하지 않았을 경우
      ※ 답안 전송 프로그램 로그인 시 바탕화면에 자동 생성됨
   ❸ 답안 파일을 다른 보조기억장치(USB) 혹은 네트워크(메신저, 게시판 등)로 전송할 경우
   ❹ 휴대용 전화기 등 통신기기를 사용할 경우

7. 시트는 반드시 순서대로 작성해야 하며, 순서가 다를 경우 "0"점 처리 됩니다.

8. 시험지에 제시된 글꼴이 응시 프로그램에 없는 경우, 반드시 감독위원에게 해당 내용을 통보한 뒤 조치를 받아야 합니다.

9. 시험의 완료는 작성이 완료된 답안을 저장하고, 답안 전송이 완료된 상태를 확인한 것으로 합니다. 답안 전송 확인 후 문제지는 감독위원에게 제출한 후 퇴실하여야 합니다.

10. 답안 전송이 완료된 경우에는 수정 또는 정정이 불가능합니다.

11. 시험 시행 후 합격자 발표는 홈페이지(www.ihd.or.kr)에서 확인하시기를 바랍니다.
    ※ 합격자 발표 : 20XX. XX. XX.(X)

4 범례 위에서 마우스 오른쪽 버튼을 눌러 [범례 서식]을 클릭한 후 범례 위치를 **위쪽**으로 선택합니다.

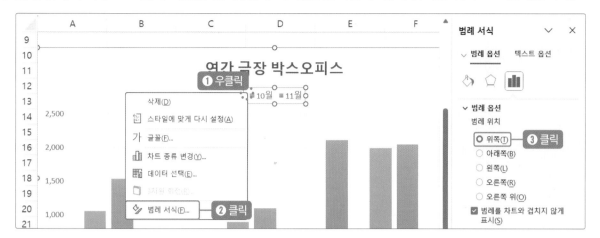

 DIAT 꿀팁

범례의 위치는 아래쪽이 가장 많이 출제되고, 위쪽과 오른쪽도 가끔씩 출제되고 있습니다.

STEP 03 차트 영역 서식 지정하기

– 차트 영역 서식 : 글꼴(돋움체, 9pt), 테두리 색(실선, 색 : 진한 파랑), 테두리 스타일(너비 : 1.5pt, 겹선 종류 : 단순형, 대시 종류 : 사각 점선, 둥근 모서리)

1 차트를 선택한 다음 [홈] 탭에서 **글꼴 서식(돋움체, 9pt)**를 지정합니다.

2 이어서, 차트 영역 위에서 마우스 오른쪽 버튼을 눌러 **[차트 영역 서식]**을 클릭합니다.

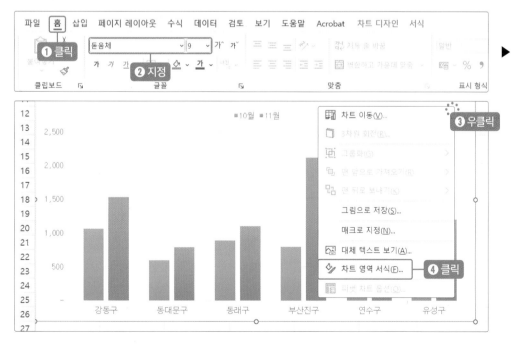

【문제 5】 "차트" 시트를 참조하여 다음《처리조건》에 맞도록 작업하시오.(30점)

《출력형태》

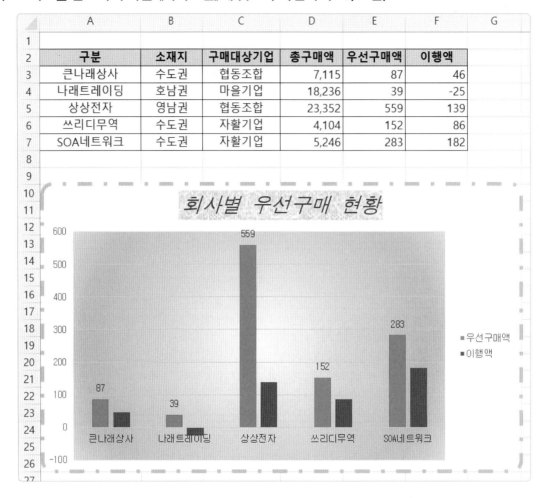

구분	소재지	구매대상기업	총구매액	우선구매액	이행액
큰나래상사	수도권	협동조합	7,115	87	46
나래트레이딩	호남권	마을기업	18,236	39	-25
상상전자	영남권	협동조합	23,352	559	139
쓰리디무역	수도권	자활기업	4,104	152	86
SOA네트워크	수도권	자활기업	5,246	283	182

《처리조건》

▶ "차트" 시트에 주어진 표를 이용하여 '묶은 세로 막대형' 차트를 작성하시오.

 - 데이터 범위 : 현재 시트 [A2:A7], [E2:F7]의 데이터를 이용하여 작성하고, 행/열 전환은 '열'로 지정

 - 차트 위치 : 현재 시트에 [A10:G26] 크기에 정확하게 맞추시오.

 - 차트 제목("회사별 우선구매 현황")

 - 차트 스타일 : 색 변경(색상형 – 다양한 색상표 4, 스타일 1)

 - 범례 위치 : 오른쪽

 - 차트 영역 서식 : 글꼴(굴림체, 9pt), 테두리 색(실선, 색 : 주황), 테두리 스타일(너비 : 3.75pt, 겹선 종류 : 단순형,
                    대시 종류 : 파선 – 점선, 둥근 모서리)

 - 차트 제목 서식 : 글꼴(돋움체, 20pt, 기울임꼴), 채우기(그림 또는 질감 채우기, 질감 : 파랑 박엽지)

 - 그림 영역 서식 : 채우기(그라데이션 채우기, 그라데이션 미리 설정 : 밝은 그라데이션 – 강조 2, 종류 : 방사형,
                    방향 : 가운데에서)

 - 데이터 레이블 추가 : '우선구매액' 계열에 "값" 표시

▶ 지시사항이 없는 경우는《출력형태》와 동일하게 작성하시오.

3 [차트 영역 서식] 작업 창이 활성화되면 **테두리 색(실선, 진한 파랑)**과 **테두리 스타일(1.5pt, 단순형, 사각 점선, 둥근 모서리)**를 지정합니다.

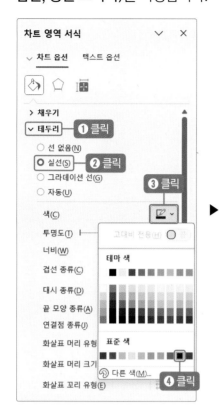 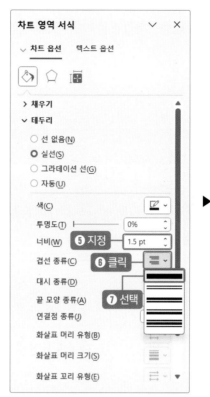 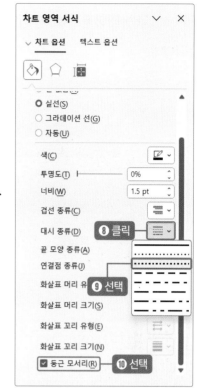

◇ **DIAT 꿀팁**
- 테두리의 너비는 1.5pt ~ 3.75pt까지 다양한 두께로 지정하는 문제가 출제되고 있습니다.
- 대시 종류는 비교적 다양하게 출제되고 있으며, 둥근 모서리를 적용하는 문제가 번갈아 출제될 수 있습니다.

4 차트가 선택된 상태에서 왼쪽 가운데 조절점을 오른쪽으로 살짝만 드래그해 모든 선이 잘 보이도록 맞춰주세요.

💽 해당 작업은 《출력형태》와 최대한 비슷하게 맞추기 위한 작업이에요.

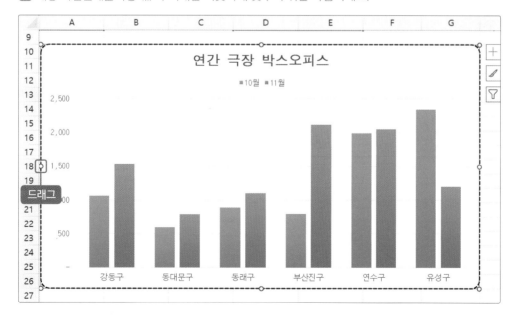

【문제 4】 "피벗테이블" 시트를 참조하여 다음 《처리조건》에 맞도록 작업하시오.(30점)

《출력형태》

	A	B	C	D	E	F
1						
2						
3			구매대상기업 ↴			
4	소재지 ▾	값	마을기업	협동조합	총합계	
5	수도권	평균 : 총구매액	2,240	7,115	4,678	
6		평균 : 우선구매액	309	87	198	
7	영남권	평균 : 총구매액	***	23,352	23,352	
8		평균 : 우선구매액	***	559	559	
9	호남권	평균 : 총구매액	11,709	1,093	8,170	
10		평균 : 우선구매액	52	130	78	
11						

《처리조건》

▶ "피벗테이블" 시트의 [A2:G12]를 이용하여 새로운 시트에 《출력형태》와 같이 피벗 테이블을 작성 후 시트명을 "피벗테이블 정답"으로 수정하시오.

▶ 소재지(행)와 구매대상기업(열)을 기준으로 하여 출력형태와 같이 구하시오.

  – '총구매액', '우선구매액'의 평균을 구하시오.

  – 피벗 테이블 옵션을 이용하여 레이블이 있는 셀 병합 및 가운데 맞춤하고 빈 셀을 "***"로 표시한 후, 열의 총합계를 감추기 하시오.

  – 피벗 테이블 디자인에서 보고서 레이아웃은 '테이블 형식으로 표시', 피벗 테이블 스타일은 '중간 – 연한 파랑, 피벗 스타일 보통 9'로 표시하시오.

  – 구매대상기업(열)은 '마을기업', '협동조합'만 출력되도록 표시하시오.

  – [C5:E10] 데이터는 셀 서식의 표시 형식–숫자를 이용하여 1000 단위 구분 기호를 표시하고, 가운데 맞춤하시오.

▶ 소재지의 순서는 《출력형태》와 다를 수 있음

▶ 지시사항이 없는 경우는 《출력형태》와 동일하게 작성하시오.

STEP 04 차트 제목 서식 지정하기

– 차트 제목 서식 : 글꼴(궁서체, 18pt, 기울임꼴), 채우기(그림 또는 질감 채우기, 질감 : 파랑 박엽지)

1 차트의 제목을 선택한 후 [홈] 탭에서 **글꼴 서식(궁서체, 18pt, 기울임꼴)**을 지정합니다.

❖ 《처리조건》에 제시된 속성만 적용되도록 '굵게'를 해제해요.

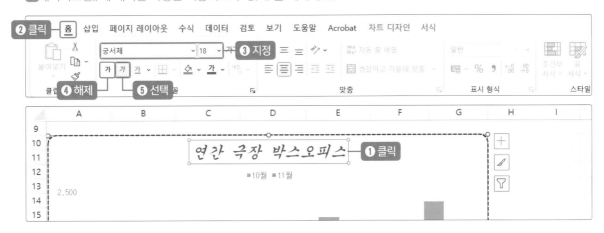

2 차트의 제목이 선택된 상태에서 [서식] 탭-[도형 채우기] → **[질감]-[파랑 박엽지]**를 클릭합니다.

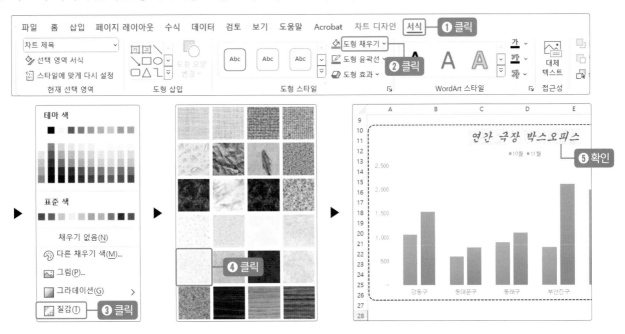

◈ **DIAT 꿀팁**
• 차트 제목의 글꼴은 궁서체가 가장 많은 빈도로 출제되고 있습니다.
• 129 페이지에서 적용한 차트 스타일로 인해 차트 제목에 불필요한 속성이 적용될 수도 있습니다. 반드시 《처리조건》에 제시된 속성만 지정합니다.
• 차트 제목에 질감을 채우는 문제가 고정적으로 출제되고 있습니다.

(2) 시나리오

《출력형태 – 시나리오》

	현재 값:	우선구매액 70 증가	우선구매액 30 감소
시나리오 요약			
변경 셀:			
$E$4	205	275	175
$E$6	559	629	529
$E$9	193	263	163
결과 셀:			
$F$4	0.6	0.9	0.6
$F$6	2.4	2.7	2.3
$F$9	3.6	4.9	3

참고: 현재 값 열은 시나리오 요약 보고서가 작성될 때의
변경 셀 값을 나타냅니다. 각 시나리오의 변경 셀들은
회색으로 표시됩니다.

《처리조건》

▶ "시나리오" 시트의 [A2:G12]를 이용하여 '소재지'가 "영남권"인 경우, '우선구매액'이 변동할 때 '구매율(%)'이 변동하는 가상분석(시나리오)을 작성하시오.
  - 시나리오1 : 시나리오 이름은 "우선구매액 70 증가", '우선구매액'에 70을 증가시킨 값 설정.
  - 시나리오2 : 시나리오 이름은 "우선구매액 30 감소", '우선구매액'에 30을 감소시킨 값 설정.
  - "시나리오 요약" 시트를 작성하시오.
▶ 지시사항이 없는 경우는 《출력형태 – 시나리오》와 동일하게 작성하시오.

STEP 05 그림 영역 서식 지정하기

- 그림 영역 서식 : 채우기(그라데이션 채우기, 그라데이션 미리 설정 : 위쪽 스포트라이트 강조 3, 종류 : 사각형, 방향 : 가운데에서)

1 차트의 그림 영역 위에서 마우스 오른쪽 버튼을 눌러 [그림 영역 서식]을 클릭합니다.

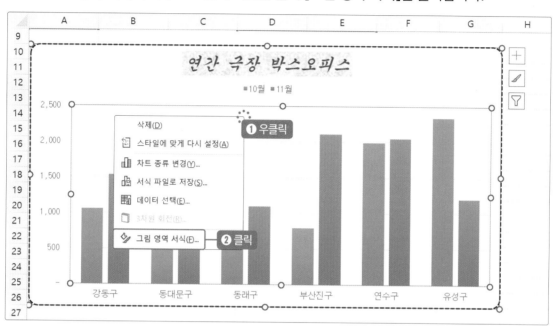

2 [그림 영역 서식] 작업 창이 활성화되면 다음과 같이 **그라데이션**을 지정합니다.

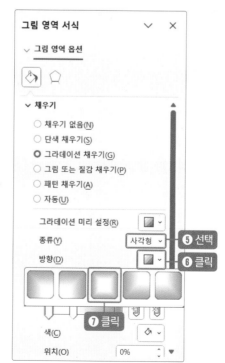

【문제 3】 "필터"와 "시나리오" 시트를 참조하여 다음《처리조건》에 맞도록 작업하시오.(60점)

(1) 필터

《출력형태 – 필터》

	A	B	C	D	E	F	G
1							
2	구분	소재지	구매대상기업	총구매액	우선구매액	구매율(%)	이행액
3	큰나래상사	수도권	협동조합	7,115	87	1.2	46
4	에스큐종합상사	영남권	자활기업	31,758	205	0.6	-43
5	나래트레이딩	호남권	마을기업	18,236	39	0.2	-25
6	상상전자	영남권	협동조합	23,352	559	2.4	139
7	쓰리디무역	수도권	자활기업	4,104	152	3.7	86
8	SPACE네트워크	호남권	마을기업	5,182	65	1.3	16
9	삼바컴퓨터	영남권	자활기업	5,415	193	3.6	203
10	엣지상사	호남권	협동조합	1,093	130	11.9	167
11	SOA네트워크	수도권	자활기업	5,246	283	5.4	182
12	홀인원상사	수도권	마을기업	2,240	309	13.8	359
13							
14	조건						
15	TRUE						
16							
17							
18	구분	소재지	구매대상기업	총구매액	우선구매액		
19	큰나래상사	수도권	협동조합	7,115	87		
20	상상전자	영남권	협동조합	23,352	559		
21	쓰리디무역	수도권	자활기업	4,104	152		
22	SOA네트워크	수도권	자활기업	5,246	283		
23	홀인원상사	수도권	마을기업	2,240	309		
24							

《처리조건》

▶ "필터" 시트의 [A2:G12]를 아래 조건에 맞게 고급 필터를 사용하여 작성하시오.
　– '소재지'가 "수도권"이거나 '우선구매액'이 300 이상인 데이터를 '구분', '소재지', '구매대상기업', '총구매액',
　　'우선구매액'의 데이터만 필터링하시오.
　– 조건 위치 : 조건 함수는 [A15] 한 셀에 작성(OR 함수 이용)
　– 결과 위치 : [A18]부터 출력
▶ 지시사항이 없는 경우는《출력형태 – 필터》와 동일하게 작성하시오.

STEP 06 데이터 레이블 추가하기

– 데이터 레이블 추가 : '11월' 계열에 "값" 표시

1 차트의 '11월' 계열 막대 위에서 마우스 오른쪽 버튼을 눌러 [데이터 레이블 추가]를 클릭합니다.

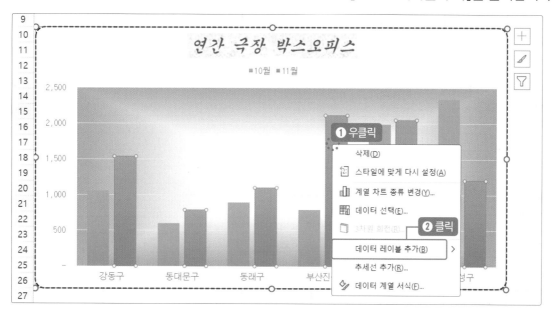

◈ **DIAT 꿀팁**
- 여러 계열 중 하나의 계열에만 레이블 값을 표시하는 문제가 출제됩니다.
- 대체로 바깥쪽 끝에 값을 표시하도록 출제되고 있지만, 만약에 위치가 달라질 경우에는 아래와 같이 작업하세요
- 추가된 레이블 값 위에서 마우스 오른쪽 버튼을 눌러 [데이터 레이블 서식] 클릭 → 레이블 위치 변경

2 11월 계열 막대의 바깥쪽 끝에 값이 표시되는 것을 확인합니다.

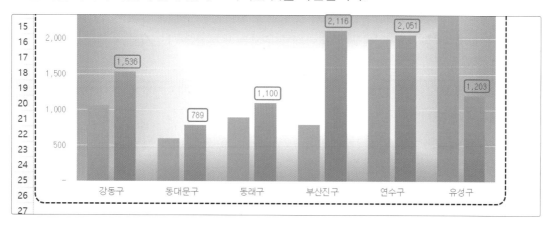

3 작업이 완료되면 [저장(💾)]을 클릭하거나 Ctrl + S 를 눌러 답안 파일을 저장합니다.

➕ 시험이 진행되는 40분 동안 수시로 저장하여 작업된 내용이 누락되지 않도록 해요.

【문제 2】 "부분합" 시트를 참조하여 다음《처리조건》에 맞도록 작업하시오.(30점)

《출력형태》

	구분	소재지	구매대상기업	총구매액	우선구매액	구매율(%)	이행액
3	나래트레이딩	호남권	마을기업	18,236	39	0.2	-25
4	SPACE네트워크	호남권	마을기업	5,182	65	1.3	16
5	홀인원상사	수도권	마을기업	2,240	309	13.8	359
6			마을기업 요약	25,658			350
7			마을기업 평균	8,553	138		
8	에스큐종합상사	영남권	자활기업	31,758	205	0.6	-43
9	쓰리디무역	수도권	자활기업	4,104	152	3.7	86
10	삼바컴퓨터	영남권	자활기업	5,415	193	3.6	203
11	SOA네트워크	수도권	자활기업	5,246	283	5.4	182
12			자활기업 요약	46,523			428
13			자활기업 평균	11,631	208		
14	큰나래상사	수도권	협동조합	7,115	87	1.2	46
15	상상전자	영남권	협동조합	23,352	559	2.4	139
16	엣지상사	호남권	협동조합	1,093	130	11.9	167
17			협동조합 요약	31,560			352
18			협동조합 평균	10,520	259		
19			총합계	103,741			1,130
20			전체 평균	10,374	202		

《처리조건》

▶ 데이터를 '구매대상기업' 기준으로 오름차순 정렬하시오.

▶ 아래 조건에 맞는 부분합을 작성하시오.

 - '구매대상기업'으로 그룹화하여 '총구매액', '우선구매액'의 평균을 구하는 부분합을 만드시오.

 - '구매대상기업'으로 그룹화하여 '총구매액', '이행액'의 합계를 구하는 부분합을 만드시오.
   (새로운 값으로 대치하지 말 것)

 - [D3:E20], [G3:G20] 영역에 셀 서식의 표시 형식-숫자를 이용하여 1000 단위 구분 기호를 표시하시오.

▶ D~F열을 선택하여 그룹을 설정하시오.

▶ 평균과 합계의 부분합 순서는《출력형태》와 다를 수 있음

▶ 지시사항이 없는 경우는 기본 값을 적용하시오.

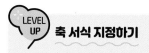

축 서식 지정하기

DIAT 스프레드시트 시험에서는 차트의 축 서식을 별도로 지정하는 문제가 출제된 적은 없지만 아래와 같은 방법으로 축 서식을 변경할 수 있습니다.

❶ 세로 축 위에서 마우스 오른쪽 버튼을 눌러 [축 서식]을 클릭합니다.

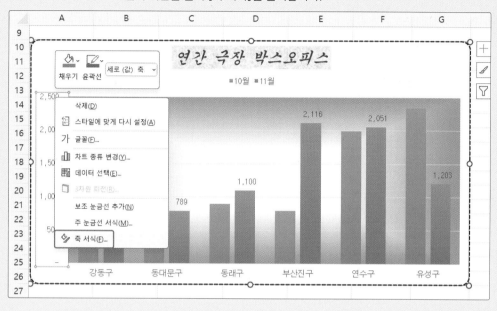

❷ 최대값과 기본 단위를 변경한 후 결과를 확인해 보세요.

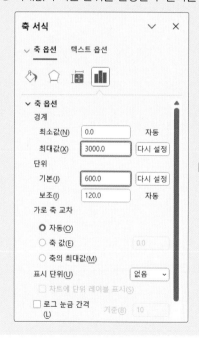

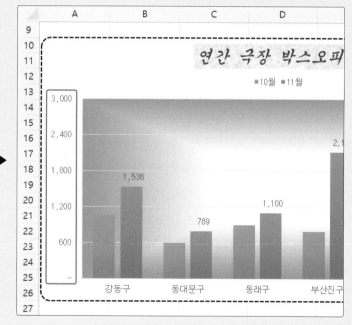

【문제 1】 "구매실적" 시트를 참조하여 다음 《처리조건》에 맞도록 작업하시오.(50점)

《출력형태》

구분	소재지	구매대상기업	총구매액	우선구매액	구매율(%)	이행액	순위	비고
큰나래상사	수도권	협동조합	7,115원	87	1.2%	46	8	
에스큐종합상사	영남권	자활기업	31,758원	205	0.6%	-43	4	대량구매
나래트레이딩	호남권	마을기업	18,236원	39	0.2%	-25	10	대량구매
상상전자	영남권	협동조합	23,352원	559	2.4%	139	1	대량구매
쓰리디무역	수도권	자활기업	4,104원	152	3.7%	86	6	
SPACE네트워크	호남권	마을기업	5,182원	65	1.3%	16	9	
삼바컴퓨터	영남권	자활기업	5,415원	193	3.6%	203	5	
엣지상사	호남권	협동조합	1,093원	130	11.9%	167	7	
SOA네트워크	수도권	자활기업	5,246원	283	5.4%	182	3	
홀인원상사	수도권	마을기업	2,240원	309	13.8%	359	2	
'소재지'가 "수도권"인 '총구매액' 합계				18,705				
'우선구매액'의 최대값-최소값 차이				520				
'이행액' 중 세 번째로 작은 값				16				

《처리조건》

▶ 1행의 행 높이를 '80'으로 설정하고, 2행~15행의 행 높이를 '18'로 설정하시오.

▶ 제목("회사별 우선구매 실적") : 기본 도형의 '오각형'을 이용하여 입력하시오.

　- 도형 : 위치([B1:H1]), 도형 스타일(테마 스타일 - 보통 효과 - '녹색, 강조 6')

　- 글꼴 : 궁서체, 25pt, 기울임꼴

　- 도형 서식 : 도형 옵션 - 크기 및 속성(텍스트 상자(세로 맞춤 : 정가운데, 텍스트 방향 : 가로))

▶ 셀 서식을 아래 조건에 맞게 작성하시오.

　- [A2:I15] : 테두리(안쪽, 윤곽선 모두 실선, '검정, 텍스트 1'), 전체 가운데 맞춤

　- [A13:D13], [A14:D14], [A15:D15] : 각각 병합하고 가운데 맞춤

　- [A2:I2], [A13:D15] : 채우기 색('회색, 강조 3, 60% 더 밝게'), 글꼴(굵게)

　- [E3:E12], [G3:G12], [E13:G15] : 셀 서식의 표시 형식-숫자를 이용하여 1000 단위 구분 기호 표시

　- [F3:F12] : 셀 서식의 표시 형식-사용자 지정을 이용하여 0.0"%"자를 추가

　- [D3:D12] : 셀 서식의 표시 형식-사용자 지정을 이용하여 #,##0"원"자를 추가

　- 조건부 서식[A3:I12] : '구매대상기업'이 "협동조합"인 경우 레코드 전체에 글꼴(빨강, 굵은 기울임꼴) 적용

　- 지시사항이 없는 경우는 주어진 문제파일의 서식을 그대로 사용하시오.

▶ ① 순위[H3:H12] : '우선구매액'을 기준으로 큰 순으로 순위를 구하시오. (RANK.EQ 함수)

▶ ② 비고[I3:I12] : '총구매액'이 10000 이상이면 "대량구매", 그렇지 않으면 공백으로 구하시오. (IF 함수)

▶ ③ 합계[E13:G13] : '소재지'가 "수도권"인 '총구매액'의 합계를 구하시오. (DSUM 함수)

▶ ④ 최대값-최소값[E14:G14] : '우선구매액'의 최대값과 최소값의 차이를 구하시오. (MAX, MIN 함수)

▶ ⑤ 순위[E15:G15] : '이행액' 중 세 번째로 작은 값을 구하시오. (SMALL 함수)

01 "차트" 시트를 참조하여 《처리조건》에 맞도록 작업하시오.

실습파일 : 08-01(문제).xlsx
완성파일 : 08-01(완성).xlsx

《출력형태》

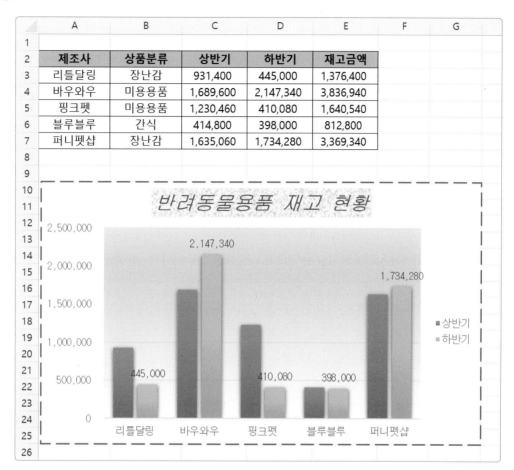

《처리조건》

▶ "차트" 시트에 주어진 표를 이용하여 '묶은 세로 막대형' 차트를 작성하시오.

- 데이터 범위 : 현재 시트 [A2:A7], [C2:D7]의 데이터를 이용하여 작성하고, 행/열 전환은 '열'로 지정

- 차트 위치 : 현재 시트에 [A10:G25] 크기에 정확하게 맞추시오.

- 차트 제목("반려동물용품 재고 현황")

- 차트 스타일 : 색 변경(색상형 – 다양한 색상표 3, 스타일 14)

- 범례 위치 : 오른쪽

- 차트 영역 서식 : 글꼴(돋움체, 10pt), 테두리 색(실선, 색 : 파랑), 테두리 스타일(너비 : 1.75pt, 겹선 종류 : 단순형, 대시 종류 : 긴 파선)

- 차트 제목 서식 : 글꼴(굴림체, 20pt, 기울임꼴), 채우기(그림 또는 질감 채우기, 질감 : 신문 용지)

- 그림 영역 서식 : 채우기(그라데이션 채우기, 그라데이션 미리 설정 : 밝은 그라데이션 강조 3, 종류 : 선형, 방향 : 선형 위쪽)

- 데이터 레이블 추가 : '하반기' 계열에 "값" 표시

▶ 지시사항이 없는 경우는 《출력형태》와 동일하게 작성하시오.

제02회 실전모의고사

- ▸ 시험과목 : 스프레드시트(엑셀)
- ▸ 시험일자 : 20XX. XX. XX.(X)
- ▸ 응시자 기재사항 및 감독위원 확인

수 검 번 호	DIS - XXXX -	감독위원 확인
성 명		

응시자 유의사항

1. 응시자는 신분증을 지참하여야 시험에 응시할 수 있으며, 시험이 종료될 때까지 신분증을 제시하지 못할 경우 해당 시험은 0점 처리됩니다.

2. 시스템(PC 작동 여부, 네트워크 상태 등)의 이상 여부를 반드시 확인하여야 하며, 시스템 이상이 있을시 감독위원에게 조치를 받으셔야 합니다.

3. 시험 중 부주의 또는 고의로 시스템을 파손한 경우는 응시자 부담으로 합니다.

4. 답안 전송 프로그램을 통해 다운로드 받은 파일을 이용하여 답안 파일을 작성하시기 바랍니다.

5. 작성한 답안 파일은 답안 전송 프로그램을 통하여 전송됩니다. 감독위원의 지시에 따라 주시기 바랍니다.

6. 다음 사항의 경우 실격(0점) 혹은 부정행위 처리됩니다.
   ❶ 답안 파일을 저장하지 않았거나, 저장한 파일이 손상되었을 경우
   ❷ 답안 파일을 지정된 폴더(바탕화면 – "KAIT" 폴더)에 저장하지 않았을 경우
      ※ 답안 전송 프로그램 로그인 시 바탕화면에 자동 생성됨
   ❸ 답안 파일을 다른 보조기억장치(USB) 혹은 네트워크(메신저, 게시판 등)로 전송할 경우
   ❹ 휴대용 전화기 등 통신기기를 사용할 경우

7. 시트는 반드시 순서대로 작성해야 하며, 순서가 다를 경우 "0"점 처리 됩니다.

8. 시험지에 제시된 글꼴이 응시 프로그램에 없는 경우, 반드시 감독위원에게 해당 내용을 통보한 뒤 조치를 받아야 합니다.

9. 시험의 완료는 작성이 완료된 답안을 저장하고, 답안 전송이 완료된 상태를 확인한 것으로 합니다. 답안 전송 확인 후 문제지는 감독위원에게 제출한 후 퇴실하여야 합니다.

10. 답안 전송이 완료된 경우에는 수정 또는 정정이 불가능합니다.

11. 시험 시행 후 합격자 발표는 홈페이지(www.ihd.or.kr)에서 확인하시기를 바랍니다.
    ※ 합격자 발표 : 20XX. XX. XX.(X)

Korea Association for ICT Promotion
한국정보통신진흥협회 KAIT

"차트" 시트를 참조하여 《처리조건》에 맞도록 작업하시오.

《출력형태》

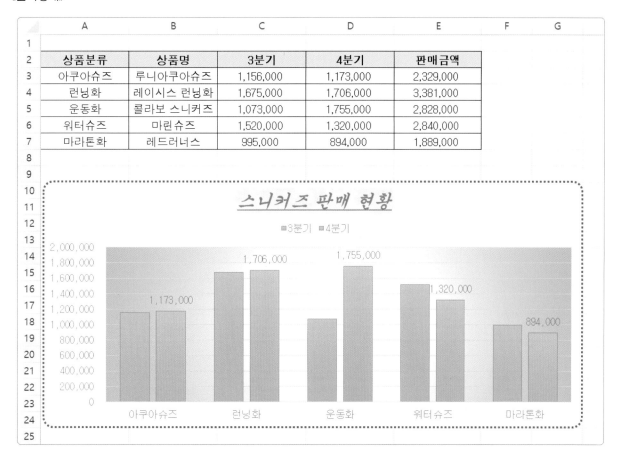

	상품분류	상품명	3분기	4분기	판매금액
	아쿠아슈즈	루니아쿠아슈즈	1,156,000	1,173,000	2,329,000
	런닝화	레이시스 런닝화	1,675,000	1,706,000	3,381,000
	운동화	콜라보 스니커즈	1,073,000	1,755,000	2,828,000
	워터슈즈	마린슈즈	1,520,000	1,320,000	2,840,000
	마라톤화	레드러너스	995,000	894,000	1,889,000

《처리조건》

▶ "차트" 시트에 주어진 표를 이용하여 '묶은 세로 막대형' 차트를 작성하시오.

– 데이터 범위 : 현재 시트 [A2:A7], [C2:D7]의 데이터를 이용하여 작성하고, 행/열 전환은 '열'로 지정

– 차트 위치 : 현재 시트에 [A10:G24] 크기에 정확하게 맞추시오.

– 차트 제목("스니커즈 판매 현황")

– 차트 스타일 : 색 변경(색상형 – 다양한 색상표 4, 스타일 5)

– 범례 위치 : 위쪽

– 차트 영역 서식 : 글꼴(굴림체, 10pt), 테두리 색(실선, 색 : 빨강), 테두리 스타일(너비 : 2pt, 겹선 종류 : 단순형,
대시 종류 : 둥근 점선, 둥근 모서리)

– 차트 제목 서식 : 글꼴(궁서, 18pt, 기울임꼴, 밑줄), 채우기(그림 또는 질감 채우기, 질감 : 양피지)

– 그림 영역 서식 : 채우기(그라데이션 채우기, 그라데이션 미리 설정 : 위쪽 스포트라이트 강조 4, 종류 : 방사형,
방향 : 가운데에서)

– 데이터 레이블 추가 : '4분기' 계열에 "값" 표시

▶ 지시사항이 없는 경우는《출력형태》와 동일하게 작성하시오.

【문제 5】 "차트" 시트를 참조하여 다음 《처리조건》에 맞도록 작업하시오.(30점)

《출력형태》

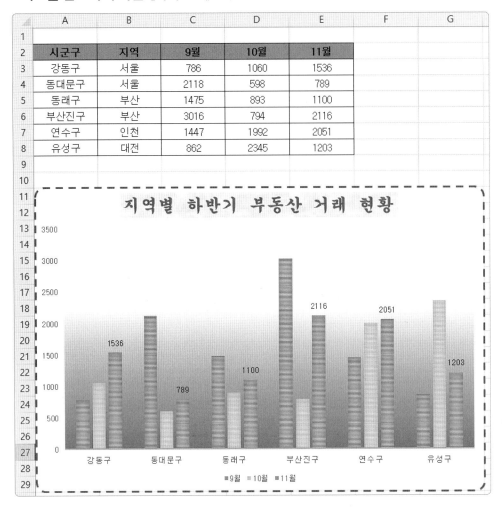

시군구	지역	9월	10월	11월
강동구	서울	786	1060	1536
동대문구	서울	2118	598	789
동래구	부산	1475	893	1100
부산진구	부산	3016	794	2116
연수구	인천	1447	1992	2051
유성구	대전	862	2345	1203

《처리조건》

▶ "차트" 시트에 주어진 표를 이용하여 '묶은 세로 막대형' 차트를 작성하시오.

- 데이터 범위 : 현재 시트 [A2:A8], [C2:E8]의 데이터를 이용하여 작성하고, 행/열 전환은 '열'로 지정

- 차트 위치 : 현재 시트에 [A11:G29] 크기에 정확하게 맞추시오.

- 차트 제목("지역별 하반기 부동산 거래 현황")

- 차트 스타일 : 색 변경(색상형 – 다양한 색상표 3, 스타일 3)

- 범례 위치 : 아래쪽

- 차트 영역 서식 : 글꼴(돋움체, 9pt), 테두리 색(실선, 색 : 파랑), 테두리 스타일 (너비 : 2pt, 종류 : 방사형,
　　　　　　　　　대시 종류 : 파선, 둥근 모서리)

- 차트 제목 서식 : 글꼴(궁서체, 18pt, 굵게), 채우기(그림 또는 질감 채우기, 질감 : 양피지)

- 그림 영역 서식 : 채우기(그라데이션 채우기, 그라데이션 미리 설정 : 위쪽 스포트라이트 – 강조 5, 종류 : 선형,
　　　　　　　　　방향 : 선형 아래쪽)

- 데이터 레이블 추가 : '11월' 계열에 "값" 표시

▶ 지시사항이 없는 경우는 《출력형태》와 동일하게 작성하시오.

"차트" 시트를 참조하여 《처리조건》에 맞도록 작업하시오.

《출력형태》

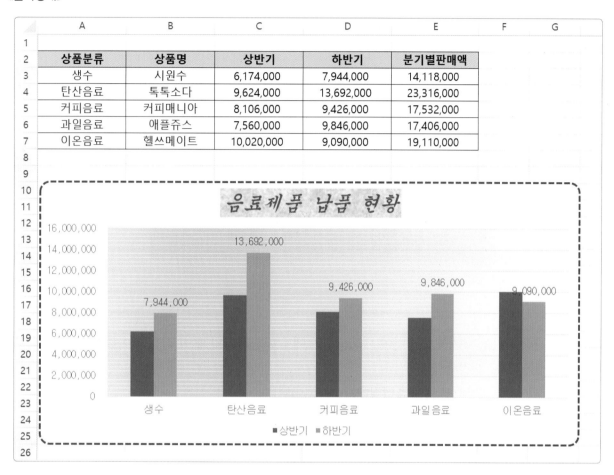

《처리조건》

▶ "차트" 시트에 주어진 표를 이용하여 '묶은 세로 막대형' 차트를 작성하시오.

‑ 데이터 범위 : 현재 시트 [A2:A7], [C2:D7]의 데이터를 이용하여 작성하고, 행/열 전환은 '열'로 지정

‑ 차트 위치 : 현재 시트에 [A10:G25] 크기에 정확하게 맞추시오.

‑ 차트 제목("음료제품 납품 현황")

‑ 차트 스타일 : 색 변경(단색형 ‑ 단색 색상표 1, 스타일 11)

‑ 범례 위치 : 아래쪽

‑ 차트 영역 서식 : 글꼴(굴림체, 10pt), 테두리 색(실선, 색 : 자주), 테두리 스타일(너비 : 2pt, 겹선 종류 : 단순형, 대시 종류 : 사각 점선, 둥근 모서리)

‑ 차트 제목 서식 : 글꼴(궁서체, 20pt, 기울임꼴), 채우기(그림 또는 질감 채우기, 질감 : 꽃다발)

‑ 그림 영역 서식 : 채우기(그라데이션 채우기, 그라데이션 미리 설정 : 밝은 그라데이션 강조 6, 종류 : 선형, 방향 : 선형 왼쪽)

‑ 데이터 레이블 추가 : '하반기' 계열에 "값" 표시

▶ 지시사항이 없는 경우는 《출력형태》와 동일하게 작성하시오.

【문제 4】 "피벗테이블" 시트를 참조하여 다음 《처리조건》에 맞도록 작업하시오.(30점)

《출력형태》

	A	B	C	D	E
1					
2					
3			단위 ▾		
4	지역 ⊐▾	값	광역시	특별시	
5	부산	최대 : 10월	893	*	
6		최대 : 11월	2,116	*	
7	서울	최대 : 10월	*	2,257	
8		최대 : 11월	*	1,536	
9	인천	최대 : 10월	1,992	*	
10		최대 : 11월	3,520	*	
11	전체 최대 : 10월		1,992	2,257	
12	전체 최대 : 11월		3,520	1,536	
13					

《처리조건》

▶ "피벗테이블" 시트의 [A2:G12]를 이용하여 새로운 시트에 《출력형태》와 같이 피벗 테이블을 작성 후 시트명을 "피벗테이블 정답"으로 수정하시오.

▶ 지역(행)과 단위(열)를 기준으로 하여 출력형태와 같이 구하시오.
  - '10월', '11월'의 최대를 구하시오.
  - 피벗 테이블 옵션을 이용하여 레이블이 있는 셀 병합 및 가운데 맞춤하고, 빈 셀을 "*"로 표시한 후, 행의 총합계를 감추기 하시오.
  - 피벗 테이블 디자인에서 보고서 레이아웃은 '테이블 형식으로 표시', 피벗 테이블 스타일은 '어둡게 – 진한 녹색, 피벗 스타일 어둡게 7'로 표시하시오.
  - 지역(행)은 "부산", "서울", "인천"만 출력되도록 표시하시오.
  - [C5:D12] 데이터는 셀 서식의 표시 형식-숫자를 이용하여 1000 단위 구분 기호를 표시하고, 가운데 맞춤하시오.

▶ 지역의 순서는 《출력형태》와 다를 수 있음

▶ 지시사항이 없는 경우는 《출력형태》와 동일하게 작성하시오.

"차트" 시트를 참조하여 《처리조건》에 맞도록 작업하시오.

실습파일 : 08-04(문제).xlsx
완성파일 : 08-04(완성).xlsx

《출력형태》

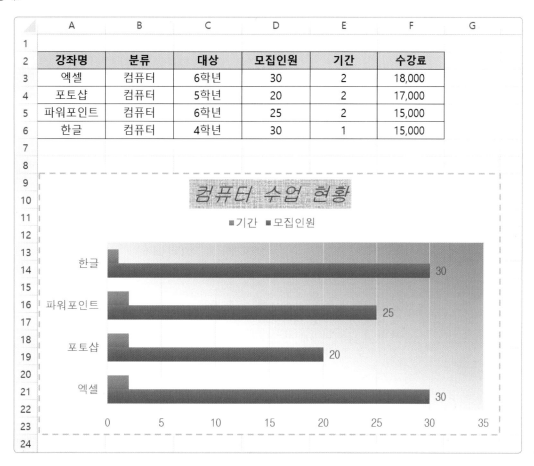

《처리조건》

▶ "차트" 시트에 주어진 표를 이용하여 '묶은 가로 막대형' 차트를 작성하시오.

  – 데이터 범위 : 현재 시트 [A2:A6], [D2:E6]의 데이터를 이용하여 작성하고, 행/열 전환은 '열'로 지정

  – 차트 위치 : 현재 시트에 [A9:G23] 크기에 정확하게 맞추시오.

  – 차트 제목("컴퓨터 수업 현황")

  – 차트 스타일 : 색 변경(색상형 – 다양한 색상표 1, 스타일 5)

  – 범례 위치 : 위쪽

  – 차트 영역 서식 : 글꼴(돋움체, 11pt), 테두리 색(실선, 색 : 연한 녹색), 테두리 스타일(너비 : 1.5pt, 겹선 종류 : 단순형,
       대시 종류 : 파선)

  – 차트 제목 서식 : 글꼴(굴림체, 20pt, 기울임꼴), 채우기(그림 또는 질감 채우기, 질감 : 캔버스)

  – 그림 영역 서식 : 채우기(그라데이션 채우기, 그라데이션 미리 설정 : 위쪽 스포트라이트 강조 5, 종류 : 선형,
       방향 : 선형 대각선 – 왼쪽 아래에서 오른쪽 위로)

  – 데이터 레이블 추가 : '모집인원' 계열에 "값" 표시

▶ 지시사항이 없는 경우는 《출력형태》와 동일하게 작성하시오.

(2) 시나리오

《출력형태 – 시나리오》

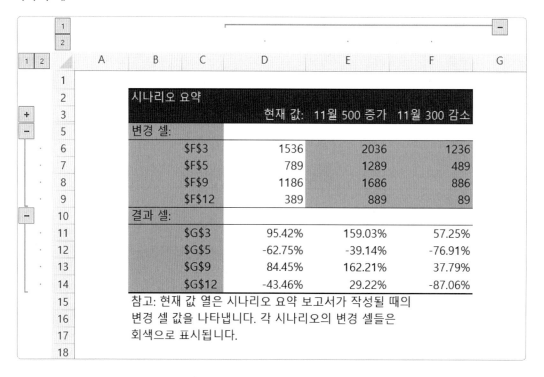

《처리조건》

▶ "시나리오" 시트의 [A2:G12]를 이용하여 '지역'이 "서울"인 경우, '11월'이 변동할 때 '거래증감률'이 변동하는
가상분석(시나리오)을 작성하시오.

- 시나리오1 : 시나리오 이름은 "11월 500 증가", '11월'에 500을 증가시킨 값 설정.
- 시나리오2 : 시나리오 이름은 "11월 300 감소", '11월'에 300을 감소시킨 값 설정.
- "시나리오 요약" 시트를 작성하시오.

▶ 지시사항이 없는 경우는 《출력형태 – 시나리오》와 동일하게 작성하시오.

Digital Information Ability Test

PART 02

실전
모의고사

 실전모의고사를 통해 시험을 완벽하게 대비할 수 있습니다.

【문제 3】 "필터"와 "시나리오" 시트를 참조하여 다음《처리조건》에 맞도록 작업하시오.(60점)

(1) 필터

《출력형태 - 필터》

단위	지역	시군구	9월	10월	11월	거래증감률
특별시	서울	강동구	786	1060	1536	95.42%
광역시	대전	동구	474	2309	518	9.28%
특별시	서울	동대문구	2118	598	789	-62.75%
광역시	부산	동래구	1475	893	1100	-25.42%
광역시	부산	부산진구	3016	794	2116	-29.84%
광역시	인천	서구.	3290	1572	3520	6.99%
특별시	서울	성북구	643	2257	1186	84.45%
광역시	인천	연수구	1447	1992	2051	41.74%
광역시	대전	유성구	862	2345	1203	39.56%
특별시	서울	은평구	688	521	389	-43.46%

조건
TRUE

지역	시군구	10월	11월	거래증감률
서울	강동구	1060	1536	95.42%
대전	동구	2309	518	9.28%
서울	동대문구	598	789	-62.75%
서울	성북구	2257	1186	84.45%
서울	은평구	521	389	-43.46%

《처리조건》

▶ "필터" 시트의 [A2:G12]를 아래 조건에 맞게 고급 필터를 사용하여 작성하시오.
- '지역'이 "서울"이거나 '11월'이 1000 이하인 데이터를 '지역', '시군구', '10월', '11월', '거래증감률'의 데이터만 필터링하시오.
- 조건 위치 : 조건 함수는 [A16] 한 셀에 작성(OR 함수 이용)
- 결과 위치 : [A18]부터 출력

▶ 지시사항이 없는 경우는《출력형태 - 필터》와 동일하게 작성하시오.

【문제 2】 "부분합" 시트를 참조하여 다음《처리조건》에 맞도록 작업하시오.(30점)

《출력형태》

단위	지역	시군구	9월	10월	11월	거래증감률
광역시	대전	동구	474	2,309	518	9.28%
광역시	대전	유성구	862	2,345	1,203	39.56%
	대전 개수	2				
	대전 최대			2,345	1,203	
광역시	부산	동래구	1,475	893	1,100	-25.42%
광역시	부산	부산진구	3,016	794	2,116	-29.84%
	부산 개수	2				
	부산 최대			893	2,116	
특별시	서울	강동구	786	1,060	1,536	95.42%
특별시	서울	동대문구	2,118	598	789	-62.75%
특별시	서울	성북구	643	2,257	1,186	84.45%
특별시	서울	은평구	688	521	389	-43.46%
	서울 개수	4				
	서울 최대			2,257	1,536	
광역시	인천	서구	3,290	1,572	3,520	6.99%
광역시	인천	연수구	1,447	1,992	2,051	41.74%
	인천 개수	2				
	인천 최대			1,992	3,520	
	전체 개수	10				
	전체 최대값			2,345	3,520	

《처리조건》

▶ 데이터를 '지역' 기준으로 오름차순 정렬하시오.

▶ 아래 조건에 맞는 부분합을 작성하시오.

  - '지역'으로 그룹화하여 '10월', '11월'의 최대를 구하는 부분합을 만드시오.

  - '지역'으로 그룹화하여 '시군구'의 개수를 구하는 부분합을 만드시오.

    (새로운 값으로 대치하지 말 것)

  - [D3:F22] 영역에 셀 서식의 표시 형식-숫자를 이용하여 1000 단위 구분 기호를 표시하시오.

▶ D~F열을 선택하여 그룹을 설정하시오.

▶ 최대와 개수의 부분합 순서는《출력형태》와 다를 수 있음

▶ 지시사항이 없는 경우는 기본 값을 적용하시오.

제01회 실전모의고사

▷ 시험과목 : 스프레드시트(엑셀)
▷ 시험일자 : 20XX. XX. XX.(X)
▷ 응시자 기재사항 및 감독위원 확인

수 검 번 호	DIS - XXXX -	감독위원 확인
성 명		

응시자 유의사항

1. 응시자는 신분증을 지참하여야 시험에 응시할 수 있으며, 시험이 종료될 때까지 신분증을 제시하지 못할 경우 해당 시험은 0점 처리됩니다.

2. 시스템(PC 작동 여부, 네트워크 상태 등)의 이상 여부를 반드시 확인하여야 하며, 시스템 이상이 있을시 감독위원에게 조치를 받으셔야 합니다.

3. 시험 중 부주의 또는 고의로 시스템을 파손한 경우는 응시자 부담으로 합니다.

4. 답안 전송 프로그램을 통해 다운로드 받은 파일을 이용하여 답안 파일을 작성하시기 바랍니다.

5. 작성한 답안 파일은 답안 전송 프로그램을 통하여 전송됩니다. 감독위원의 지시에 따라 주시기 바랍니다.

6. 다음 사항의 경우 실격(0점) 혹은 부정행위 처리됩니다.
   ❶ 답안 파일을 저장하지 않았거나, 저장한 파일이 손상되었을 경우
   ❷ 답안 파일을 지정된 폴더(바탕화면 – "KAIT" 폴더)에 저장하지 않았을 경우
      ※ 답안 전송 프로그램 로그인 시 바탕화면에 자동 생성됨
   ❸ 답안 파일을 다른 보조기억장치(USB) 혹은 네트워크(메신저, 게시판 등)로 전송할 경우
   ❹ 휴대용 전화기 등 통신기기를 사용할 경우

7. 시트는 반드시 순서대로 작성해야 하며, 순서가 다를 경우 "0"점 처리 됩니다.

8. 시험지에 제시된 글꼴이 응시 프로그램에 없는 경우, 반드시 감독위원에게 해당 내용을 통보한 뒤 조치를 받아야 합니다.

9. 시험의 완료는 작성이 완료된 답안을 저장하고, 답안 전송이 완료된 상태를 확인한 것으로 합니다. 답안 전송 확인 후 문제지는 감독위원에게 제출한 후 퇴실하여야 합니다.

10. 답안 전송이 완료된 경우에는 수정 또는 정정이 불가능합니다.

11. 시험 시행 후 합격자 발표는 홈페이지(www.ihd.or.kr)에서 확인하시기를 바랍니다.
    ※ 합격자 발표 : 20XX. XX. XX.(X)

Korea Association for ICT Promotion
한국정보통신진흥협회 KAIT

[문제 1] "거래현황" 시트를 참조하여 다음《처리조건》에 맞도록 작업하시오.(50점)

《출력형태》

단위	지역	시군구	9월	10월	11월	거래증감률	순위	비고
					지역별 하반기 부동산 거래 현황			
특별시	서울	강동구	786	1,060	1,536	95.42%	1위	
광역시	대전	동구	474	2,309	518	9.28%	5위	거래과열지역
특별시	서울	동대문구	2,118	598	789	-62.75%	10위	
광역시	부산	동래구	1,475	893	1,100	-25.42%	7위	
광역시	부산	부산진구	3,016	794	2,116	-29.84%	8위	
광역시	인천	서구	3,290	1,572	3,520	6.99%	6위	
특별시	서울	성북구	643	2,257	1,186	84.45%	2위	거래과열지역
광역시	인천	연수구	1,447	1,992	2,051	41.74%	3위	
광역시	대전	유성구	862	2,345	1,203	39.56%	4위	거래과열지역
특별시	서울	은평구	688	521	389	-43.46%	9위	
'9월'의 최대값-최소값 차이					2,816			
'지역'이 "서울"인 '10월'의 합계					4,436			
'11월' 중 두 번째로 큰 값					2,116			

《처리조건》

▶ 1행의 행 높이를 '80'으로 설정하고, 2행~15행의 행 높이를 '18'로 설정하시오.

▶ 제목("지역별 하반기 부동산 거래 현황") : 기본 도형의 '배지'를 이용하여 입력하시오.

  - 도형 : 위치([B1:H1]), 도형 스타일(테마 스타일 - 미세 효과 - '황금색, 강조 4')

  - 글꼴 : 굴림체, 24pt, 굵게

  - 도형 서식 : 도형 옵션 - 크기 및 속성(텍스트 상자(세로 맞춤 : 정가운데, 텍스트 방향 : 가로))

▶ 셀 서식을 아래 조건에 맞게 작성하시오.

  - [A2:I15] : 테두리(안쪽, 윤곽선 모두 실선, '검정, 텍스트 1'), 전체 가운데 맞춤

  - [A13:D13], [A14:D14], [A15:D15] : 각각 병합하고 가운데 맞춤

  - [A2:I2], [A13:D15] : 채우기 색('파랑, 강조 1, 40% 더 밝게'), 글꼴(굵게)

  - [D3:F12], [E13:G15] : 셀 서식의 표시 형식-숫자를 이용하여 1000 단위 구분 기호 표시

  - [G3:G12] : 셀 서식의 표시 형식-백분율을 이용하여 소수 둘째자리까지 표시

  - [H3:H12] : 셀 서식의 표시 형식-사용자 지정을 이용하여 #"위"자를 추가

  - 조건부 서식[A3:I12] : '11월'이 2000 이상인 경우 레코드 전체에 글꼴(자주, 굵게) 적용

  - 지시사항이 없는 경우는 주어진 문제파일의 서식을 그대로 사용하시오.

▶ ① 순위[H3:H12] : '거래증감률'을 기준으로 큰 순으로 순위를 구하시오. (RANK.EQ 함수)

▶ ② 비고[I3:I12] : '10월'이 2000 이상이면 "거래과열지역", 그렇지 않으면 공백으로 구하시오. (IF 함수)

▶ ③ 최대값-최소값[E13:G13] : '9월'의 최대값과 최소값의 차이를 구하시오. (MAX, MIN 함수)

▶ ④ 합계[E14:G14] : '지역'이 "서울"인 '10월'의 합계를 구하시오. (DSUM 함수)

▶ ⑤ 순위[E15:G15] : '11월' 중 두 번째로 큰 값을 구하시오. (LARGE 함수)